평화의 신학자

성 어거스틴

평화의 신학자

성 어거스틴

The theologist of peace, St. Augustine

김 병 태 지음

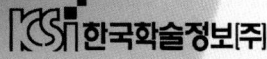한국학술정보㈜

서 문

성 삼위일체 하나님께 영광을 돌립니다.

학문의 기치를 높이 휘날리며 초교파적으로 이 땅에 복음과 학문의 장을 여신 피어선 박사님이 흘린 땀을 기초로 하여 세워진 평택대학교에서 신학을 연구하며 박사논문으로 이 땅에 작은 학문의 꽃을 피워낼 수 있었던 것은 하나님의 은혜입니다.

초대교부 어거스틴의 신학으로 돌아가자며 외쳤던 종교개혁의 몸부림을 배우고, 그 개혁의 현장으로 달려갈 때의 감격이 옷고름처럼 온몸을 감싸고 있습니다.

어거스틴의 삶에서 일어난 인간적 갈등과 사상적 갈등들을 통하여 마침내 만난 바 된 참된 평화는 그 자신의 남은 생애를 하나님께 헌신토록 하였습니다. 이러한 갈등에서 평화로의 어거스틴 생애를 재조명함으로써 인간적 갈등과 사상적인 갈등으로 고민하는 이들에게 신학적 지침과 참된 삶의 길잡이가 될 것입니다.

본서는 신학박사(Ph. D.) 학위논문인 「아우구스티누스의 평화에 대한 신학적 고찰—고백록과 하나님의 도성을 중심으로—」(Theological Investigation on the Issue of Peace in Augustine's 'Confessions' and 'City of God')의 증보판입니다. 학위논문에 실리지 않았던 여러 글들을 새로 독립된 장으로 추가하였으며, 다만 논문의 내용들은 그대로 수록하였습니다. 따라서 「평화의 신학자 어거스틴」(The theologist of peace, St. Augustine)이라는 제목으로 조심스럽게 세상에 내놓게 되었습니다.

학위논문이 나오기까지 도움을 주신 분들을 "감사의 글"에서 기억하고자 하였으며, 변함없는 기도와 배려를 베풀어 주신 모든 분들과 교정을 맡아 수고한 아내 임옥진 박사와 한국학술정보(주) 출판사 관계자 여러분에게도 주님의 은총이 항상 함께하시기를 기도드립니다.

2008. 6.
천년의 고도 경주에서
김 병 태

차 례

I

들어가는 글

1. 갈등의 해소를 위한 평화

어거스틴(*Aurelius Augustine*)는 철학이나 신학 교육학 등 각 분야마다 지적인 거성으로 자리매김하고 있다.[1] 그의 인간적인 면이나 사상적인 면에서도 많은 논쟁이 있어왔다. 시대의 요청에 따라 어거스틴에 대한 조명작업이 계속되어 왔으며, 지금도 계속되고 있다. 이것은 교부 어거스틴의 신학이 현재까지 그 영향을 끼치고 있다는 것을 뜻한다.[2]

하나님의 천지창조 이후 인류의 역사는 평화로운 시기보다 혼란과 갈등의 연속이었다.[3] 전 인류의 이러한 혼란과 갈등은 사실, 한 개

---

1) R. Collingwood, *The Idea of History*(London: Oxford University Press, 1961), p.46: Collingwood는 서구인이 역사의식을 갖게 된 것은 기독교사상의 영향 때문이었으며, 이를 체계화시킨 것이 아우구스티누스라고 했다. K. Löwith, Mining in History, 「역사의 의미」, 이석우 역(서울: 예조각, 1978), pp.214-215: Löwith는 역사 속에 시간적 개념을 도입하고 역사에 의미를 부여한 것은 아우구스티누스의 공로로 돌리고 있다. E. Bernheim, *Einleitung in die Geshichts Wissenschaft*, 「역사학 입문」, 조기준 역(서울: 정음, 1976), p.27: Bernheim은 아우구스티누스를 역사철학의 아버지라고 불렀다.

2) 이석우, Augustine 史觀에 나타난 두 都市 槪念의 性格 硏究, 박사논문, 경희대학교 대학원, 1980: 아우구스티누스(Aurelius Augustine)는 그가 위기시대에 살면서 역사 속에서 인간의 의미가 무엇인지를 총체적으로 탐구한 투철한 역사의식의 소유자였다. 따라서 아우구스티누스가 살았던 시대와 버금가는 전환의 시대에 살고 있는 오늘의 역사학도들은 그에게 깊은 관심을 갖지 않을 수 없다고 이석우는 강조하고 있다.

3) Herbert A. Deane, *The Political and Social Ideas of St. Augustine*(New York: Columbia University Press, 1963), p.2: 플라톤(*Plato*)과 아리스토텔

인의 삶에 내재되어 있는 문제이며, 이 개인의 삶에 있는 갈등의 해결 없이는 전 인류의 갈등해결도 소원하다고 볼 수 있다. 기독교의 역사에서 이러한 갈등을 극복하고자 하는 많은 몸부림이 있어 왔으며, 이러한 시도의 대표적인 한 예를 어거스틴의 삶과 그의 저술에서 찾아볼 수 있다.

어거스틴은 이 갈등의 근본적인 문제를 자신의 개인적 경험에서, 그리고 여기서 확대하여 세계의 역사에서 찾았다. 어거스틴에게 있어서 자신의 개인적 경험을 소우주라고 한다면 세계의 역사는 대우주라 할 수 있을 것이다. 소우주적인 자신의 삶의 경험은 그의 작품 「고백록」(*Confessiones*)[4]에, 그리고 대우주적인 세계의 역사는 「하나님의 도성」(*De civitate Dei*)[5]에 반영되어 있다. 어거스틴은 「고백록」

레스(*Aristotle*)의 정치사상이 고대 그리스의 아테네를 위시한 도시국가 (*polis*)들 사이의 위기를 반영한 것이었고, 마키아벨리(*Machiavelli*)의 「군주론」(*The Prince*, 1513)이 르네상스 시기 이탈리아의 사회적 혼돈을 반추한 것이었으며, 또한 홉스(*Hobbes*)의 사회계약설이 17세기 영국의 혁명적 내전(*Civil war*)에 기인했고, 루소(*Rousseau*)의 자유 민권 사상도 프랑스 왕정에 대한 반발로 나타난 것이다.

4) St. Augustine, *Confessiones*: 다음부터는 *Conf*로 표기함. Translated by J. G. Pilkington, edited by Philip Schaff, *A Select Library of The Christian Church Nicene and Post−nicene Fathers*. First series, vol.1, Hendrickson Publishers, 2004. pp.27−207: 다음부터는 *N. & P. −N. F.*로 표기한다. 국역은 「성 어거스틴의 고백록」, 선한용 역(서울: 대한기독교서회, 2005)을 따른다.

5) St. Augustine, *De civitate Dei*: 다음부터는 *DCD*로 표기함. Translated by Marcus Dods, edited by Philip Schaff, *A Select Library of The Christian Church Nicene and Post−nicene Fathers*. First series, vol.2(Hendrickson Publishers, 2004), pp.1−511: 다음부터는 *N. & P. −N. F.*로 표기함. 국역

에서 하나님과 대립하며 갈등을 일으키며 살았던 자신의 삶을 적나라하게 표현하고 있다. 그의 긴 갈등의 삶 속에서 그가 추구하였던 것은 자신에 대한 끝없는 '자기애(自己愛, cupiditas sui)'였다. 다른 한편으로 세계의 역사가 보여주는 하나님과의 갈등은 이미 인류의 시조 아담의 자손인 가인과 아벨로부터 시작되었음이[6] 「하나님의 도성」(De civitate Dei)에서 언급되고 있다.

이 두 작품이 개인의 삶과 세계의 역사라는 각각 다른 주제를 표명하고 있지만, 갈등의 구조 면에서 보면 하나임을 알 수 있다. 그것은 '하나님의 사랑(caritas Dei)'과 '자기애(cupiditas sui)'의 갈등이다. 카리타스(caritas)란 올바른 사랑의 대상에 대한 질서 잡힌 사랑이며, 이러한 바른 사랑을 향한 선의 결핍으로 인하여 악이 생겨나게 된 것이다.[7]

어거스틴은 이 악이 결국 자기애로 나타났으며 이 자기애는 결코 채워질 수 없을뿐더러 자신에게 어떤 만족과 평화를 줄 수 없고, 오직 하나님 안에서만 참된 안식과 평화를 얻을 수 있음을 「고백록」의 제1권 제1장에서 이렇게 고백하고 있다. "주님 안에서 안식을 발견하기까지 우리의 마음은 평화를 누릴 수 없었습니다."[8]

어거스틴에게 있어서 인간이 가지고 있는 이 끊임없는 자기애의

은 「하나님의 도성」, 조호연·김종흡 역(크리스챤 다이제스트, 2005)을 따른다.

6) St. Augustine, *DCD.* 15,1,4 – 5: *N. & P. –N. F.* vol.2, pp.284 – 287.

7) H. J. McClosky, *God and Evil*, ed. N. Pike(Englewood Cliffs: Prentice Hall, 1964), p.65.

8) St. Augustine, *Conf.* 1,1,1; *N. & P. –N. F.* vol.1, p.45.

해결은 결국 하나님과의 평화로만 가능하다. 그리고 이 평화는 먼저 한 개인이 하나님과의 평화를 이룸으로 세계의 평화가 궁극적으로 실현될 수 있다.

따라서 본 연구의 목적은 어거스틴(*Aurelius Augustine*)의 생애[9]에서 경험되었고 그의 대작 「하나님의 도성」에서 분명히 보이는 갈등의 구조를 찾아, 한 개인과 세계가 갈등의 극복을 통해 세상에서 평화할 수 있는 길과 하나님과 영원히 평화할 수 있는 방법을 찾는 데 있다.

2. 평화를 향한 방향

본 논문은 문헌 연구를 통해 이루어질 것이다. 특히 어거스틴의 저작물들의 분석과 정리를 통하여 신학적 해석을 도출해내고자 한다. 「고백록」과 「하나님의 도성」을 중심으로 어거스틴의 갈등과 평화에 관한 내용을 탐구할 것이다. 여기에 더 부가하여 참고할 어거스틴의 작품으로는 참고문헌(*bibliography*)에 나타나 있는 1차 자료(*primary sources*)를 사용할 것이다.

그리고 어거스틴의 평화와 갈등을 탐구하고 분석하기 위해서 2차

---

9) 참조. 어거스틴의 생애에 대하여 자세히 설명한 책들은 다음과 같다.
Peter Brown, *Augustine of Hippo*(Berkeley and Los Angeles: University of California Press, 1969).
선한용, 시간과 영원(서울: 대한기독교서회, 2002).
Frederic van der Meer, *Augustine the Bishop*(London: Sheed and Ward, 1961).

자료 또한 중요하다고 생각한다. 참고문헌에 수록된 2차 자료(secondly sources)의 연구 성과를 활용함으로 본 본문에 대한 심도 있는 연구가 가능케 될 것이다.

본 연구는 총 5장으로 구성되었다. 제1장 서론에서 연구 목적, 연구 방법과 범위, 선행연구 고찰에 대하여 서술하고자 한다.

제2장에서는 어거스틴의 생애에 나타난 평화를 향한 갈등을 기술하고자 한다. 첫째, 인간적 갈등으로서 이성(異性)으로 인한 갈등, 친구의 죽음으로 인한 갈등, 그리고 배나무 아래에서의 갈등을 다룰 것이다. 둘째, 사상적 갈등으로, 키케로(Cicero)의 「호르텐시우스」(Hortensius), 마니교(Manicheism)의 이원론(dualism), 아카데미파의 회의론(scepticism)과의 만남을 다루고자 한다. 셋째, 갈등을 넘어 평화로의 과정과 정착으로 세례와 수도원 설립 그리고 히포의 감독이 되기까지 그의 평화의 행적을 기술할 것이다.

제3장에서는 어거스틴에게 있어서 세상과의 평화의 길을 다루고자 한다. 첫째, 어거스틴의 「하나님의 도성」에 나타난 두 도성의 개념 중의 하나인 지상의 도성(Civitas terrena)의 개념과 지상의 도성의 현존 그리고 지상의 도성의 결과에 대하여 기술하고자 한다. 둘째, 교회를 통한 세상과의 평화의 길로서 어거스틴에게 있어서 교회의 개념과 교회와 지상의 도성과의 상관성에 대하여, 마지막으로는 지상의 도성의 평화를 위한 교회의 역할을 논하고자 한다.

제4장에서는 하나님과의 평화의 길을 제시한다. 여기에서는 첫째, 하나님의 인간에 대한 사랑을 통한 평화를 구원론의 관점에서 기술하고자 한다. 구원에 관한 문제해결이 없이는 하나님과의 관계가 설정될 수 없기 때문이다. 그러므로 구원론 안에서 인간의 자유의지,

예정, 그리고 은총을 논하지 않을 수 없다. 둘째, 하나님의 인식을 통한 평화를 삼위일체론의 관점에서 논하고자 한다. 여기에서 어거스틴의 삼위일체론의 구조를 파악하는 것과, 삼위일체구조의 일체성과 구별성의 이해가 필요해진다. 셋째, 하나님과의 궁극적인 평화의 실제로서 하나님의 도성에 대하여 논할 것이다. 이 하나님의 도성은 어거스틴의 「하나님의 도성」 안에 나타난 도성의 개념 중의 하나이다. 여기에서 이 도성의 개념과 도성의 현존을 논하고, 나아가 도성의 종말론적 성격에 대하여 논증함으로써 하나님과의 평화의 길을 제시하고자 한다.

제5장은 본 논문의 결론 부분이다. 지금까지의 모든 내용들을 정리하면서 평화에 대한 어거스틴의 사상을 토대로 하여 세상에서의 평화와 하나님과의 평화로 나아갈 수 있는 길을 총괄적으로 제시하면서 본 논문을 마무리할 것이다.

3. 어거스틴의 평화사상에 대한 선행연구

어거스틴에 대한 지금까지의 연구서들을 살펴보면, 그의 생애와 사상에 대한 국내외 저술들과[10] 어거스틴의 저작인 「고백록」(*Confe-*

10) Peter Brown, *Augustine of Hippo A Biography*(Berkeley and Los Angeles, University of California Press, 2000); Mary T. Clark RSCJ, *Augustine* (London: Geoffrey Chapman, 1994); Warren Thomas Smith, *Augustine: His Life and Thought*(Westminster, 1980); Gerald Bonner, St. *Augustine of Hippo Life and Controversies*(Phkadelphia: The Westminster Press, 1963); John

ssiones)에 대한 연구[11]와 「하나님의 도성」(DCD)에 대한 연구물들[12]

M. Rist, *Augustine Ancient thought baptized*(Cambridge University Press, 1995); Charles T. Mathewes, *Evil and The Augustinean Tradition*(Gambridge University Press, 2001); Vernon J. Bourke, *Augustine's Love of Wisdom*(West Lafayette, Indianna: Purdue Univ, Press, 1992); 김경희, 아우구스티누스의 언어-기호 이론 연구(서울대학교, 박사논문, 2002); 김기달, 제5세기 교부 어거스틴의 은총론과 21세기 한국 개신교회 신학의 방향 모색, 신학과 목회, 10(영남신학대학교, 1996); 공성철, 어거스틴의 은총론과 예정론 관계연구, 조직신학논총. 3(한국조직신학회, 1998); 김동구, 어거스틴의 교사에 관한 철학(청주사대 학생생활연수소, 1987); 김수학, *Augustine*의 사상의 고찰(대구신학대학교, 1987); 김승철, 악 이해의 두 가지 전통, 오늘의 어거스틴(서울: 대한기독교서회, 1997); 김종두, 고대 철학자들과 *St. Augustine*의 *Milton*의 시간개념에 끼친 영향(한국밀턴학회, 1995); 선한용, 플라톤주의와 어거스틴, 신학과 세계. 26(감리교신학대학교, 1993); 이석우, *Augustine*과 전쟁론(신학지남사, 1979); 이후정, 어거스틴의 신비주의, 신학과 세계. 33(감리교신학대학교, 1996); 주승민, 어거스틴의 사상이 현대에 미치는 영향, 신학과 문화, 평택대학교신학연구원, 1996): 유지황, 어거스틴의 신학사상이해: 사랑과 영혼의 순례(땅에쓰신글씨, 2005).

11) Adolf, Harnack, *Monasticism: Its Ideals and History and the Confessions of St. Augustine*(London: Williams & Norgate, 1913); 고광필, 어거스틴의 고백록, 광신논단. 8(광신대학교, 1997); 고광필, 어거스틴의 은혜의 개념, 광신논단, 10(광주개혁신학연구원, 2001).

12) Edward R. Hardy, Jr., "*The City of God*" ed. R. W. Battenhouse, "*A Companion to the Study of St. Augustine*"(Baker Book House, 1979); R. H. Barrow, *Introduction to St. Augustine's The City of God*(London: Faber and Faber Limited,1969); J. Figgis, *The Political Aspects of St. Augustine's City of God*(London: Glouchester, Mess, 1963); Robert C. Linthicum, *City of God, City of Satan*(Grand Rapids: Zondervan Pub. House, 1991); R. T. Marshall, *Studies on the Politikal and Socio Religious Terminology of the De Civitate Dei*(Washington, D. C: Catholic Univ. of America Press, 1952); Kim Young-il, *The Implications of two Kingdoms of Augustine and Luther*

이 있다. 그러나 어거스틴의 평화를 주제로 한 연구물들이 없지는 않으나,[13] 갈등에서 평화를 찾아가는 연구는 전무하다.

어거스틴은 무화과나무 아래서 회심할 때까지 평화를 찾지 못하였다.[14] 그는 인간이 하나님의 피조물임을 「고백록」 서두에서 분명하게 밝히면서[15] 하나님 안에서 안식하기 전까지는 평화하지 못한다는 것을 분명하게 강조하고 있다.[16] 어거스틴의 이와 같은 참된 가치는 그의 생애의 갈등에서부터 사상적인 갈등의 요소들을 망라하여 나온 것이다. 그러므로 어거스틴이 추구한 평화에 대한 고찰은 그의 저술인 「고백록」에 나타나 있는 생애의 갈등과 「하나님의 도성」에 나타나 있는 평화의 사상적 측면을 함께 다루어야 한다. 이에 어거스틴의 평화에 대하여 신학적으로 논증하기 위하여 다음과 같이 선행된

---

in Christian ethics, 협성논총. 10(협성대학교, 1998); 이석우, Augustine 사관에 나타난 "두 도시" 개념의 성격 연구(경희대학교, 박사논문, 1980); 주재용, 어거스틴의 사상 형성 배경과 하나님의 나라, 신학연구. 31(한신대학교, 1990); 이양호, 아우구스티누스의 교회론: 도나투스파와의 논쟁을 중심으로, 현대와 신학, 12(연세대학교 연합신학대학원, 1989); 김상태, St. Augustine의 역사이론과 윤리관소고: 그의 주저 신국론을 중심으로(숭의여자전문대학교, 1978); 김명혁, 신국론의 두 도성 이해(서울: 크리스챤 다이제스트, 1994); 정의변, *Aurelius Augustine*의 신국론 연구: 역사철학적 견지에서(가톨릭대학신학부, 1976).

13) Donald X. Burt, *"Peace"* Augustine through the Ages, editor, Allan D. Fitzgerald(Wm. B. Eerdmans Publishing Co., 1999), pp.629-632.

14) *Conf.*, 8,12,28-29; *N. & P. -N. F.*, vol.1, pp.127-128.

15) *Conf.*, 1,1,1; *N. & P. -N. F.*, vol.1, p.45.

16) *Conf.*, 13,35,50; *N. & P. -N. F.*, vol.1, p.207: *"O Lord God, grant Thy peace unto us, -for Thou hast supplied us with all things, -the peace of rest, the peace of the Sabbath, which hath no evening"*

연구들을 분석한다.

고광필은 「어거스틴의 고백록」[17]을 단순히 자신의 신앙 여정을 그린 자서전이 아니라, 하나님 이해인 동시에 자기 이해라고 언급했다.[18] 자신의 신앙 여정 안에서 인간적 사랑과 고뇌를, 그리고 마니교로부터의 영향을, 밀란에서 암브로스를 통해 기독교에 대한 새로운 이해를 기록하고 있다. 그는 「고백록」의 저작 동기와 목적에서 사실적 묘사로 자신의 고백을 나열하고 있다고 이 논문에서 주장하고 있다. 쉽고 짜임새 있게 묘사한 표현들로 인하여 쉽게 접근할 수 있게 한 논문이다. 그러나 이 글에서 이 세상에 영원한 안식은 없다고 언급해 놓고 있지만, 안식이 없다는 논증 후에 당연하게 따라야 할 대칭적인 개념인 평화에 대한 언급은 찾아볼 수 없다.

하디(Edward R. Hardy Jr.)는 「The city of God」[19]에서 인간의 삶의 모든 영역은 영적 전쟁터라고 하였다. 그리고 인간의 삶의 모든 방법과 형태는 조화와 일치를 얻기 위한 노력으로 보고 있다. 그러나 현대에 들어와서 국가들의 통일과 교회의 재형성(re -formation) 및 분리는 새로운 갈등으로 재현되어 간다고 언급하고 있다. 이러한 견해에서 세속적인 국가와 내세적인 교회라는 이원론적 구분을 통해 갈등을 피해보려는 시도를 의도적으로 해보았지만 결국 소용없는 것으로 판명되었다고 하였다.[20] 저자는 「하나님의 도성」을 분석하면서 역사적인 상황과 종말론적인 해석으로 마무리하였고 어거스틴의 모

---

17) 고광필, 어거스틴의 고백록, 광신논단, vol.8(광신대학교, 1997).

18) Ibid., p.117.

19) Edward R. Hardy Jr., p.257.

20) Ibid., p.258.

호성(*Augustine's Ambiguities*)을 과제로 제시하고 있다. 저자가 지적한 모호성이란 첫째, 인간 사회에 대한 어거스틴의 분석이 형식상으로는 이중적이지만 실제적으로 삼중적이라는 사실을 지적한다. 하나님의 나라와 사탄의 나라의 대립적인 관계성과 하나님의 나라가 인간의 나라들과 꼭 대립되는 것은 아니라는 것이다.[21] 둘째, 어거스틴의 개인적 태도를 지적한다. 그는 과연 이 세상을 호의적으로 대했는가 아니면 그것에 대하여 도피하고자 했는가이다. 저자는 두 가지 면을 함께 가지고 있었다고 보고 있다.[22]

하디(*Edward R. Hardy Jr.*)는 어거스틴의 저작에 대하여 날카롭게 분석하면서도 평화에 대해서는 언급하지 않았다. 격한 갈등을 언급하지만 그 해소방안에 대해서는 종말론적인 형식으로 귀결시키고 있다. 평화로의 해결적 방안을 제시하지 못하고 있다.

이석우는 "Augustine 사관에 나타난 두 도시 개념의 성격 연구"[23]에서 어거스틴에 대한 일반적인 소개와 사상적인 영향력에 대하여 다수의 학자들의 의견을 첨부하고 있다. 이석우는 어거스틴을 역사학자로 인식하면서 그의 특징들을 분석하고 있다. 그리고 교회와 신국, 지상국과 국가들의 의미와 개념을 어거스틴적 해석으로 규명하고자 노력하였다. 어거스틴의 종말론에 대해서는 그 역사의 시간적 한계를 철폐하고 예정적 존재의미를 부여하면서 전쟁과 폭력에 대하여 기술하고 있다. 이 논문에서 저자는 어거스틴이 추구한 평화를

---

21) Ibid., p.279.

22) Ibid., p.280.

23) 이석우, *Augustine* 史觀에 나타난 두 都市 槪念의 性格 硏究(경희대학교, 박사논문, 1980).

언급하고 있다.[24] 그러나 어거스틴이 추구한 평화를 단순하게 전쟁과의 대조적 관계에서만 보고 있다. 전쟁은 인간 역사관 안에서 주어지는 개념이다. 어거스틴의 평화적 개념은 인간 역사관의 한정성을 초월한다. 저자는 어거스틴에 의거한 평화적 방법론을 제시하지 않고 있다.

Park, Yung – Sil은 그의 논문 "*St. Augustine and the 'Powers that Be' in De Civitate Dei*"[25]에서 신적인 권위자에 대한 어거스틴의 경험을 언급하면서 이와 관련된 것들을 기술하고 있다. 어거스틴은 신적인 권위자와의 관계에서 회심을 경험하게 되었다고 한다.[26] 그리고 로마서 13장에 나오는 권세자는 로마제국으로 해석한다. 나아가서 로마제국의 멸망의 원인은 참된 정의의 부재(*absence*)와 참된 권세자를 인지하지 못한 결과임을 나타내고 있다. 「하나님의 도성」에서 가지고 있는 어거스틴의 이러한 관점을 한국의 정치적 이데올로기로 접목시켜 논할 수 있다고 한다.[27] 저자는 참된 권세자와 피조자와의 관계에서 피조자가 회심의 절대적 가치를 참된 권세자에게 제시하여야 한다고 주장한다. 그러나 그 가치를 충분히 정의해주어야 함에도 불구하고 전혀 언급함이 없다. 인간은 폭력성을 소유하고 있으며, 평화를 추구하더라도 이기주의적 평화를 추구하며, 지배구조적인 평화로의 유혹을 받을 수 있는 존재이기 때문이다. 이 논문은

---

24) Ibid., pp.165 – 167.
25) Park Yung – Sil, "*St. Augustine and the 'Powers that Be' in De Civitate Dei*"(Ph. D., Dissertation, Trinity Evangelical Divinity School, 2001).
26) Ibid., p.46.
27) Ibid., p.220.

평화의 관계, 평화를 향한 방법론적인 언급이 부족하다.

버트(*Donald X. Burt*)의 논문 "평화"(*Peace*)[28]에서 다룬 목록은 다음과 같다. 평화, 중요성과 조건, 이 세상 평화의 한계, 내적 평화, 외적 평화, 평화와 이 세상의 도성, 세상의 평화와 천국 도성의 시민, 사회에서의 평화, 천국 도성에서의 평화 등이다. 버트(*Donald X. Burt*)는 자신의 글에서 평화의 가장 일반적인 의미는 분리와 분쟁이 없는 제도와 정돈된 조화에 있다고 말한다.[29] 인간 사이에도 화해(*concordia*)가 있어야 하며, 인간을 위한 평화는 인간에게 사랑이 충족[30]될 때만이 완전해진다고 한다.[31] 평화를 어거스틴의 사상에서 핵심적인 개념 중의 하나라고 하면서, 이러한 완전한 평화를 가지기 위해서는 내적·외적 조화가 필요하다고 보고 있다. 지상의 평화는 현재의 삶에서 찾을 수 있지만, 완전한 평화는 천국에 이르러서야 성취될 수 있다.[32] 또한 내적 평화를 언급하면서, 평화를 성취하기 위한 노력은 자신 안에서 시작되어야 하며, 좋은 삶은 소망에 대한 근거가 되고, 그 안에서 내적 평화를 발견할 수 있다.[33] 그리고 외적 평화에 대해서는 내적인 평화를 가진 사람만이, 타인과 더불어 평화를 추구할 수 있다고 강조하고 있다. 타인과의 외적인 평화에 대한 전제로 첫째, 타인에게 어떤 해로움도 주어서는 안 되며, 둘째,

---

28) Donald X. Burt, pp.629 - 632.

29) *DCD*, 19,13: *N. & P. -N. F.*, vol.2, p.409.

30) St. Augustine, *Enarrationes in Psalmos*, 84,10; *N. & P. -N. F.*, vol.8, p.403.

31) Donald X. Burt, p.629.

32) *DCD*, 19,11; *N. & P. -N. F.*, vol.2, p.407.

33) Donald X. Burt, p.630.

타인의 유익을 위한 노력이 있어야 한다는 것이다.[34] 즉, 타인과의 이상적인 평화는 상호 신뢰를 바탕으로 한다. 이 세상의 도성에서 사람들은 행복을 추구하지만, 인간의 공동체 안에서도 의견과 욕망으로 인하여 끊임없는 갈등으로 인한 두려움은 추구하는 행복과 혼합된다. 그러할지라도 지상의 일시적인 평화는 결코 무시할 수 없다고 강조하고 있다.[35] 지상의 도성과 하나님의 도성(Civ. D.)의 시민의 차이는 평화를 추구하지 않는 데 있는 것이 아니라, 추구하는 평화의 질과 평화를 어떻게 사용하는지에 있음을 주장한다.[36] 인간 사회의 일치는 이러한 평화에 근거하고 있다. 그리고 종교적인 공동체의 순수한 결속력은 사랑과 동일한 것으로 보며, 이 사랑을 하나님의 사랑으로 보고 있다.[37] 그리고 결론적으로 천상의 도성에서의 평화에서 종교적인 공동체의 평화는 천국 도성의 최종적 평화를 향한 지점일 수 있으나 그것은 아주 미미한 것이다. 성인들조차도 이 세상에서 성취할 수 있는 가장 훌륭한 평화는 영원한 법에 대한 그리스도의 약속과 충실한 복종에 근거하는 소망을 통해 이루어진다고 역설하고 있다.[38]

버트(Burt)는 자신의 논문에서 어거스틴을 통하여 평화에 대한 정의와 중요성을 잘 정리해 놓고 있다. 그러나 어거스틴이 평화를 갈망하며 참된 하나님의 도성의 평화를 찾기까지의 과정이 전적으로

---

34) *DCD*, 19,14; *N. & P. -N. F.*, vol.2, pp.410-411.

35) Donald X. Burt, p.630.

36) *DCD*, 19,17; *N. & P. -N. F.*, vol.2, pp.412-413.

37) Donald X. Burt, p.631.

38) Ibid., p.632.

배제되어 있다. 결과적으로 평화라는 결과만을 보여주고 있다.

선행연구 분석결과, 어거스틴(*Aurelius Augustine*)의 갈등에서 시작하여 평화로 이어지는 방법론을 제시하는 연구들은 찾아볼 수 없었다. 어거스틴이 추구하였던 평화는 지상적 차원의 평화(*civitas terrena*)가 아니라 하나님의 도성(*Civ. D.*)적 차원의 평화였다. 이러한 차원의 평화를 찾아 나갈 수 있었던 것은 그의 생애의 전반기에 경험되었던 많은 갈등을 통하여 얻을 수 있는 것이었다. 그의 이러한 갈등이 참된 평화를 향한 열정으로 승화되었던 것이다. 본 논문은 어거스틴의 갈등에서 평화를 찾고자 한 것을 논증하면서 세상과의 평화의 길과 하나님과의 평화의 길을 제시하고자 한다.

II

어거스틴의 생애에서 본
평화를 향한 갈등

어거스틴의 생애에 대한 많은 기록이 「고백록」에 집중적으로 기록되어 있다. 이 책에서 그는 자신의 과거의 갈등들을 회상적으로 기록하고 있다. 어거스틴의 「고백록」은 아마도 이 분야에서 전 세계에 걸친 독자층을 확보하였던 위대한 기독교 문학일 것이다.[1] 이 「고백록」을 통하여 어거스틴의 생애에서의 평화를 향한 갈등을 찾아보고자 한다.

「고백록」 1권부터 10권까지는 그의 개종과 회심에 관한 기술이다. 어거스틴은 자신의 생애에 있어서 처음에는 하나님 앞에 죄인이라는 생각을 하지 않았다.[2] 그는 자신이 원하는 대로 자신의 인생을 살기 시작하였다. 그러나 점차로 갈등의 격랑에 휩쓸리게 되었고 비참한 인간의 실존을 자각하면서 평화를 찾고자 하는 열망을 가지기 시작하였다.[3] 어거스틴은 회심과 모니카의 죽음을 8권에서 9권까지 기록해 나간다. 갈등의 기억들을 통하여 회심을 이루어나간 것도 온전히 하나님이 하신 일 바로 그분의 은총이었다. 10권에서는 어거스틴의 마음속에 남아 있는 기쁨으로 기억을 반추한다.[4] 11권에서 13권은

---

1) Warren T. Smith, p.190.

2) Ibid., p.188: "나는 스스로를 죄인이라고 생각지 않았으므로, 나의 죄들은 더욱이 치유받을 수 없었다. 당신에게 순종하고 구원을 얻기보다는 차라리 당신의 뜻을 어기고, 나의 영혼을 상실하기를 원하였던 것은 참으로 추악한 악이었다."

3) *Conf.*, 4,6,11; *N. & P. -N. F.*, p.71.

4) Warren T. Smith, pp.188-189: "그리하여 주님, 제가 원하는 것은 자신을 당신 앞에 솔직하게 드러내고자 함입니다. 제가 설혹 고백하기를 거부한다 하여도, 저의 그 어떤 것이 당신 눈에서 숨겨지고 감추어질 수가 있겠나이까?" 그리고 그는 계속하여 "내 영혼의 의원이시여, 이렇게 하는 것이 어떻게 나에게 보다 유익한지를 가르쳐 주시옵소서. 당신은 나의 과거의 죄를 베일로 덮으셨으며, 이리하여 당신 안에서 기쁨을 찾도

시간과 창세기 1장에 관하여 논하고 있다.[5]

"주님 안에서 안식을 발견하기까지 우리 마음은 평화를 누릴 수 없었습니다."[6]라는 대목은 어거스틴이 「고백록」에서 자신의 내면이 참된 평화를 얻기까지 숱한 갈등으로 인하여 번민하였음을 보여주고 있는 것이다.[7] 그의 생애는 A.D. 351년 11월 13일에서 A.D. 430년 8월 28일까지이다.[8] 어거스틴의 아버지 파트리키우스(*Patricius*)는 이

록 하셨습니다. 신앙과 상례로 제 인생을 변화시키셨습니다."……"제가 지성은 네 가지 종류의 감정을 경험할 수 있다 하였을 때, 욕망, 기쁨, 공포, 그리고 슬픔 등, 저는 이들을 기억으로부터 제 지성 속으로 불러들였습니다. 오 주님, 기억의 힘은 위대합니다. 그 심오하고 측정할 수 없는 복잡성은 우리를 경악시키고 감탄시키지 않을 수 없습니다."

5) *DCD*, 11,1,1; *N. & P. −N. F.* vol.1, p.205: "오 주님, 당신은 영원자이시기 때문에 내가 당신께 아뢰는 이 고백을 다 알고 계십니다. 당신은 시간 속에서 일어나는 사건들을 아시되 지나가는 시간의 지배를 받지 않으십니다."

6) *Conf., 1,1,1: "et inquietum est cor nostrum, donec requiescat in te."*

7) Henry Chadwick, *Augustinus*(라틴교부철학의 위대한 사상가 아우구스티누스), 김승철 역(시공사, 2001), p.114: 자신의 내면의 상태를 돼지우리에 들어가서 겨우 연명하는 탕자같이 느끼면서 하나님 안에서 쉼을 얻기까지 평안한 날이 없었음을 고백하고 있다.

8) Roy W. Battenhouse, *The life of St. Augustine*, edited. R. W. Battenhouse, *A Companion to the Study of St. Augustine*(Grand Rapids: Baker Book House, 1979), p.15; Benjamin B. Warfield, *Studies in Tertullian and Augustine*, vol.4(Grand Rapids: Baker Books House, 2003), p.113: 이 기간 동안의 그의 경력은 다음의 여섯 지리학적 위치들을 중심으로 집중되어 있다. 타가스테(Tagasts), 마다우라(Madaura), 카르타고(Carthage), 로마(Rome), 밀라노(Milan), 히포(Hippo) 등이다. 그러나 아우구스티누스에 대해 충분히 이야기하려면, 그런 연대기와 지리학의 범주와 함께 도덕적인 윤리에 의한 갈등의 범주들이 논의되어야 한다. 많은 갈등에서 평화를 찾기까지의 여정이 「고백록」의 중심을 이루고 있다.

교도로서 중류 가문에 속한 사람이었다. 그리고 고상하고 지적인 성격의 소유자인 어머니 모니카(Monica)는 신실한 기독교인으로 열성적인 사랑을 지닌 여성으로서 어거스틴의 생애에 큰 영향을 끼쳤음이 「고백록」 전체에 걸쳐서 언급되고 있다.9) 어거스틴은 자신의 어릴 때의 모습과 부모와의 관계를 비교적 상세한 부분까지 언급하고 있다.10) 어거스틴이 「고백록」을 통하여 이렇게 적나라하게 표현한 것은 하나님께 드리는 진실한 고백인 동시에 모든 독자들11)과 함께 하나님을 찬양하기 위함이라고 한다.12) 그리고 교회에 들어온 사람들에게 어떻게 기독교인이 되는가에 대하여 가르치고 훈련시키기 위한 것이며, 그들에게 기독교인으로서 어떻게 살아야 하는가? 하는 것을 가르치고자 한 것이며, 이들에게 우리가 고백하는 신앙의 내용을 신학적으로 설명해 줄 필요를 느꼈기 때문이다. 이 책에서 어거스틴은 여러 신학적인 주제들, 즉 창조론, 신론, 인간론, 기독론, 시간론, 악의 기원(죄론), 구원의 은총을 다루고 있다. 마지막으로 「고백록」을 듣거나 읽게 될 사람들로 하여금 기독교인에게 있어서 싸움의 대상은 밖에 있는 것이 아니라 인간 안에 있음을 말해주고 있다.13)

---

9) 선한용, p.214.

10) *Conf., 2,3,6; N. & P. -N. F.,* vol.1, p.65: 아버지와 함께 목욕탕에 갔을 때의 일,
Ibid., 9,8,18; pp.135 - 136: 모니카가 술 광에 들어갔다가 하녀에게 당한 일.
Ibid., 9,8,19; p.136: 급한 성격의 파트리키우스(*Patricius*)와 그의 아내 모니카의 가정생활.

11) Ibid., 2,3,5; p.56: "오, 나의 하나님, …… 당신의 면전에서 내 동포, 그리고 내 글을 읽게 될 세상 사람들의 일부에게 하는 것입니다."

12) Ibid., 1,1,1; 11,1,1; p.45, 163.

1. 인간적 갈등

어거스틴이 태어난 타가스테(*Tagaste*)는 오늘날의 알제리(*Algeria*)의 동부국경 지대에 있는 수크-아라스(*Souk-Ahras*)에 해당되는 도시이다. 이 소도시는 원시성을 지닌 카르타고적 전통과 도회지적이며 지배체제의 성격을 띤 로마의 영향이 서로 갈등을 느끼며 공존하고 있는 곳이었다. 주위를 둘러싼 분지(盆地)가 농경지와 사막의 뚜렷한 대조를 이루었다. 이곳에서는 340년에 계층 간의 갈등으로 농민의 난이 일어났다. 이곳은 이미 토지 귀족과 농민 간의 빈부격차의 갈등이 상존하고 있었다. 그리고 지배계층과 피지배계층의 이질감이 표면화되어 가고 있었다.[14] 이와 같은 연장선상은 그의 가정에서도 보이는데, 이교적 성향이 강한 아버지 페트리키우스(*Patricius*)와 독실한 기독교인이었던 어머니 모니카(*Monica*)의 관계로 이어진다. 어거스틴은 아버지 페트리키우스의 자유분방한 생활습관의 영향과 어머니의 정숙한 신앙적 생활의 영향을 받았다. 이는 서로 대치되어 의식되었기 때문에 예민한 그의 감수성에 혼란을 일으켰을지도 모른다.[15] 예민한 그의 감수성을 자극한 이러한 영향은 어거스틴의 갈등적인 생애의 출발을 예시하는 것과 같았다. 생애의 상당한 기간을 갈등 가운데 산 그는 무거웠던 갈등의 짐들을 벗어 던지고 참된 평화의 사람

---

13) St. Augustine, 성 어거스틴의 고백록, pp.36-38.

14) P. Brown, p.21.

15) 이석우, *Augustine* 史觀에 나타난 두 都市 槪念의 性格 硏究, p.47: Patricius가 370년에 사망하기 직전 세례를 받았다는 사실을 감안하면 대립이 합으로 변하는 그 깊은 내면의식 또한 Augustine에게 전승된 감이 있다.

이 되었다. 그리고 운명한 그의 어머니 모니카로 인하여 크게 슬퍼하였지만,[16] 이렇게 기원하고 있다. "이제 어머니를 아버지와 함께 평안히 쉬게 하소서"[17] 이와 같이 기원하는 그의 고백을 통해서 그는 자신의 생애에서 모든 갈등을 극복하였음을 보여주고 있다.

어거스틴의 윤리 개념은 처음부터 특정한 형태로 나타난 것이 아니라, 생애 말엽 20여 년의 기간(410-430)에 해당되는 사상적 원숙기에 가서야 완성된 형태를 보여주고 있다. 이 시기에 어거스틴은 의무, 덕, 그리고 가치의 개념을 전체로서 결합된 형태로 설명하고 있다. 이것은 의무(obligation)에 대해서는 의무론적 해석으로, 덕(virtue)에 관해서는 목적론적이고 관계론적 해석을 통해 이 두 요소를 삶의 정향(life-orienting)이라는 뜻이 두드러진 것으로 해석되어 온 가치(value)라는 요소의 틀 안에서 결합시키고 있음을 의미한다.[18]

---

16) *Conf.*, 9,12,32; *N. & P. −N. F.*, vol.1, p.140: 그리고 아우구스티누스는 어머니의 죽음으로 인한 슬픈 마음을 암브로시우스의 시를 떠올리면서 안정시킨다.
   Deus creator omnium,
   Polique rector, vestiens
   Diem decora lumine,
   Noctem sopora gratia;
   Artus solutos ut quies
   Reddat laboris usui,
   Mentesque fessas allevet,
   Luctusque solvat anxios.

17) *Conf.*, 9,13,37: *"Sit ergo in pace cum viro."*

18) W. S. Babcock, 아우구스티누스의 윤리학, 문시영 역(서광사, 1998), pp.29-30.

1) 어거스틴의 생애

어거스틴은 기원 354년 11월 13일 북아프리카 해안에 자리 잡고 있던 작은 도시 타가스테(*Tagaste*)라는 곳에서 태어났다. 그의 아버지 파트리키우스는 본래 이교도였으나 그가 세상을 떠날 때(기원 370년)는 이미 세례교인이 되어 있었다. 그의 어머니 모니카는 열렬한 그리스도인으로서 지극히 부드럽고 인내심이 강한 전형적인 모친상을 가지고 있었다. 아버지로부터 정력적인 기질과 어머니의 신앙과 인격을 함께 물려받음으로써 그는 그리스도교와 이교(異敎) 사이의 긴장과 갈등의 구조를 한 몸에 지니고 있었다. 어거스틴의 위로는 형 네비기우스(*Nevigius*)가 있었고, 아래로는 페르페투아(*Perpetua*)라는 여동생이 있었다. 어거스틴은 「고백록」에서 네비기우스에 대하여 언급을 한다.[19] 그러나 페르페투아에 대해서는 언급하고 있지 않다.

어거스틴은 초등교육을 타가스테에서 받았다. 12세에 이교문화의 중심지인 마다우라(*Madaura*)로 유학을 갔다. 그는 여기서 고전문학, 철학 등의 공부를 할 수 있는 기초를 닦았다. 16세 때 유학을 중단하고 집으로 돌아와 1년간 있었다. 그 후에 로마니아누스(*Romanianus*)의 도움으로 370년 가을에 카르타고로 유학을 떠났다. 카르타고는 지금의 튀니지의 수도 튀니스(*Tunis*)이다. 그때 카르타고는 로마제국에서 두 번째로 큰 도시였다. 북아프리카에서는 가장 큰 도시로 문화, 정치, 교육의 중심지였다. 어거스틴은 이 도시를 황홀하게 바라보았다. 반듯한 거리들, 높은 건물들과 원형극장, 분주한 항구

---

19) *Conf.*, 9,11,27.

등과 더불어 말초신경을 자극하는 관능의 도시였다.[20] 이곳에서 공부하면서 한 여인을 사랑하게 되었다. 그녀와 13년 동안 동거하면서, 정식 결혼은 하지 않았지만 신의를 지켜나갔다. 이렇게 사는 동안에 아들을 낳게 되었는데 이 아들의 이름은 하나님이 주신 선물이라는 뜻의 아데오다투스(Adeodatus)라고 지었다. 그는 이 같은 가정생활을 함으로써 정욕의 노예가 됨을 벗어나 점차로 안정을 누릴 수 있었지만, 마음에서는 참된 평화와 안정을 가질 수 없었다.

수사학에 더욱 심취하고픈 마음으로 키케로의 「호르텐시우스」(Hortensius)라는 책을 읽게 되었다. 이 책을 읽음으로 종교적인 면으로의 갈등을 가지게 된다. 그는 이때 잠시 성경을 읽게 되는데, 이 성경에서 진리를 찾아보고자 하였지만, 도리어 성경과 멀어지는 결과를 가져왔다. 수사학을 공부했던 어거스틴에게 이 성경은 너무나 소박하고 저속하게 보였던 것이다.[21] 이때까지만 해도 어거스틴에게는 성경을 통찰할 능력도 없었고 성경의 권위에 겸비할 신앙도 없었던 것이다.

이후 어거스틴은 성경보다 더 합리적으로 인생의 갈등의 문제들 특히 종교적인 문제들을 해결해줄 것 같은 마니교(Manichaeism)로 관심을 가지게 된다. 마니교는 바빌론 사람 마니(Mani)가 3세기에 창설한 종교이다. 이 종교는 3세기에서 4세기에 지중해 연안과 인도, 중국에까지 영향을 미쳤다. 어거스틴이 카르타고에서 공부할 때도 이곳에 역시 마니교가 전파되어 있었다. 진리와 합리성을 찾아보려는 어거스틴은 그럴듯한 마니교의 논리에 휩쓸려 들어가서 9년 동안 마니교 신자로 행세하였다. 그리고 마니교를 전파하는 데 많은 노력

---

20) *Conf.*, 3,1,1.
21) *Conf.*, 3,5,9.

을 기울이기도 하였다. 그러나 이 마니교의 이원론과 점성술에 있어서 심각한 갈등을 하게 된다.[22] 모든 진리들을 점성술로 이해하고 해석하려는 태도가 마음에 들지 않았던 것이다. 어거스틴은 4년 정도의 카르타고 유학을 마친 다음, 고향인 타가스테로 돌아와서 수사학을 가르친다. 그는 타가스테로 돌아오면서 자신의 동거녀와 그리고 그 사이에서 태어난 아들 아데오다투스, 그리고 마니교라는 종교와 함께 돌아왔다. 아들을 만나게 된 모니카는 기쁨으로 가득했지만, 이교도가 되어 돌아온 아들에 대하여 주체할 수 없는 분노가 일어났다. 그래서 한집에서 거주하는 것까지도 거부하게 되었지만, 모니카는 아들이 돌아올 것이라는 소망의 암시를 받고 다시 집으로 들어오게 한다.[23] 어거스틴은 타가스테에서 1년이 조금 넘는 동안 교사생활을 한다. 이곳에서 그는 자기와 함께 일생을 거의 같이하게 되는 제자이며 동시에 나중에 타가스테의 감독이 되는 알리피우스(*Alypius*)를 만나게 된다. 그리고 그는 좋은 친구 한 사람을 사귀게 된다. 그 친구는 원래 동향인이었고 어릴 때부터 알고 지내던 사이였으며 이곳에 있는 동안에 학문에 대한 관심이 같아 더 깊은 우정을 나누게 된 것이다. 그런데 그 친구는 얼마 지나지 않아 병으로 세상을 떠나게 되었다.[24]

이로 인하여 어거스틴은 인간의 죽음의 문제에 깊은 갈등을 느끼면서 카르타고로 다시 간다. 카르타고로 다시 간 이유 중의 하나는 수사학 교수로 성공하기 위해서 소읍인 타가스테보다는 카르타고가

---

22) *Conf.*, 4,3,4; 4,3,5; 5,7,12.
23) *Conf.*, 3,11,19; 3,12,21.
24) *Conf.*, 4,4,7; 4,5,10.

더 낫다고 생각했기 때문이다.25) 어거스틴이 카르타고에서 수사학을 가르치면서 「미와 적절성에 대하여」(De pulchro et apto)라는 책을 처음으로 쓴다. 그는 이 책을 히에리우스(Hierius)에게 준다. 그러나 이 책으로 인하여 아무에게서도 칭찬을 듣지 못했다. 이 책은 어거스틴이 「고백록」을 쓸 때에는 없어졌다고 한다.26) 어거스틴이 29살 때 마니교의 감독 파우스투스가 카르타고에 왔다. 어거스틴은 파우스투스에게서도 만족할 만한 답을 찾지 못하고 실망하고 말았다. 마니교에 대한 기대감이 어거스틴의 마음에서 무너져 내렸다.27)

어거스틴은 제국의 수도인 로마로 간다. 로마로 간 이유를 다음과 같이 밝힌다.

당신은 내 마음을 설득하여 내가 카르타고에서 가르쳤던 것을 로마로 가서 가르치도록 인도하셨습니다. 내가 이렇게 설득된 경우를 당신 앞에서 고백하지 않고 그저 지나갈 수 없사오니 여기에서도 당신의 지혜의 심오함과 나를 향한 당신의 끊임없는 자비를 생각하고 그것을 선포해야 하겠기 때문입니다.28)

그는 자신의 가족들과 그동안 가르치던 학생들을 다 버려두고 로마로 떠나버린 것이다. 어떠한 대책을 세워놓고 떠난 것은 아니었다. 밤중에 몰래 가버렸기 때문이다. 자신의 로마로 향한 이유를 고백적으로 밝히고 있지만, 아마 자기가 신봉했던 마니교에 대한 실망감,

---

25) St. Augustine, *Contra Accad.,* Ⅱ,3.
26) 선한용, 시간과 영원, p.223.
27) *Conf.*, 5,7,13; *N. & P. −N. F.*, vol.1, p.83.
28) *Conf.*, 5,8,14.

자신의 타락한 생활에 대한 환멸감, 카르타고에서의 교수생활의 실패감들이 그의 마음을 괴롭혔기 때문이라고 보인다.[29] 로마에 도착하자마자 심한 병으로 앓게 되는데 죽음을 생각할 정도로 심각했지만, 이 병으로 인하여 세례를 받지는 않았다. 그는 마니교 신자의 집에 머물러 있었다.

이 시기에 어거스틴은 아카데미파(*Academics*)의 회의론을 받아들이게 된다. 이 회의론으로 인하여 마니교의 사슬에서 완전히 벗어나게 된다. 그러나 이 회의론으로 인하여 다시금 갈등하게 되는 어거스틴의 모습을 본 논고에서 차후에 밝히겠다. 그는 로마에서 수사학을 가르치기 시작했다. 그러나 그는 로마의 학생들을 통하여 대단히 실망하게 된다. 로마의 학생들은 카르타고의 학생들같이 난폭하고 거칠지는 않았지만, 아주 간사스러웠다. 왜냐하면 수업을 다 받고 난 후 수업료를 낼 때에 학생들끼리 의논을 해서 수업료를 내지 않고 다른 교사에게 가버리는 경우가 많다는 것이다.[30] 이와 같이 신의를 지킬 줄 모르는 학생들에 대하여 실망한 그는, 나중에 자신에게 미칠 경제적인 타격을 염려하였다. 로마에 온 지 1년이 채 안 되었을 때 밀라노(*Milano*)에서 로마 시장인 심마쿠스(*Symmachus*)에게 수사학 교수 한 명을 선발하여 보내라는 메시지가 왔다. 어거스틴은 마니교도들의 추천과 소개로 응시하였고, 심마쿠스는 어거스틴을 선발하여 밀라노에 보냈다. 심마쿠스가 어거스틴을 선택한 데 대하여 몇 가지의 이유를 생각해볼 수 있다. 첫째, 심마쿠스는 카르타고의 총독으로 지낸 때가 있었다. 그래서 카르타고의 수사학 교수였던 어거스

---

29) *Conf.*, 5,8,15; *N. & P. -N. F.*, vol.1, p.84.
30) *Conf.*, 5,12,22; *N. & P. -N. F.*, vol.1, p.87.

틴에게 호감을 가지고 있었을 것. 둘째, 어거스틴의 탁월한 지성과 세련된 수사학의 지식을 고려하여 그를 선택하였다는 것. 셋째, 심마쿠스는 로마의 전통적인 종교를 부활시키려고 노력한 이교도였고, 황제에게 로마의 전통종교를 회복해줄 것을 요구한 적이 있다.[31] 이때 여기에 대해 밀라노의 감독인 암브로시우스는 발렌티니안 황제(*Valentinian* II)에게 심마쿠스의 요청을 거부해주기를 청했고, 만약에 거부하지 않으면 황제가 교회에 출입하는 것을 허락지 않겠다고 강하게 요구하는 일까지 벌어졌다.[32] 심마쿠스는 어거스틴이 수사학 교수로 가면 황제와의 관계에서 자신의 뜻을 이룰 기회가 주어질 것으로 생각한 것이다. 심마쿠스와 암브로시우스는 이종 형제지간이었다. 그러나 신앙적으로는 대적관계였다. 이러한 상황에서 어거스틴은 384년 가을에 밀라노의 수사학 교수로 부임하였다.

여기서 어거스틴은 암브로시우스 감독을 찾아가 만났고 이로 인하여 결정적인 영향을 받게 된다. 특히 그의 설교와 성경의 은유적 해석(*allegorical interpretation*)은 어거스틴으로 하여금 성경의 새로운 이해의 장을 열어 주었다. 어거스틴은 암브로시우스가 성경 해석의 기본 원리로 사용하고 인용하고 있는 "의문은 죽이는 것이요 영은 살리는 것"(고후 3:6)이라는 요절을 무척이나 좋아했다.[33] 어거스틴은 맹목적인 신앙이나 광신적인 신앙의 태도를 막기 위해서 이해하

---

31) 선한용, 시간과 영원, p.227.

32) P. Brown, p.70.

33) Conf., 6,4,6; N. & P.−N. F., vol.1, p.92; Serm., 139,1; Ep., 120,1.3: 어거스틴은 이것은 나중에 "믿지 않으면 알지 못한다"(*nisi crederitis, non intelligetis*)라는 말로 바꾸어 사용했다.

기 전에 믿어야 하지만, 그 전에 왜 먼저 믿어야 하는지를 믿기 전에 알아야 한다고 강조하곤 했다.[34] 어거스틴은 암브로시우스 감독의 영향으로 인하여 점차로 마니주의와 회의론에서 벗어나 그리스도교 신앙에로 가까이 다가오고 있었다. 이때쯤에 모니카와 그의 형 네비기우스는 이미 밀라노에 와 있었다. 동향의 사람 알리피우스, 에보디우스(Evodius), 카르타고에서 온 네브리디우스(Nebridius)도 함께 있었다. 그를 경제적으로 뒷받침해주었던 동향인 로마니아누스도 어떤 일로 그곳에 와서 조정에 드나들고 있었다. 바로 이 사람이 어거스틴의 동거인과 그의 아들 아데오다투스를 카르타고로부터 이곳에 데려왔을 것으로 짐작된다. 이때 어거스틴과 함께 있던 이 사람들이 번잡한 세상의 일을 떠나 학문에 전력하는 철학자의 공동체를 만들어보자고 의논한다.[35] 그러나 이러한 계획이 세부적인 문제들로 인하여 무너져 버린다.[36] 모니카는 어거스틴에게 지금까지 동거해온 여자와 헤어지라고 종용한다. 그리고 정식결혼을 하라고 강권하였다. 그래야 세례를 받을 수 있고 생활이 안정될 수 있다는 것이다. 어거스틴은 할 수 없이 13년 동안이나 카르타고에서부터 동거해왔고 자기에게 아들까지 낳아준, 이 여인을 아프리카 그녀의 고향을 돌려보냈다.[37] 여기서 어거스틴은 마음에 크게 상처를 입는다. 그런데 왜 어거스틴의 주변에서는 그녀를 정식 부인으로 맞아들이도록 하지 않

---

34) De prae. sact., 11,5.
35) 피타고라스의 형제단, 플라톤의 공화국, 플로티누스가 시도했던 철학자들의 공동체(Platonopolis)를 모델로 삼았을 것이다.
36) Conf., 6,14,24; N. & P. −N. F., vol.1, pp.99−100.
37) Conf., 6,15,25; N. & P. −N. F., vol.1, p.100.

앉을까라는 의문이 생긴다. 모니카의 질투 때문에, 아니면 그녀가 믿고 있는 종교가 이교였기 때문인가? 그러나 그녀는 어거스틴을 떠나게 되었다. 어거스틴은 그녀를 떠나보내고 난 후 모니카의 주선으로 혼인할 수 있는 나이에서 2살 모자라는 어느 가문의 집안의 딸과 약혼하였다. 그녀의 나이는 10세였다. 그녀와 결혼하려면 2년을 더 기다려야 한다. 어거스틴은, 그동안에 다른 여인과의 사귐을 가진다. 그래서 자신을 가리켜 스스로 "정욕의 노예"라고 고백하고 있다.38)

어거스틴은 마니교의 오류를 신플라톤주의(*Neo -platonism*)의 회의론을 통해서 벗어나게 된다. 어거스틴이 당시에 플라톤주의자들의 책39)을 아주 거만한 어떤 사람40)을 통해서 읽게 되었다고 했다. 그는 밀라노에 온 후, 암브로시우스 감독의 설교와 플라톤주의의 도움에 힘입어 자기가 그동안 갈등해오던 철학적인 문제와 신앙적인 문제를 풀어나갈 수 있게 된 것이다.41)

어거스틴은 자기의 갈등을 누구에겐가 말하고 도움을 받고 싶었

---

38) *Conf.*, 6,15,25; N. & P.-N. F., vol.1, p.100; 선한용, 시간과 영원, p.231.

39) *Conf.*, 7,9,13; N. & P.-N. F., vol.1, p.10: "몇 권의 플라톤주의 철학서적"이란 신플라톤주의 철학자들의 책을 의미한 것으로 플로티누스(*Plotinus*), 포르피리(*Porphyry*)의 책을 말한 것이다. 이 책들은 본래 그리스어로 기록되어 있는데 빅토리누스(*Victorinus*)가 라틴어로 번역해 놓은 것이다(*Conf.*, 8,2,3).

40) St. Augustine, 성 어거스틴의 고백록, p.224: "거만한 어떤 사람"이란 만리우스 테오도루스(*Manlius Theodorus*, 420년 사망)로 추측한다. 그는 종독으로 봉직했으나 말년에 밀라노의 플라톤주의 학파의 일원이 되었고 후에 기독교로 개종한 철학자이다. 어거스틴은 이 사람에게 자기의 책「행복한 삶」을 바쳤다.

41) 본 논문의 '회의론' 편에서 상세하게 다루겠다.

다. 그래서 암브로시우스 감독의 신앙의 아버지인 심플리키아누스를 찾아가 자신의 내면적 갈등을 털어놓았다. 이에 심플리키아누스는 빅토리누스의 회심과 세례에 대하여 들려주게 된다.[42] 빅토리누스의 회심과 세례에 대한 이야기를 듣고 어거스틴의 마음은 동요하였다. 자기도 그렇게 되고 싶은 간절한 열망이 일어났던 것이다. 그러나 그는 하나님을 가까이하려는 '새로운 의지'가 너무 약해서 오랫동안 자신을 사로잡고 있던 '옛 의지'를 이기지 못하였다. 이와 같이 실천에 옮기지 못하고 있을 때, 어느 날 동향인으로 로마 황제의 측근인 폰티키아누스(Ponticianus)가 어거스틴을 찾아온다. 그는 독실한 기독교 신자는 아니었다. 그때 어거스틴의 제자요, 친구인 알리피우스도 함께 있었다. 폰티키아누스는 어거스틴의 책상 위에 있는 성경(바울서신)이 있는 것을 보고 놀랐다. 어거스틴이 최근의 자신의 갈등상태를 이야기하자 그는 이집트의 수도사 안토니우스(Anthonius)와 수도원에 대해 이야기를 해주었다. 그리고 자신이 겪은 것을 덧붙여서 해주었다. 그 이야기의 내용은 자기와 황제의 측근 관리(수행원) 세 사람이 어느 날 오후, 황제가 경기 구경을 하고 있는 틈을 타서 산책을 하러 나갔다는 것이다. 그들은 두 사람씩 따로 가게 되었는데, 다른 두 사람은 우연히 어느 수도원에 들어가게 되었고, 거기에서 안토니우스에 대한 책을 읽게 되었다. 그 책을 읽는 도중 이 두 사람의 마음에 변화가 일어나 한시도 편안할 때가 없는 황실을 떠나 그 수도원에 들어가기로 결심했다는 것이다. 이 두 사람에게는 약혼한 여인들이 있었는데, 이 소식을 듣고는 그녀들도 수녀가 되기로

---

42) *Conf.*, 8,2,3 − 8,2,5; *N. & P. −N. F.*, vol.1, pp.117 − 119.

결심하였다는 것이다.43) 이 말을 들은 어거스틴은 자기 자신을 반성해 본다. 자신의 모습이 너무나 추하게 어그러져 있음을 발견한다. 보기가 싫어졌다. 그렇지만 그러한 자신의 모습을 버리기도 싫었다. 이와 같은 갈등의 상황을 다음과 같이 고백하고 있다. "나에게 순결을 주소서. 절제를 주소서. 그러나 아직은 마소서"44) 이렇듯 자기 안에서 두 의지가 서로 싸우고 있는 동안 어거스틴의 모습은 돌변한다. 폭풍우가 그의 마음에 휘몰아치듯이 엄습하였다. 알리피우스도 어거스틴의 모습을 보고 너무 놀라 말없이 바라만 보고 있다. 어거스틴은 알리피우스가 옆에 있는 것조차 거북하게 느껴져서 그를 떠나 더 깊숙이 들어가 어느 무화과나무 밑에 주저앉아 한없는 회한의 눈물을 흘린다. 참회의 눈물, 회개의 눈물이기도 한 그의 눈물어린 통곡이 터져 나온 것이다. 이렇게 울부짖고 있을 때 어디에선가 "들고 읽어라, 들고 읽어라"(*Tolle lege, Tolle lege!*)라는 어린아이의 노랫소리가 들려왔다. 이 소리는 하나님의 메시지로 들렸고, 그동안 읽고 있던 성경을 집어 들어 보았는데, 로마서 13:13-14절의 말씀이 눈에 들어왔다. "방탕과 술 취하지 말며 음란과 호색하지 말며 쟁투와 시기하지 말고 오직 주 예수 그리스도로 옷 입고 정욕을 위하여 육신의 일을 도모하지 말라" 이제 어거스틴의 마음에는 밝은 태양과 같은 진리가 비추기 시작했다. 이때 알리피우스도 함께 회심을 경험했다고 한다. 배나무(선악과나무로 인식함) 밑에서 친구들과 배서리했던 죄를 이제 무화과나무(십자가 나무로 인식함) 밑에서 회심한 것이다. 이 회심의 소식을 모니카에게 전하였다. 어머니 모니카는 기

---

43) *Conf.*, 8,6,14-15; *N. & P. -N. F.*, vol.1, p.124.

44) *Conf.*, 8,7,17; *N. & P. -N. F.*, vol.1, pp.122-123.

뼈 뛰면서 하나님께 찬양을 드렸다.[45]

어거스틴은 자기 친구이면서 문법교사인 베레쿤두스(*Verecundus*)가 제공한 별장에 갔다. 이 별장은 밀라노에서 동북쪽 80킬로미터 거리에 있는 카시키아쿰(*Cassiciacum*, 지금의 *Casago Brianza*)이란 곳에 있었다. 386년 10월경에, 어거스틴은 자기의 몇몇 제자, 모니카, 형, 아들인 아데오다투스와 함께 그곳으로 갔다. 그곳에서 이들은 정원에서 성경을 읽으며 철학과 종교의 제 문제를 토론하였다. 물론 토론은 어거스틴이 이끌어갔으며, 이 토론의 내용은 기록으로 남겨 책으로 나오게 되었다. 이때 쓴 책들이 그의 초기 작품들인 셈이다. 「회의론 반박론」(*Contra Academicos*), 「행복론」(*De beata vita*), 「질서에 대하여」(*De ordine*), 「독백」(*Soliloquies*)이다. 그리고 「영혼불멸에 관하여」(*De immotalitate*), 「음률에 대하여」(*De musica*)는 그때쯤 쓰기 시작하여 북아프리카로 돌아온 후에 완성하였다.

어거스틴은 밀라노에 있는 암브로시우스 감독에게 세례를 받을 의향이 있음을 서신으로 전달하였다. 그리고 387년 봄 사순절 초에 어거스틴과 그 일행이 밀라노로 돌아왔다. 어거스틴과 그의 아들과 알리피우스는 387년 4월 24~25일(부활절 전날 밤), 다 함께 많은 증인들 앞에서 암브로시우스 감독으로부터 세례를 받았다. 세례를 받은 어거스틴은 "세례를 받고 나니 과거의 그릇된 생활에 대한 우리의 불안이 전부 사라졌습니다."[46]라고 고백하였다.

어거스틴은 이제 새로운 생활을 하기로 결심하였다. 세상의 부귀와 공명을 꿈꾸고 북아프리카를 떠났던 그의 욕망도 사라졌다. 이제

---

45) *Conf.,* 8,12,28−30; *N. & P. −N. F.,* vol.1, pp.127−128.
46) *Conf.,* 9,6,14; *N. & P. −N. F.,* vol.1, p.134.

그는 더 이상 로마에 남아 있을 이유가 없어졌다. 그래서 그는 고향으로 돌아가 수도원을 세워 친구들과 함께 공동생활을 하고 싶었다. 그는 387년 여름에 남쪽으로 내려와 로마의 항구도시인 오스티아(Ostia)에 와서 북아프리카로 떠날 배를 기다리고 있었다. 그러던 중 어느 날 어거스틴과 그의 어머니 모니카는 지나간 과거를 잊어버리고 앞의 것을 붙잡으려고 진리의 면전에서 이야기를 하고 있었다. 그러던 중 그들은 함께 신비체험을 하였다.47) 이것은 미래에 있을 영생을 이 세상에서 미리 맛보는 예시적인 체험이었다. 이 체험이 있고 난 후 모니카는 어거스틴에게 다음과 같이 고백한다.

> 아들아, 나는 이제 이 세상에서 누릴 즐거움이 하나도 없다. 이 세상에서 나의 바라던 것이 다 이루어졌는데, 내가 이 세상에서 더 해야 할 일이 무엇인지, 그리고 왜 내가 더 세상에서 남아 있어야 하는지 나는 모르겠다.48)

이 일이 지난 후 5일이 못 되어 모니카는 심한 열병으로 눕게 되었고, 모니카는 자신의 육신을 어디에 묻어도 상관없다는 말을 하고 아들 어거스틴을 위해서 드리던 기도의 눈물을 음식 삼아 지내온 56세를 일기로 세상을 떠났다.49) 이후 어거스틴은 1년 정도를 더 로마에 머물렀다. 로마에 머물면서 「자유의지론」(De libro arbitrio) 1권, 「영혼의 분량」(De quantitate animae), 「카톨릭 교회의 도덕과 마니교

---

47) Conf., 9,10,23 – 25; N. & P. –N. F., vol.1, pp.137 – 138.
48) Conf., 9,10,26; N. & P. –N. F., vol.1, p.138.
49) Conf., 9,10,27 – 28; N. & P. –N. F., vol.1, p.138.

도의 도덕」(De moribus ecclesiae catholicae et de moribus Manichaeorum)이라는 책을 저술하였다.

어거스틴은 고향으로 돌아가 수도원을 세우려는 뜻을 품고 388년 가을 경에 일행과 함께 로마를 떠났다. 그는 카르타고를 거쳐 고향 타가스테에 돌아왔다. 그는 돌아오자마자 아버지로부터 물려받은 가산을 팔아 정리하여 가난한 사람들에게 주었고, 살던 집을 수리하여 수도원으로 만들었다. 그들은 그곳에서 하나의 공동체를 이루어 한 가족처럼 같이 살았다. 이곳에서 3년의 수도생활을 통하여 「마니교들을 반대한 창세기 주해」(De Genesi contra Manichaeos), 「교사론」(De magistro: 이 책은 그의 아들 아데오다투스와 대화한 것을 기록한 것이다), 「참된 종교」(De vera religione) 등의 저서를 집필하였다. 어거스틴은 이곳에서 평신도 수도사로서 그리고 학자로서 일생을 보내려고 했다. 그러나 자기의 친구인 네브리디우스와 자신의 아들 아데오다투스를 먼저 이 세상에서 떠나보내는 극한 슬픔을 맛보게 되었다.

391년 어거스틴은 타가스테의 서북쪽에 위치한 지중해 연안의 항구도시인 힙포(Hippo, 지금의 Bone)시를 방문하였다. 이 도시는 3만 여 명의 인구를 가진 북아프리카에서 카르타고 다음가는 대도시였다. 그는 힙포시에 머물고 있던 중 발레리우스(Valerius) 감독이 있는 그 도시 교회의 예배에 참석하게 되었는데, 발레리우스 감독은 나이가 많았고, 헬라인으로 라틴어에 능하지 못하였다. 그리고 그 지방어인 푸닉(Punic)어는 전혀 몰랐다. 그래서 라틴어나 푸닉어에 능한 사제의 도움을 필요로 하고 있었다. 예배 후에 감독과 교인들의 강권에 못 이겨 곧바로 사제 안수를 받게 되었다. 이때가 그의 나이 37세, 때는 391년이다.

어거스틴은 발레리우스 감독에게 몇 가지의 허락을 받았다. 하나는 타가스테의 수도원을 힙포시로 옮길 수 있게 된 것과 성경연구를 할 수 있는 여가를 얻은 것이다. 나중에는 힙포교회에 세워진 수도원에서 교육받고 훈련받은 사람들이 북아프리카의 교회들을 이끌어가는 지도자들로 많이 배출되었다.

발레리우스 감독의 설득으로 어거스틴은 힙포의 동역 감독으로 성별되었다. 한 교구에 두 감독이 있을 수 없다는 니케아 회의의 결정을 몰랐던 것이다. 그러나 어거스틴은 감독이 된 후에 이 사실을 알고 후회하였다. 이런 일이 다시 있어서는 안 된다고 감독 회의에서 결정하기까지 이르렀다. 발레리우스 감독은 어거스틴이 감독으로 성별된 지 얼마 되지 않아 396년에 세상을 떠났다.

429년 5월 스페인을 통해서 북아프리카 서쪽에 상륙한 반달족은 이 지역 사람들에 대해 잔인한 방법으로 살인, 방화, 고문을 감행하면서 북아프리카에 공포의 회오리를 몰고 왔다. 이들은 남녀노소, 성직자들을 차별 없이 유린하였고, 심지어 교회 건물, 재산 성구까지 닥치는 대로 파괴해 나갔다. 이런 상황에서 성직자들은 교회를 떠나 피난 갔고, 어떤 사제들은 어거스틴에게 피난 가야 되지 않느냐고 물어오기도 했다. 그러나 어거스틴은 양 떼들을 위해 힙포에 머물기로 작정했다.

드디어 430년 5월에 반달족이 힙포시를 포위했고, 해안을 봉쇄하였으며, 외부와의 모든 교통을 차단하였다. 어거스틴은 인근에서 피난 온 성직자들(이들 중에는 「어거스틴의 생애」를 쓴 포시디우스도 있었다)과 힙포의 교인들과 함께 하나님께 기도드리기 시작하였다.

반달족이 힙포시를 포위한 지 3개월 후 어거스틴은 열병으로 앓

아늏게 되었다. 그는 함께 있는 사람들에게 다윗이 참회할 때 쓴 시편을 적어 자기의 침대 맞은편 벽에 걸어 달라고 부탁하였다. 그는 이 시편을 외우면서 눈물의 기도를 드리던 중 430년 8월 28일 저무는 석양과 한없이 흘러내리는 자신의 눈물같이 이 변화무상한 세상에서 영원한 하나님의 도성으로 떠난 것이다. 그의 나이 76세였다.

2) 이성(異性)으로 인한 갈등

어거스틴이 카르타고(Carthago)에 왔을 때 이곳은 가증함이 가득한 곳이라고 지적하면서 다음과 같이 표현하고 있다. "나는 카르타고(Carthago)로 왔습니다. 그곳은 가증한 사랑으로 가득 찬 프라이팬(Sartago)50)이 내 주위에서 펄펄 끓고 있는 곳이었습니다."51) 이것은 카르타고가 유혹에 빠지기 알맞은 분위기와 환경이 조성되어 있는 곳임을 밝히고 있다. 그러한 유혹을 사랑(육신의 정욕, 안목의 정욕, 이생의 자랑)52)하는 것을 선뜻 받아들이지 못하는 자신에 대하여 갈등을 느낀다. 나아가 고상한 삶을 미워하는 감정으로 사랑(정욕적인 사랑)을 찾아가는 자신을 발견한다.53) 그리고 결국 그는 영적인 굶주

50) St. Augustine, 성 어거스틴의 고백록, p.95: 카르타고는 북아프리카에서 알렉산드리아와 함께 상업, 문화, 교육의 중심지였다. 그런데 수사학자인 아우구스티누스는 카르타고(Carthago)를 발음이 거의 같은 사르타고(Sarthago, 프라이팬)에 대조해 말함으로써 그 도시가 쾌락의 도시임을 말해주고 있다.

51) *Conf.*, 3,1,1: "*Veni Carthaginem; et circumstrepebat me undique sartago flagitiosorum amorum.*"

52) *Conf.*, 3,1,1; 3,2,2-4,; 3,3,5-6; *N. & P. -N. F.,* vol.1, pp.60-61.

림과 배고픔을 자각하지 못할 정도의 상태로 빠져들었다. 이때의 상황을 다음과 같이 고백한다. "나는 하나님을 내 마음의 양식으로 삼았지만, 내 마음의 양식인 하나님이 없어서 굶주리고 있었습니다. 그러나 나는 배고픔을 느끼지 못했습니다. 그래도 나는 썩지 않는 음식을 갈망하지 않고 그 상태로 머물러 있었습니다."54)

그는 웅변가로서의 마지막 과정을 이수하기 위하여 "비너스의 카르타고"라 불리던 이 도시를 찾아온 것이다. 그는 유년기에 이미 마다우라에서 수학했다.55) 그는 그곳에서 다양한 라틴어 고전들을 이수한 바 있었다. 그것들은 키케로, 살루스크, 테렌스, 그리고 버질이었다. 그는 어린 시절 처음 읽었을 때부터 버질을 '다른 이들과 비교할 수 없이 가장 뛰어난 인물'로 생각하고 있었다. 그의 학문적 기초는 완숙하지 못한 편이었다. 역사와 철학은 입문 정도로 공부하였으며, 과학에 대해서는 거의 아무런 기초 지식이 없었으나(그는 후에 독학으로 이를 습득하였다), 말하고 쓰는 표현력에 있어서는

---

53) Ibid., 3,1,1; p.60.

54) Ibid., 3,1,1; p.60.

55) V. Bourke, *Augustine's Quest of Wisdom*(Milwaukee; The Bruce Publishing Company, 1945), pp.6－8: 마다우라에서는 고전적인 로마의 문학을 전통적인 보수주의에 입각하여 가르쳤다. 학교에서 로마의 시와 산문에 대한 독서를 통해서 라틴어 문법을 가르쳤다. 이곳에서 아우구스티누스는 고전문학을 광범위하게 받아들였으며, 키케로(*Cicero*), 바로(*Varro*), 호라티우스(*Horace*), 오비디우스(*Ovid*), 페르시우스(*Persius*), 테렌티우스(*Terence*), 그리고 카툴루스(*Catullus*) 등을 알게 되었다. 여기서 특히 버질(*Virgil*)의 작품을 공부했었는데, 이 당시 버질로부터는 신플라톤 철학을 경험했을 가능성도 있다. 당시 대학도시인 마다우라에서 365－369년까지 4년간 문법과 수사학을 공부했다.

모든 단어들의 '정확한 의미'를 측정해내는 거의 예술가의 경지에 이르고 있었다.[56)]

어거스틴은 카르타고에서 수사학 교수로 있을 때 한 여자 친구를 사귀게 되었다. 그러나 그 여자의 이름은 밝혀지지 않고 있다.[57)] 자신의 정욕적인 욕망으로 만났다고 고백하고 있으면서도, 자신의 나름대로의 정상적인 결혼과의 갈등을 인식하고 자신의 행위에 대한 결과에서 정당성을 찾으려고 노력하고 있음이 다음의 고백을 통해서 나타난다.

> 그 즈음에 내겐 한 여자 친구가 있었습니다. 그 여자는 정식 결혼으로 나와 맺어진 사람이 아니고 생각 없이 이리저리 헤매는 정욕이 찾아낸 자였습니다. 그러나 나는 이 여자 하나만을 두고 있었고 또 그에게 신의를 지켰습니다. 이렇게 그 여자와 사는 동안 나는 자식을 낳을 목적으로 맺게 되는 결혼이라는 계약과, 자식을 낳는 데는 관심이 없고 다만 정욕의 사랑으로 이루어진 두 사람의 관계 사이에 큰 차이가 있다는 것을 경험을 통해서 발견했습니다. 물론 원하지 않았다 해도 한번 자식이 생기면 그들을 사랑하기 마련입니다.[58)]

---

56) Warren T. Smith, p.49.

57) *Conf.*, 3,1,1; *N. & P. −N. F.*, vol.1, p.60.

58) *Conf.*, 4,2,2: *"In illis annis unam habebam, non eo quod legitimum vocatur, conjugio cognitam, sed quam indagaverat vagus ardor, inops prudentiae; sed unam tamen, ei quoque servans tori fidem: in qua sane experirer exemplo meo, quid distaret inter conjugalis placiti modum quod foederatum esset generandi gratia, et pactum libidinosi amoris, ubi proles etiam contra votum nascitur, quamvis jam nata cogat se diligi."*

어거스틴은 자신의 정욕적인 만남으로 인해 심각한 갈등의 삶을 살았다고 고백하면서, 함께 살아온 경험이 정욕의 사랑으로 이루어진 두 사람의 관계에 큰 차이가 있음을 고백하고 있다. 이러한 내면적인 갈등이 잠재하고 있는 삶에서 결코 행복하지 못했지만 태어난 자녀에 대한 의무감을 피력하고 있다. 이들의 사이에 태어난 아들의 이름은 아데오다투스(*Adeodatus*)였다.[59] 어거스틴은 이 아들을 무척이나 사랑하였다.

이렇게 사랑하는 아들이 태어났지만 이것이 자신의 갈등을 잠재워 주지 못하였다. 어거스틴은 정욕적인 만남으로 이루어진 이 관계에서 계속되는 갈등을 느꼈다. 이러한 생활이 지속되는 동안 계속되는 갈등이 심각하게 진행되었던 것이다. 그리고 이와 같은 자신의 삶은 정욕의 노예와 같은 삶이었다고 고백한다.

> 나는 정식 부인이 아닌 한 여자를 또 얻게 되었으니 사실 나는 동거가 좋아서 그런 것이 아니라 정욕의 노예가 된 탓이었습니다. 이러하여 내 영혼의 질병은 악습의 노예가 된 탓으로 더 심해져갈 뿐이었습니다. 그렇다고 나의 전 동거인과 이별한 데서 받은 상처가 아물어지는 것도 아니었습니다. 그 상처는 처음에는 타는 듯 통증이 심했으나 곧 곪기 시작했습니다. 사실 곪은 상처는 더 위험한 것이었습니다. 거기엔 통증이 덜 느껴져 질병을 의식하지 못하기 때문입니다.[60]

---

59) Henry Chadwick, p.28: 아데오다투스(*Adeodatus*)라는 이름의 뜻은 '신의 선물'이다. 아데오다투스란 곧 테오도어(*Theodere*)나 조너단(*Jonathan*)과 같은 어원의 이름이었다. 포네이어에도 이와 유사한 어원의 이름이 있었다. 이 사내아이는 대단히 총명했으나 17세 되던 해에 그만 죽고 만다.

어거스틴은 갈등하는 생활을 계속해서 지속할 수 없었다. 이러한 생활이 계속될수록 그는 죄악 가운데로 더욱 깊이 빠져 들어가는 자신을 발견하고 탄식하였다. 결국 자신에게 방해가 된다고 판단하고 그녀와 헤어지게 된다. 이와 같은 고백을 다음과 같이 하고 있다.

그러는 동안에 나는 더 많이 죄를 짓고 있었습니다. 나와 같이 오래 살아왔던 동거인은 내 결혼에 방해가 된다고 하여 내 곁에서 떼어(잘라) 내어 떠나게 했습니다. 이로 인하여 그녀에게 밀착해 있던 내 마음(심장)은 심한 상처를 입고 피를 흘리는 것이었습니다. 그녀는 다시는 다른 남자를 만나서 같이 살지 않겠다고 당신께 맹세를 하면서 그녀가 낳은 내 아들을 남겨두고 아프리카로 돌아갔습니다.[61]

정욕적인 만남에서 이루어진 사랑이었지만, 두 사람은 결코 행복하지 못했다. 그녀는 자신에게 있어서 미래의 새로운 만남까지도 포

---

60) *Conf.*, *6,15,25*: *"At ego infelix nec frminae imitator, dilationis impatiens, tanquam post biennium accepturus eam quam petebam, quia non amator conjugii sed libidinis servus eram; procuravi aliam, non utique conjugem; quo tanquam sustentaretur et perduceretur vel integer vel auctior morbus animae meae, satellitio perdurantis consuetudinis, in regnum uxorium. Nec sanabatur vulnus illud meum quod prioris praecisione factum fuerat, sed post fervorem doloremque acerrimum putrescebat, et quasi frigidius, sed* desperatius dolebat."

61) Ibid., *6,15,25*: *"Interea peccata mea multiplicabantur, et avulsa a latere meo tanquam impedimento conjugii, cum qua cubare solitus eram, cor ubi adhaerebat, concisum et vulneratum mihe erat, et trahebat sanguinem. Et illa in Africam redierat,"*

기해버리는 말을 남기고 그를 떠나갔다.[62]

한 여인과 동거하기 전에 어거스틴은 결혼할 나이가 되지 못한 여성과 약혼을 했다. 어머니 모니카의 권고와 노력으로 한 여성에게 구혼을 하게 되었고, 서로에 대한 약속으로 약혼이 이루어지게 된 것이다.[63] 아들에 대한 모니카의 희망은 아들이 결혼을 먼저 하고 그 후에 구원에 이르게 하는 세례를 받게 하는 것이었다.[64] 모니카는 아들의 전 생애를 위하여 기도하면서 준비해 나갔던 것이다. 어거스틴은 자신의 결혼을 위하여 모니카가 하나님께 기도한 모습을 다음과 같이 기술하고 있다.

그때 어머니는 나의 요청과 자기의 희망에 따라 마음으로부터 당신께 부르짖기를 미래의 내 결혼생활에 대하여 꿈으로 어떤 표징을 보여 달라고 간구했습니다. 그러나 당신은 이것을 들어주시지 않았습니다.[65]

---

62) 유지황, p.30: 아우구스티누스는 그의 「고백록」에서 한 번도 이름을 밝히지 않았다. 13년 동안 동거했으며, 자신의 아들 *Adeodatus*의 어머니였던 여인을 돌려보내면서 매우 마음 아파했다(*Conf.*, 6,15,25). 아우구스티누스가 출세가도를 위해 동거 여인을 북아프리카로 돌려보냈을 당시 그는 밀라노에 거하고 있던 로마 황제 발렌티니안 2세(*Valentinian* II)를 위한 연래 송축 기원문을 낭독하는 영예를 얻을 만큼 상류층 사회에 깊이 진출해 있었다(*Conf.*, 6,6,9).

63) *Conf.*, 6,13,23; *N. & P. ‒N. F.*, vol.1, p.99.

64) Ibid., 6,13,23; p.99.

65) *Conf.*, 6,13,23: "*Cum sane et rogatu meo et desiderio suo, forti clamore cordis abs te deprecaretur quotidie, ut ei per visum ostenderes aliquid de futueo matrimonio meo.*"

이렇듯이 모니카의 신앙적 열정으로 어거스틴의 약혼은 이루어졌다. 약혼녀가 결혼할 나이[66]가 모자랐음에도 불구하고 승낙이 된 것이다.

아무튼 내 결혼준비는 추진되었고 여자의 부모가 허락했으므로 정혼 나이에서 두 살 모자라는 처녀와 약혼을 했습니다. 그 여자는 퍽 내 마음에 들었으므로 나는 기꺼이 그 여자를 기다리기로 동의했습니다.[67]

그러나 알리피우스(*Alypius*)[68]는 어거스틴의 결혼을 적극적으로 반대하였다. 이 결혼을 반대한 이유를 어거스틴은 다음과 같이 밝히고 있다.

---

66) St. Augustine, 성 어거스틴의 고백록, p.202: 그 당시 법으로는 허용된 정혼 나이는 12세였다. 그녀는 나이에서 두 살 모자랐으니 그의 약혼녀는 10세였다. 그러므로 그는 2년을 기다려야만 했다. 이때 아우구스티누스의 나이는 32세였으므로 그의 약혼녀와의 나이 차이는 22년이다. 그러한 관행은 로마 사회에 흔히 있었던 것 같다.

67) *Conf.*, 6,13,23: "*Instabatur tamen, et puella petebatur, cujus aetas ferme biennio minus quam nubilis erat; et quia ea placebat, exspectabatur.*"

68) St. Augustine, 성 어거스틴의 고백록, p.189: 알리피우스는 아우구스티누스의 동향인인 동시에 제자였다. 그는 아우구스티누스의 권유로 마니교에 빠졌었고 아우구스티누스와 함께 밀라노에 있다가 같이 기독교 신앙으로 회심한 자이다. 그는 북아프리카로 같이 귀환하여 수도생활을 같이 하다가 394년에서 395년경에 아우구스티누스보다 먼저 타가스테의 감독이 되었다. 그는 끝까지 아우구스티누스와 함께 북아프리카의 교회를 위해 활동하였다.

내가 결혼하면 안 된다고 적극 반대한 사람은 알리피우스였습니다. 그의 생각에는 내가 결혼을 하면 우리가 서로 같이 살기도 불가능하고 또한 우리가 오랫동안 원했던 대로 헷갈림 없이 지혜를 추구하는 한가한 시간을 갖지 못한다는 것이었습니다.[69]

알리피우스가 어거스틴의 결혼을 반대한 이유는 함께 생활하기도 어렵다는 것이고, 그리고 계속해서 학문적 교류를 가질 시간이 없어질 것을 염려한 때문이다. 이처럼 결혼을 반대할 정도로 강경했던 알리피우스의 행동은 그의 엄격한 절제생활에서 나온 권면이었다. 그러나 그는 처음부터 절제생활을 한 것은 아니었다. 그는 과거의 경험을 가지고 있었지만 그것을 후회하면서 그것을 청산하였고 그때부터 지금까지 엄한 절제생활을 해오고 있었다.[70]

어거스틴은 그의 권면을 거절하였고, 세상에서 결혼생활을 하면서도 지혜를 사랑하고 하나님을 기쁘시게 하며 친구들을 사랑했던 사람들이 있다고 반박하였다. 그러나 어거스틴 자신은 이러한 수준에 이르지 못한다고 언급하고 있다.[71] 자신의 이러한 상태를 이렇게 전하고 있다.

나는 육욕의 질병에 걸려 있었고 그 치명적인 쾌락의 쇠사슬에 얽매여 그것을 이리저리 끌고 다녔습니다. 그러나 나는 그 병에서

---

69) Conf., 6,12,21: "Prohibebat me sane Alypius ab uxore ducenda, causans nullo modo nos posse securo otio simul in amore sapientiae vivere, sicut jam diu desideraremus, si id fecissem."

70) Conf., 6,12,21; N. & P. −N. F., vol.1, p.99.

71) Ibid., 6,12,21; p.99.

풀려나기를 두려워했습니다. 내 아픈 상처를 건드릴까 봐 쇠사슬에서 나를 풀어주려는 손을 거절한 것처럼, 나는 알리피우스의 현명한 충고를 거절했습니다.[72]

나아가 어거스틴은 유혹하는 자에게 사로잡혔음을 지적하면서 알리피우스를 도리어 유혹하는 일까지 주저하지 않았다고 독백하고 있는 것이다.

> 더구나(유혹하는) 뱀이(창3:1) 나를 통해 알리피우스에게 말했으니 그 뱀은 내 혀를 통해 쾌락의 올가미를 만들어 알리피우스가 다니는 길에 펼쳐 놓았습니다. 그것은 그의 고귀하고 자유스러운 발목이 거기에 걸려 넘어지도록 하기 위함이었습니다.[73]

두 사람 사이에 이러한 양상을 빚게 된 것은 독신과 결혼생활에 대한 갈등 때문이었다. 알리피우스는 어거스틴을 평소에 높이 평가하고 있었다. 그러한 어거스틴으로부터 독신생활은 할 수 없다고 하는 말을 듣고 많이 놀랐다. 알리피우스가 놀라는 것을 보고 어거스틴은 허둥지둥 변명하기 시작한다. 습관화된 쾌락은 끊기가 너무 힘들다. 그래서 그 습관화된 쾌락적인 생활에 결혼이라는 명예스러운

---

72) *Conf.*, 6,12,21: "*A quorum ego quidem franditate animi longe aberam: et deligatus morbo carnis mortifera suavitate, trahebam catenam meam, solvi timens, et quasi concusso vulnere repellens verba bene suadentis, tanquam manum solventis.*"

73) *Conf.*, 6,12,21: "*Insuper etiam per me ipsi quoque Alypio loquebatur serpens, et innectebat atque spargebat per linguam meam dulces laqueos in via ejus, quibus illi honesti et expediti pedes implicarentur.*"

이름이 붙게 되는 것은 모순이다. 그러므로 그러한 생활을 포기하지 못한다고 해서 이상하게 생각할 필요가 없다.[74]

어거스틴의 결혼에 대한 어머니 모니카(Monica)의 입장을 보면 다음과 같이 서술할 수 있다. 모니카의 아들을 향한 소망은 처음부터 오직 종교적인 것만은 아니었다. 그녀는 아이의 재능을 인식했으며 그의 세속적인 출세를 원했다. 여기서 그녀의 희망은 남편 파트리키우스(Patricius)의 희망과 일치했다. 양친은 그 아이에게 좋은 교육을 제공하고 그가 학업에서 어느 정도 성취를 이룰 때까지 그의 결혼을 늦추기를 원했다. 어거스틴은 이 사실을 다음과 같이 고백하고 있다.

어머니는 이런 점에 유의하지 않으셨으니 혹시 내가 결혼을 하게 되면 부인이 나의 희망에 방해가 되고 짐이 될까 염려했던 것입니다. 당신에게 바라는 어머니의 희망은 내세에 대한 것이 아니고 내가 출세하는 데 필요한 공부를 하는 것이었습니다. 이런 희망은 내 부모님이 다 가지고 있었습니다. 즉, 나의 아버지는 당신에 대하여 거의 생각을 하지 않았고 다만 나에 대하여 헛된 기대만 가지고 있었습니다.[75]

어거스틴이 가졌던 결혼관은 피조된 선을 보호하는 것이다. 이 개념이 바로 어거스틴이 가지고 있던 결혼에 대한 개념의 열쇠이다.

---

74) *Conf.*, 6,12,22: *N. & P. −N. F.*, vol.1, p.99.

75) *Conf.*, 2,3,8: "*Non curavit hoc, quia metus erat ne impediretur spes mea compede uxoria; non spes illa quam in te futuri saeculi haebat mater, sed spes litterarum, quas ut nossem nimis volebat parens uterque: ille, quia de te prope nihil cogitabat, de me autem inania.*"

역사적으로 이 주제에 대한 그의 입장은 다른 논쟁에 대한 반박에서 생겨났으며 금욕생활을 강력하게 주장하였던 제롬(Jerome)과 같은 사람들의 극단적 주장을 완화시키려는 입장이었다.

어거스틴은 결혼과 독신에 대한 서방교회의 고전적 입장, 즉 '명령'과 '완전한 권고'를 구분하고 있다. 하지만 명령이 우위에 있음을 인정하여 겸손한 아내가 교만한 처녀보다 낫다는 입장을 견지했는데, 이는 암브로시우스(Ambrosius)에게서 물려받았던 것이다.76)

어거스틴은 결혼을 일종의 실패로 묵인하는 것으로 평가 절하해버리는 마니교의 입장에 대하여 '자기 증오'를 연상시키는 위험한 것으로 보았다. 그리고 마니교는 결혼의 중요성을 명시한 창세기 4:1절을 간과하였다고 보았다. 이러한 입장을 피력한 어거스틴은 아담과 이브가 낙원에서 추방되기 이전에 원칙적으로 행복한 관계였음을 피력하면서 마니교에 대해서 반론적인 입장을 다음과 같이 주장하였다.

> 낙원에서는 추위나 더위가 심하지 않은 것과 같이, 거기 사는 사람도 욕망이나 두려움 때문에 그 선의가 방해를 받는 일이 없었다. 아무런 슬픔이나 어리석은 기쁨이 없었고, 진정한 기쁨이 끊임없이 하나님 앞으로부터 흘러나왔다. 청결한 마음과 선한 양심과 거짓이 없는 믿음으로(딤전 1:5) 하나님을 사랑했다. 부부는 서로 정직하게 사랑함으로써 진실한 협력을 이루었다. 몸과 마음이 함께 활발해서 하나님의 명령을 어렵지 않게 수행했다. 여가에 권태를 느끼는 사람이 없고 원치 않는 잠으로 고통 받는 사람도 없었다.77)

---

76) St. Augustine, *De Sancta. virginitate; N. & P. −N. F.*, vol.3, pp.417−438.

77) *DCD.*, 14,26: "*Nihil omnino triste, nihil erat inaniter laetum: gaudium verum perpetuabatur ex Deo, in quem flagrabat charitas de corde puro*

어거스틴은 자녀의 출산을 위해서 결혼의 중요성이 정당화된다는 입장을 가졌다. 이것은 전통적인 교회의 입장으로부터 받은 영향이다. 교인이 되는 것은 가부장적 이스라엘과는 달리 육체적 출생에 의해서가 아니라 세례를 통한 중생에 의해서 교인이 되기 때문에 출산만을 위한 결혼관에 전적으로 만족할 수 없었다. 결혼의 선함에 관한 그 자신의 교리는 포괄적이었다.[78] 결혼은 세 가지 목적, 즉 '출산', '서약', '성례'를 위한 것이다.[79] 자녀 '출산'이라는 전통적 선에 덧붙여서 배우자의 성화를 지향하는 성적인 성실성의 '서약'과 함께 세례를 받은 사람들의 결혼에 의해 주어지는 '성례'적 영속성이 첨가되었는데, 이 성례적 영속성은 그리스도께서 그의 교회와 연합한 영속성을 반영한다. 이성과 사랑을 조화시켜야 한다는 믿음 때문에 성적인 감정을 비이성적 열정의 표징으로 보아 성적 감정의 자발성을 불신하였다. 감정은 성도들의 희락을 위해 본질적인 것이지만, 열정은 영혼에 영향을 미치는 감정이 아니라 이성적 통제를 무시하는 감정일 따름이다. 따라서 어거스틴은 자녀 출산을 목적으로 하여 이성적으로 요구되는 성관계가 아닌 것은 죄 된 것으로 이해하였는데, 이 죄는 자제심이 없는 배우자에게만 해당되는 죄로서, 용서받을 수 있는 죄라고 믿었다.

---

et conscientia bona et fide non ficta: atque inter se cinjugum fida ex honesto amore societas, concors mentis corporisque vigilia, et mandati sine laore custodia. Non lassitudo fatigabat otiosun, nonsomnus premebat invitum."

78) 고전 7장과 엡 5장에 대해 면밀하게 주의를 기울인 것이다.

79) St. Augustine. "*De bono conjugali*," 1-35; *N. & P. -N. F.*, vol.3, pp.399 -413.

부부 사이에는 저주받을 만한 죄, 즉 간음이나 음행에 해당되지 않는 실수는 묵인이 된다. 이런 악, 심지어 부부가 아이를 얻기 위해서가 아니라 색욕을 충족시키기 위해서 잠자리를 같이하는 것까지 피하는 것은 계명의 형식으로는 기록되지 않았다 하더라도 용서받을 수 있는 범주에 속한다.[80]

어거스틴은 '육신의 정욕'이란 말을 쓰는데[81] 부부가 이러한 범주에 놓여 있을지라도 긍정적으로 받아들이고 있다. 이러한 이해가 자녀 출산의 과정과 연계된 것은 상징적으로 적절하며, 심지어 우리가 아담의 죄와 인종적으로 연대해 있다는 사실을 보여주는 인과적 고리로 간주되기도 한다.[82]

이성으로 인한 갈등의 모습에서 사랑의 본능을 언급하면서, 자신의 갈등상황을 다음과 같이 표현하고 있다.

나는 아직 사랑하고 있지는 않았으나 사랑하기를 사랑하고, 깊이 숨겨진 욕구불만에서 내가 그 욕구불만을 더 강하게 느끼지 못함을 스스로 미워했습니다. 나는 사랑하기를 사랑하고 올가미가 없

---

80) St. Augustine, *De Nuptiis et Concupiscentia*, 1,6: "*Quae cum ita sint, profecto errant, qui cum vituperatur libido carnalis, damnari nuptias oponantur, quasi morbus iste de connubio sit, non de peccato.*"

81) St. Augutine, 성 어거스틴의 고백론, p.95: 아우구스티누스는 요한 1서 2:16절에 토대하여 죄의 3가지 형태인 육신의 정욕(3,1,1), 안목의 정욕(3,2,2-4), 이생의 자랑(3,5,5)을 자기의 생을 통하여 논하고 있다. cf. N. & P.-N. F., vol.1, p.60.

82) 이러한 입장은 오늘날 많은 비판을 받고 있지만 현대의 많은 성(性) 심리학의 선구적 입장일 수도 있다.

는 평탄한 길과 안전한 길을 미워하면서 사랑의 대상을 찾아 헤매 었습니다.[83]

사랑에 대한 행복을 찾아 성숙해가는 어거스틴은 유혹(육신의 정욕)에 대한 잘못된 사랑을 향한 마음을 가지게 되었다. 이로 인하여 건전하고 아름다운 사랑과 이에 대한 적대감을 드러내는 갈등을 겪기도 하였다.

하나님, 나는 내 마음의 양식인 당신이 없어서 굶주리고 있었지만 배고픔을 느끼지 못했습니다. 그래서 나는 썩지 않는 음식을 갈망하지 않고서 그대로 머물러 있었습니다. 그것은 내가 썩지 않는 음식으로 이미 배불러 있어서가 아니라 내 속이 비어 있으면 있을수록 구역질이 났기 때문입니다. 이렇기 때문에 내 영혼은 건전하지 못했으니 종기투성이가 되고 곪아 터져서 그 가려움을 없이 하려고 나는 감각적인 것으로 긁고 있었습니다(욥2:7－8).[84]

반면에 어거스틴은 자신의 내면에서 하나님과의 심판에 대한 두려움의 갈등을 함께 가지게 되었다. 육체적인 쾌락에 빠져 들어가는

---

83) *Conf.*, 3,1,1: "*Nondum amabam, et amare amabam, et secretiore indigentia oderam me minus indigentem. Quaerebam quod amarem, amans amare, et oderam securitatem, et viam sine muscipulis.*"

84) Ibid., 3,1,1: "*Quoniam fames mihi erat intus ab interiore cibo teipso, Deus meus, et ea fame non esuriebam; sed eram sine desiderio alimentorum incorruptibilium; non quia plenus eis eram, sed quo inanior, eo fastidiosior. Et ideo non bene valebat anima mea; et ulcerosa projiciebat se foras miserabiliter scalpi avida contactu sensibilium.*"

자신과 하나님의 심판을 사이에 두고 심각하게 고민할 정도로 깊은
갈등 속에 빠져든 것이다. 이와 같은 갈등의 상태를 이렇게 고백하
고 있다.

그때 당신은 오른팔을 들어 나를 진흙탕에서 건져내어 깨끗이
씻어 주시려고 하셨으나 나는 그것을 모르고 있었습니다. 나를 육
체적 쾌락의 심연에 더 깊숙이 빠져 들어가지 못하도록 방지한 것
은 죽음과 장차 올 당신의 심판에 대한 두려움이었습니다. 다른
것들에 대한 나의 생각은 시간과 함께 바뀌어 갔으나 이 두려움은
계속 내 마음을 떠나지 않았습니다.[85]

어거스틴은 어리석은 안목으로 인하여 사랑해야 할 덕과 미를 분
별하지 못한 자신에 대해서 언급하고 있다.

내가 이렇듯 진흙탕에 깊이 빠져 눈이 어두워진 탓으로 목적으
로 삼고 사랑해야 할 덕과 미의 빛을 식별하지 못했으니 이것이
나의 불행의 원인인 줄을 모르고 있었습니다. 이 빛은 육체의 눈
으로는 볼 수 없고 다만 내적 인간의 눈으로만 식별할 수 있었습
니다. 또한 내가 더욱 불행했던 것은—비록 부끄러운 이야기지만—
그러한 것들에 대하여 친구들과 환담하는 그 즐거움이 어디서부터
오는지 생각해보지 않았습니다. 왜냐하면 그 당시에 내가 가지고
있었던 행복의 개념에 따른다 할지라도 아무리 풍족한 육체적 쾌

---

85) Ibid., 6,16,26: "*Aderat jam jamque dextera tua raptura me de coeno, et
abluttura me; et ignorabam. Nec me revocabat a profundiore voluptatum
carnalium gurgite, nisi metus mortis et futuri judicii tui, qui per varias
quidem opiniones, nunquam, tamen recessit de pectore meo.*"

락도 친구들과의 사귐이 없이는 행복할 수 없었기 때문입니다. 그래서 정말로 나는 이 친구들을 목적으로 삼아 사랑했습니다. 또한 그들 역시 나를 목적으로 삼아 사랑한다고 나는 느꼈습니다.[86]

그러나 이러한 갈등적인 삶 속에 빠져 있는 자신에게도 하나님의 은총이 임하고 있음을 깨닫고 다음과 같이 기술하고 있다. "자비의 원천이 되신 하나님, 당신께 찬양과 영광을 돌리옵니다. 내가 불행하게 될수록 당신은 나에게 더 가까이 오시고 계셨습니다."[87] 어거스틴은 자신의 내면에서 이성(異性)으로 인한 갈등(방황과 고통스러운 아픔과 죄의 유혹에 넘어간 삶에 대한 심판으로 인한 두려움)에서 벗어나 하나님께로 달려 나가고 있다. 참된 목적인 평화를 향해서 달려가기를 원했다. 그의 고백에서 이 사실을 다음과 같이 묘사하고 있다.

아. 구부러진 길! 당신을 떠나면 보다 더 좋은 어떤 것을 찾을 수 있으리라고 바랐던 이 오만한 내 영혼에 화 있으라! 내 영혼이 등으로, 옆으로, 배로 엎치락뒤치락하며 이리저리 누워 보아도 모두 불편하여 괴롭기만 했습니다. 오로지 당신 안에서만 내 영혼이

---

86) Ibid., 6,16,26: "*Nesciens idipsum ad magnam miseriam pertinere, quod ita demersus et caecus cogitare non possem lumen honestatis et gratis amplectendae pulchritudinis, quam non videt oculus carnis, et videtur ex intimo. Nec considerabam miser, ex qua vena mihi manaret, quod ista ipsa, foeda tamen, cum amicis dulciter conferebam; nec esse sine amicis poteram beatus, etiam secundum sensum quem tunc habebam in quantalibet affluentia carnalium voluptatum. Quos utique amieos gratis diligebam, vicissimque ab eis me diligi gratis sentiebam.*"

87) Ibid., 6,16,26: "*Tibi laus, tibi gloria, fons misericordiarum. Ego fiebam miserior, et tu propinquior.*"

편안히 쉴 수 있사옵니다. 당신은 항상 우리 곁에 계시사 우리를 처참한 방랑에서 구해 내시어 당신께로 나아가는 길 위에 세워 놓으십니다. 그리고 우리를 위로하시면서 말씀하십니다. "달려오너라. 내가 너희를 붙잡아 목적지까지 인도해주마, 거기에 가서도 내가 너희를 붙잡아 주마."[88]

그러나 어거스틴은 자신이 생각했던 행복(성공)을 이루기를 소망하고 있었다. 이 소망을 이루려는 욕망[89]으로 불타오르고 있었다.

만일 인간의 혼이 육신의 죽음과 함께 끝난다면 하나님이 우리를 위하여 그렇듯 위대한 일을 하시지 않으셨을 것이다. 그렇다면 왜 내가 세상의 희망을 딱 끊고 내 자신을 하나님께 온전히 바쳐 행복한 생을 추구하는 데 주저하고 있을까? 그러나 잠깐 보아라. 이 세상의 것도 우리를 즐겁게 해주고 있다. 그것도 그 자체에 어떤 달콤한 맛(매력)을 갖고 있으니 결코 소홀히 여길 것이 못 된다. 그러므로 그것을 쉽게 버려서는 안 될 것이다. 그것을 버린 후

---

88) Ibid., 6,16,26: "*O tortuosas vias! Vae animae audaci quae speravit, si a te recessisset, se aliquid melius habituram! Versa et reversa in tergum, et in latera, et in ventrem, et dura sunt omnia: et tu solus reques. Et ecce ades, et liberas a miserabilibus erroribus, et constituis nos in via tua, et consolaris, et dicis: Currite; ego feram, et ego perducam, et ibi ego feram.*"

89) St. Augustine, 성 어거스틴의 고백록, p.186: 아우구스티누스는 명예와 돈과 결혼을 행복의 조건이라고 추구하고 있었다. 그는 이것을 다른 말로 권력욕(*libido dominandi* 혹은 교만, *superbia*), 탐욕(*avaritia*), 정욕(*concupiscentia*)이라고 바꾸어 말하기도 했다. 이 세 가지는 인간을 사로잡아 노예로 만드는 쇠사슬이기도 하다. 현대 말로는 권력, 돈, 성이다. 그러므로 이 셋은 행복의 조건이라기보다 죄의 세 가지 양태로 보는 것이 나을 것이다. cf. 선한용, Ibid., pp.172-188.

다시 찾게 되면 더 부끄러운 일이 될 것이다. 보라, 이제 나에게는 명예의 자리를 얻는 것이 대단히 중요하다. 그 이상 내가 바랄 것이 무엇인가? 나에게 유력한 친구들이 많으니 그들에게 강요하지 않더라도 도지사 자리쯤이야 쉽게 딸 수 있을 것이다. 그러면 돈 많은 여자와 결혼할 수 있어서 우리들의 경제적 부담이 적어질 것이요, 나의 욕망이 채워지겠지.[90]

한 이성과의 사귐과 헤어짐을 경험하는 격한 아픔을 겪으면서도 어거스틴의 마음에는 이러한 정욕이 식을 줄 모르고 어거스틴의 마음을 갈등으로 흔들어 놓았다. 그의 마음이 정욕으로 계속 갈등하는 모습을 계속해서 다음과 같이 고백하고 있다. "내가 이렇게 독백을 할 때 불확실한 바람은 방향을 바꾸어 가면서 내 마음을 이리저리 흔들어 놓았습니다."[91]

3) 친구의 죽음으로 인한 갈등

어거스틴은 한 친구의 죽음을 통해 다른 모든 피조물들과 갖게 되는 관계 속에서 인간의 존재성을 찾게 되었다. "참으로 변함없이 선하신 하나님이 모든 것을 선하게 창조하셨기에, 모든 것은 선했지만, 피조물은 변할 수 있다."[92]는 사실을 근본적으로 깨닫는다. 그래서 그는 인간의 삶과 죽음이라는 근본적인 질문에 부딪치게 된 것이다.

---

90) *Conf.*, 6,11,19; *N. & P. —N. F.*, vol.1, p.98.

91) Ibid., 6,11,20; p.98.

92) *DCD.*, 22,1; *N. & P. —N. F.*, vol.2, p.480.

어거스틴은 친구의 죽음 문제를 친구에게만 국한시키지 않았다. 그는 이 사실을 인간의 존재성에 대한 자신의 문제로 확대 해석해가면서, 다음과 같이 고백하고 있다.

다른 사람들은 멀쩡하게 살아남아 있는데 결코 안 죽을 사람처럼 내가 사랑했던 그 친구가 죽었다는 사실이 나에게는 이상하게 느껴졌습니다. 또한 더 이상하게 느껴진 것은 그 친구의 반쪽이라는 나는 살아남아 있고 그는 죽었다는 사실입니다.[93]

이 친구에 대해서 어거스틴은 막역한 관계로 보는 것이 아니라 자신의 일부분이라 생각하고 있었기에 큰 충격으로 받아들이고 있다. 친구가 죽기 전이 아니라 죽은 후에 깊은 갈등으로 빠져 들고 있다. 이때의 상황을 이렇게 고백한다.

어떤 사람이 자기의 친구를 가리켜 '자기 혼의 반쪽'이라 말했는데 아주 적절한 표현이었습니다. 나도 나의 혼과 그의 혼은 두 몸에 있는 하나의 혼이라고 느꼈습니다. 그러기에 반쪽으로만은 살기가 싫어서 사는 것이 나에게는 소름이 끼치는 것이었습니다. 그의 반쪽인 나마저 죽으면 내가 그렇게 사랑했던 그 친구가 완전히 죽을까 봐 아마도 내가 나의 죽음을 두려워했는지도 모릅니다.[94]

어거스틴은 오리스테스(Orestes)와 필라데스(Pylades)의 이야기[95]를

---

93) *Conf.*, 4,6,11; *N. & P. −N. F.*, vol.1, p.71.
94) Ibid., 4,6,11; p.71.
95) St. Augustine, 성 어거스틴의 고백록, "각주", p.128: 그리스의 신화에 나

언급하면서 자신도 친구를 위해 삶을 버릴 수 있을지 의문하면서, 오리스테스와 필라데스는 서로에 대한 깊은 우정으로 함께 살고 죽을 수 있는 생각을 할 정도였다는 사실을 상기하고 있다. 그는 친구의 죽음을 자기 자신의 문제로 받아들인다. 그리고 친구의 죽음이라는 이 상황에 직면한 어거스틴은 고통스럽게 갈등한다.

> 나에게서는 사는 것이 정말 싫었지만 또한 죽는 것이 그렇게도 무서웠습니다. 그 친구를 사랑하는 마음이 강하면 강할수록 나는 그를 앗아간 죽음을 잔인한 원수처럼 더욱 미워하고 무서워했습니다. 그 죽음은 친구를 집어삼킨 힘이었기 때문에 삽시간에 모든 사람을 집어삼키고 말 것이라고 믿었던 것입니다. 내가 이런 상태에 있었음을 잘 기억하고 있습니다.[96]

그토록 아끼면서 사랑했던 이 친구가 질병으로 고통스러워하는 모습을 보면서, 어거스틴은 그에게 구원의 필요한 조치를 취하였다.

온 이야기인데 오리스테스(*Orestes*)는 트로이 성을 공격하여 함락시킨 총지휘관인 아가멤논(*Agamemnon*)의 아들이다. 아가멤논이 원정을 갔을 때 그의 부인은 아에기스투스(*Aegisthus*)와 정을 통하고 남편이 승리하여 돌아왔을 때 궁전에서 남편을 살해한다. 그리고 아에기스투스가 어린아이였던 오레스테스를 살해하려 하자 그의 누이였던 엘렉트라(*Electra*)는 그를 이웃 왕국에 도피시킨다. 거기에서 그는 왕가에서 자라나면서 왕자 필라데스(*Pylades*)와 친한 우정을 맺고 산다. 이 두 사람의 우정관계를 로마의 시인들이나 작가들은 자주 언급한 것이다. 오레스테스(와 필라데스)는 후에 자기 아버지인 아가멤논을 살해한 아에기스투스와 어머니를 살해하고 만다.

96) *Conf.*, 4,6,11; *N. & P. —N. F.*, vol.1, p.71.

내 친구가 심한 열병으로 오랫동안 의식을 잃고 죽은 듯이 땀을 흘리며 누워 있었습니다. 모두들 그가 회복할 수 없으리라고 절망해서, 그가 의식을 잃고 있는 중에 세례를 받게 했습니다.[97]

어거스틴은 친구의 세례에 대해서 별로 관심을 크게 가지지는 않았다. 그래서 친구는 자신의 무의식 상태에서 받은 세례보다도 자신에게서 배운 학문에 대해서 더 깊은 비중을 두고 있으리라는 기대를 했다. 그래서 열병에서 잠시 깨어난 친구에게 세례에 대하여 농담하였는데, 친구는 자신이 받은 세례에 대하여 알고 있었고, 그런 농담은 하지 말라고 담백하게 충고까지 하였다. 계속해서 자신과의 친구관계를 유지하려거든 그런 소리는 하지 말라고 하였다. 이러한 일이 있은지 며칠 후 열병이 다시 재발하여 친구는 세상을 떠났다.[98]

내 마음은 슬픔으로 매우 어두워져서 사방을 둘러봐도 보이는 것이라고는 죽음뿐이었습니다. 내 고향은 나에게 감옥이 되었고 내 아버지의 집은 이상하게도 불길한 장소로 변했습니다. 그와 함께 말하고 했던 모든 일들이 그가 없음으로 해서 내게는 괴로움밖에 되지 않았습니다. 내 눈은 사방을 두루 살펴 그를 찾았으나 그를 보지 못했습니다. 그래서 나는 그가 있지 않는 모든 장소를 싫어했습니다. 이런 장소들은 그가 아직 살아 있을 때 어디에 가 있으면 "자, 조금 있으면 곧 올 것이야"라고 말을 해주었는데 지금은 아무 말이 없었습니다.[99]

---

97) Ibid., 4,4,8; p.70.
98) Ibid., 4,4,8; p.70.
99) Ibid., 4,4,9; p.70.

그래서 하나님에 대해서는 상상으로 그려낸 신이지만, 그 친구는 어거스틴이 그려낸 신보다 더 실제적인 존재였기에 좋았다고 고백하면서 "오히려 우는 것이 내게는 좋았으니 그 눈물이 내 마음에서 사랑한 그 친구를 대신한 것이었다"[100]고 말한다.

오, 주님, 그러나 이제 모든 것은 다 지나가 버렸고 나의 아픔도 시간과 함께 지나갔습니다. 나로 하여금 진리이신 당신으로부터 배우게 하시고 내 마음의 귀를 당신의 입에 대어 당신이 말씀하시는 것을 듣게 하소서.[101]

어거스틴은 친구의 죽음 앞에서 인간의 실존적인 문제로 갈등한다.

어떤 사람이든지 없어질(유한한) 것에 우정을 붙이고 살다가 거기에 얽매여 버리면 불행하게 될 수밖에 없습니다. 자기가 사랑하던 것이 없어지게 될 때 그 사람의 마음은 갈래갈래 찢어져 자기의 비참한 실존을 알게 되고 또한 이런 일이 있기 전의 자기 모습도 비참했다는 것을 비로소 알게 됩니다.[102]

그리고 계속해서 고백하기를 "나는 그저 슬퍼서 울기만 했습니다. 즐거움을 잊어버리고 불행에 빠진 탓으로 그랬습니다."[103] 그리고 죽음과 하나님과의 상관관계를 나름대로 설정한다. 그것은 무소부재하

---

100) Ibid., 4,4,9; p.70.
101) Ibid., 4,5,10; p.71.
102) Ibid., 4,6,11; p.71.
103) Ibid., 4,5,10; p.71.

신 하나님께서 왜 불행스러운 일에 대하여 무관심으로 일관하느냐는 것이다. 그리고 인간이 괴로움과 갈등 속에서 뒹굴고 있어도 전혀 반응이 없는 불변의 존재로만 계시느냐는 것이다. 이러한 갈등에 빠져 있는 자신에 대하여 실망하고 있음을 나타내고 있다. "그러나 그 불행한 삶을 죽은 친구보다 더 아쉽게 붙들고 있었습니다. 그런 상태에 빠져 있는 나의 삶을 좀 바꾸었으면 하는 생각은 있었습니다."104)

친구의 죽음에서 결국은 자신의 유약한 실존을 발견하고, 그는 자신의 마음의 평화를 찾기 위해 하나님을 향하여 나아가기를 소망하고 있다. 그리고 자신의 마음을 살피시는 하나님께서 불경스러운 감정들을 다 씻어내어 주시기를 구하고, 이러한 인간의 죽음에서 실존적인 문제에서의 자유를 얻기를 구하고 있다.

> 오, 하나님, 나의 마음을 보시고 그 속에 무엇이 있는가 살피소서. 내 희망이신 주님, 내가 잘 기억하고 있사오니 내 마음을 살피어 이러한 불경한 감정을 씻어 주시고 내 눈을 돌리게 하여 내 발을 올무에서 빼내어 주소서.105)

어거스틴은 이제 친구의 죽음의 문제에서 갈등하다가 올바른 친구의 관계를 정립한다. 친구에 대한 올바른 관계성은 오직 성령으로 말미암아 주어진다는 사실을 확신하게 되었다. 이로 인하여, 그는 인간 실존의 문제 때문에 고통스럽게 갈등했던 마음에 평화를 찾게 되었다.106)

---

104) Ibid., 4,6,11; p.71.
105) Ibid., 4,6,11; p.71.

4) 배나무 아래서의 갈등

어거스틴은 이웃에 사는 친구들107)과 함께 배서리(*pear-stealing*)한 것을 회상한다. 자신은 이 사건을 창세기의 선악과를 따 먹은 것 같이 중요하게 취급하고 있다.108) 그 이유는 어거스틴 스스로 자신의 경험적인 이러한 이야기를 하나의 보편적인 논리로 증명하고 있기 때문이다.109) 이것을 베튼하우스(*Roy W. Battenhouse*)는 '사물들의 밑바닥에서' 일어난 사건들에 초점을 맞추었다고 한다. 그러므로 베튼하우스는 그러한 범죄를 충분히 자연적인 세부묘사로 그려보는 대신에, 그 죄의 복잡한 분석에 적절한 행동 유형들이 제시되어 있는 것으로 보고 있다.110) 어거스틴은 이러한 자신의 이야기에서 각자의 속에 있는 그 무엇인가를 드러낼 수 있어야 한다는 여운을 남겨놓고 있다. 이러한 분위기 속에서 페트라르카(*Petrarch;* 1304-1374)는 「고백록」을 읽은 후에 "나는 다른 사람의 순례기가 아니라 나 자신의 순례기를 읽는다고 생각한다"111)고 말했다.

---

106) St. Augustine, 성 어거스틴의 고백록, p.124: 참다운 우정이란 우리에게 주신 성령으로 말미암아 우리 마음속에 부어주신 그 사랑 안에서 당신이 우리를 서로 매어 주시지 않으시면 불가능하기 때문입니다(롬5:5).

107) Roy W. Battenhouse, p.16.

108) Ibid., p.16.

109) St. Augustine, 성 어거스틴의 고백록, p.83: 인류의 시조인 아담과 하와가 금단의 열매를 따 먹은 것처럼 아우구스티누스와 그의 친구들도 그들과 똑같이 금단의 열매를 따먹은 것이다. 즉 그들은 하지 말라는 것을 한 것이다.

110) Roy W. Battenhouse, p.17.

어거스틴은 아동들이 속이는 나쁜 버릇에 대하여 몇 가지 원인을 찾고 있다. 첫째, 집안 어른들이 아동들의 나쁜 버릇을 용인하기 때문이다. 둘째, 어른들의 과도한 칭찬이다. 셋째, 어거스틴은 자신의 예를 들면서, 가정에서 성경을 읽지 않는 대신에, 웅변 기술들을 공부하도록 허락되었다는 것도 이유 중의 한 가지라고 본다. 넷째, 친구들과의 관계에서도 영향을 받는데, 사소한 도둑질에 동참하면 친구들이 인정해 준다는 것을 알고, 친구들의 호감을 받기 위해서라도 나쁜 일을 하게 되며, 친구들의 칭찬을 듣기 위해서 부끄러움을 모르는 행동을 하게 된다.[112]

배서리는 아주 작은 일로 한 번쯤 해볼 수 있는 것이었다. 그리고 일상에서 벌어질 수 있는 작은 일로 치부할 수 있기도 하며, 오락으로 여길 정도의 수준으로 넘겨버릴 수도 있었다. 어거스틴은 친구들과 함께 이 배서리 사건을 기억하면서, 자신도 그것을 즐겼다고 표현하고 있다. 이 일을 가벼운 것으로 생각하고 있었음을 다음과 같이 표현하고 있다.

> 우리 집 포도밭 근처에 배나무 한 그루가 있었습니다. 주렁주렁 많이 열리기는 했으나 그 열매의 맛이나 색깔에서 따 먹고 싶을 정도는 안 되었습니다. 어느 날 밤늦게—우리들은 그렇게 늦게까지 광장에서 노는 나쁜 습관이 있었는데—불량배인 우리들은 다 같이 가서 나무를 흔들어 배를 땄던 것입니다. 우리는 한 아름씩 배를 가지고 와서는 그것을 먹지 않고 몇 개 겨우 맛만 본 다음 돼지

---

111) Ibid., p.17: "*I account myself to be reading the narrative not of an other man's pilgrimage but of my own*"

112) Ibid., p.22.

떼에게 던지고 말았습니다. 이런 짓을 하는 것이 즐거웠으니 하지 말라는 것을 하는 재미였습니다.[113]

그러나 어거스틴은 각 사람의 "행한 대로 보응하시는 하나님"[114]을 의식하게 되면서, 자신의 내면에 깊이 잠들어 있던 과거의 배서리 사건을 죄악의 사건으로 떠올리게 되었다. 그리고 이러한 일로 인하여 어거스틴은 타락해가는 자신의 모습을, 또는 나쁜 짓을 사랑한 것으로 이해하기 시작했다.[115]

어거스틴은 진리의 법과 죄의 상관관계에서, 어린 시절의 이 행동을 그의 고백을 통해서 갈등하고 있음을 보여주고 있다. 그리고 이 갈등을 통해서 죄의 동기를 깨닫고자 무던히 노력하고 있음을 여실히 보여주고 있다.[116]

오, 주님, 도둑질은 당신의 법과 인간의 마음에 새겨진 법에 의하여 금지되고 있습니다. 그 법은 인간의 죄악이 감히 말살할 수 있습니다. 어느 도둑놈이 자기의 것을 훔친 도둑을 용서해줍니까?

---

113) *Conf.*, 2,4,9: "*Arbor erat pirus in vicinia vineae nostrae pomis onusta, nec forma nec sapore illecebrosis. Ad hanc excutiendam atque asportandam, nequissimi adolescentuli perreximus nocte intempesta, quousque ludum de pestilentiae more in areis produxeramus; et abstulimus inde onera ingentia, non ad nostras epulas, sed vel projicienda porcis, etiamsi aliquid inde comedimus; dum tamen fieret a nobis quod eo liberet quo non liceret.*"

114) 롬 2:6.

115) *Conf.*, 2,4,9; *N. & P. −N. F.*, vol.1, p.57.

116) Ibid., 2,5,10−11; pp.57−58.

넉넉한 도둑놈이라 할지라도 궁핍해서 자기의 것을 훔친 도둑을
용서해 주지 않을 것입니다. 그러나 나는 도둑질을 하고 싶었고,
또한 사실 했습니다. 내가 도둑질을 하게 된 것은 배고파서도 아
니요, 궁핍해서도 아니요, 다만 착한 일을 무시하고 싶고 또한 죄
를 짓고자 하는 강한 충동에 어찌할 수 없어 범한 것입니다. 그렇
지 않고서야 어찌 내가 이미 더 좋은 것을 많이 가지고 있었는데
도 불구하고 그런 것을 훔치게 됩니까? 내가 즐기고 싶었던 것은
훔친 물건이 아니라 도둑질 자체, 죄 그 자체였나 봅니다.[117]

　어거스틴은 이러한 자신의 잘못을 통해서 죄를 짓게 되는 동기에
대하여 다음과 같이 고백하고 있다. 세상의 모든 아름다운 종류들과
매력적으로 보이는 것과 세상의 명예와 권세를 소유하기 위한 이유
로 하나님을 떠나거나 하나님의 법도에서 벗어나면 안 된다고 언급
하고 있다.[118] 참된 것과 거짓된 것을 분별하며, 참된 사랑으로 살아
가야 할 인간이 무분별한 사랑 때문에 죄를 짓게 된다고 한다.[119]

---

117) *Conf.*, 2,4,9: *"Furtum certe punit lex tua, Domine, et lex scripta in*
　　cordibus hominum, quam ne ipsa quidem delet iniquitas. Quis enim fur
　　aequo animo furem patitur? Nec copiosus adactum inopia. Et ego furtum
　　facere volui et feci, nulla compulsus egestate nec penuria, sed fastidio
　　justitiae, et sagina iniquitatis. Nam id furatus sum quod mihi abundabat,
　　et multo melius: nec ea re volebam frui quam furto appetebam: sed
　　ipso furto et peccato."

118) Ibid., 2,5,10; p.57.

119) St. Augustine, 성 어거스틴의 고백록, p.85: 무분별한 사랑이란 사람의
　　질서의 왜곡이다. 아우구스티누스에 의하면 하나님이 창조하신 모든
　　것은 다 좋기 때문에 우리 인간의 사랑의 대상이 될 수 있다는 것이
　　다. 그러나 그 사랑은 존재의 계층에 따라서 더 사랑하든지 덜 사랑하

어거스틴은 그 무분별로 인하여 자신의 내면에서 갈등하고 있다. 타락한 자신의 영혼은 하나님을 굳게 의지하고 신뢰하는 삶에서 멀어져 버렸으며, 멸망의 심연으로 떨어져 버렸으며, 그 자체로도 부끄럽게 생각하지 못하는 자신을 발견하였다.[120]

　　오, 우리 주여, 이러한 가치, 즉 하층의 질서에 속한 것들을 더 사랑하고 참 좋고 아주 좋으신 당신, 당신의 진리와 법도를 덜 사랑하는 무분별한 사랑 때문에 죄를 짓게 됩니다. 물론 이 하층의 것(가치)들도 우리에게 즐거움이 됩니다. 그러나 이것들을 만드신 나의 하나님과는 비교도 되지 않습니다. 그런고로 의로운 자는 당신 안에서 즐거워하게 됩니다. 그리고 마음이 곧은 자에게 당신은 기쁨이 되어 주십니다.[121]

어거스틴은 이러한 죄의 동기의 근원이 자신 안에 있는 사악이며, 이것은 결국 인간을 멸망으로 오도함을 언급한다.

　　오, 하나님, 내 마음을 보소서. 당신은 깊은 저 심연 속에 있는 내 마음을 불쌍히 보시었습니다. 이제 내 마음으로 그 깊은 곳에서 찾고 있는 당신에게 고백합니다. 내가 어떤 뚜렷한 이유 없이

　　든지, 혹은 목적으로 사랑하든지 수단으로 사랑하든지 해야 한다. 이 순서가 전도가 될 때 무분별한 사랑이 되는 것이다. cf. St. Augustine, *De doctrina christiana*, 1,22; 선한용, pp.99-113.

120) *Conf.*, 2,4,9; *N. & P. —N. F.*, vol.1, p.57.

121) *Conf.*, 2,5,10: "*tu, Domine Deus noster, et veritas tua, et lex tua. Habent enim et haec ima delectationes, sed non sicut Deus meus qui fecit omnia; quia in ipso delectatur justus, et ipse est deliciae rectorum corde.*"

사악한 일을 할 때 거기에서 찾는 것이 무엇이었습니까? 사악한
일을 할 때 사악한 일을 하도록 한 원인[122]은 바로 사악함 자체
이외에 아무것도 없었습니다. 그것은 더러운 것이었습니다. 그러나
나는 그것을 사랑했습니다. 나는 내가 망해 가는 것을 사랑했습니
다. 나의 나쁜 짓을 사랑했습니다. 그 나쁜 짓으로 무엇을 얻는다
는 것을 사랑한 것이 아니라 그 나쁜 짓 그 자체를 사랑한 것입니
다. 타락한 내 영혼은 당신을 굳건히 의지하고 사는 데서부터 멸
망의 심연으로 떨어져 아무것도 부끄럽게 생각하지 않고 부끄러움
만 찾고 있었습니다.[123]

누가 이 얽히고 헝클어진 매듭 같은 갈등에서 자신에게 평화를
줄 수 있겠는가? 어거스틴은 이와 같은 자신에 대하여, 너무나 더러
워서 생각하기도 싫다고 처절하게 자복한다. 그리고 이제는 완전한
평안과 요동치 않는 생명이신 주님 안에 거하기를 간곡하게 소망하
고 있다.[124] 어거스틴은 갈등의 늪에 빠져 방황하는 자신의 마음을

---

122) *N. & P. -N. F.*, vol.1, 125: 여기서 사악을 행하도록 하는 원인을 사
    악함 자체라고 아우구스티누스는 말하고 있는데 그것은 악한 의지, 즉
    왜곡된 의지를 말하고 있으며, 의지의 왜곡은 그 의지가 최고 실체이
    신 하나님으로부터 돌아서서 자신 안에 깊이 놓여 있는 보배를 버리
    고 낮은 부분으로 떨어져 밖으로 잔뜩 부풀어 있음(교만)을 가리킨다
    고 말한다.

123) *Conf.*, 2,4,9: "*Ecce cor meum, Deus, ecce cor meum quod miseratus es
    in imo abyssi. Dicat tibi nunc ecce cor meum quid ibi quaerebat, ut
    essem gratis malus, et malitiae meae causa nulla esset nisi malitia.
    Foeda erat, et amavi eam; amavi perire: amavi defectum meum; non
    illud ad quod deficiebam, sed defectum meum ipsum amavi: turpis
    anima et dissiliens a firmamento tuo in exterminium; non dedecore
    aliquid, sed dedecus appetens.*"

하나님께로 돌린다.

갈등의 생활은 참된 삶이 될 수 없는 것처럼, 누구든지 자기 자신의 존재성을 찾지 못한다면 인간으로서 참된 가치도 발견할 수 없을 것이다. 가치를 상실한 인간만큼 불행한 인간은 없는 것이다. 인간의 가치의 발견이나, 행복이나 다 하나님을 찾을 때만이 가능하다.125) 하나님을 찾지 않고는 이러한 갈등의 상태에 머물 수밖에 없다. 다시 말해 인생의 참된 가치이신 하나님을 찾는 것이 곧 새로운 출발이라고 어거스틴은 보고 있는 것이다. 그래서 어거스틴은 다음과 같이 진실한 마음으로 고백한다. "당신이 나를 한번 만져 주시매, 나는 불이 붙어 당신이 주시는 평안을 애타게 그리워하고 있습니다."126)

하나님과 상관없는 생활에 머물러 있을 때 어거스틴은 갈등으로 인하여 마음에 두려움이 가득하였지만, 이제는 그 두려움이 느껴지지 않는다고 고백하고 있다. 그리고 하나님에게 무엇으로 보답해 드려야 할는지를 생각한다.

> 오, 주님, 당신이 그러한 악하고 가증한 나의 행동을 용서해주셨으니 내가 당신을 사랑하고자 하며 당신께 감사와 찬송을 드리려 합니다. 당신의 은혜와 자비로 말미암아 내 죄가 얼음이 녹듯이 녹아 없어졌습니다. …… 이제 당신은 나의 모든 죄, 즉 내가 행동으로 옮기지 않은 죄까지도 다 용서해주신 것을 압니다.127)

---

124) *Conf.*, 2,10,18; *N. & P. −N. F.*, vol.1, p.59.

125) Ibid., 10,20,29; p.150.

126) *N. & P. −N. F.*, vol.1, p.153.

127) *Conf.*, 2,7,15; *N. & P. −N. F.*, vol.1, p.59.

어거스틴은 자신의 갈등을 하나님을 향할 수 있는 귀한 재료로 선용하였던 것이다. 그리고 자신이 찾은 평화가 타인에게도 주어지기를 다음과 같이 기원한다. "그들로 하여금 그 빛에 의하여 걸어가게 하소서. 그 빛 안에서 걸어가게 하소서. 어둠이 그들을 뒤덮지 못하게 하소서."128)

2. 사상적 갈등

갈등의 유형은 매우 다양하게 분류될 수 있다. 이러한 갈등의 유형은 행동의 주체, 갈등의 진행단계, 표면화된 대립적 행동 및 갈등 상황 등을 기준으로 분류하는 경우가 있고, 또 조직의 이해관계를 기준으로 순기능적 갈등과 역기능적 갈등으로 분류하기도 한다. 인간관계 형성과정에서 행동의 주체를 기준으로 한 분류의 경우, 마아치(March)와 사이몬(Simon)은 개인적 갈등, 조직상의 갈등 및 조직 간의 갈등 등으로 분류하였다. 그리고 자신들은 이 갈등문제를 조직상의 갈등에 초점을 두었다.129)

이러한 갈등의 분류에 의거하여 어거스틴의 갈등을 분류해보면 '인간적 갈등'은 '행동의 주체로서의 갈등'과 '개인적 갈등'에 속하고, '사상적 갈등'은 '역기능적 갈등'으로 분류할 수 있겠다.

---

128) Ibid., 10,23,33; p.151.

129) J. G. March & H. A. Simon, *Organizations*(N. Y: John Willey and Sons, 1958), p.122.

1) 어거스틴의 사상적 특징

어거스틴의 사상적 갈등에서 먼저 그의 사상적 특징을 네 가지로 간단하게 분석하고 난 후에 갈등을 일으키게 한 사상들을 논하고자 한다. 어거스틴은 사상의 체계를 가졌지만, 체계화를 하지 않았다고 하면서, 철학과 신학사상에 공헌한 위대한 사상가들을 대개 두 종류로 나누어 볼 수 있다고 하였다. 하나는 아리스토텔레스(*Aristoteles*), 토마스 아퀴나스(*Thomas Aquinas*), 칸트(*Kant*), 헤겔(*Hegel*) 같은 체계적인 학문을 완성한 그룹이고, 다른 하나는 소크라테스(*Socrates*), 플라톤(*Plato*), 파스칼(*Pascal*), 키에르케고르(*Kierkegaard*)와 같은 사람들로 분류하였다. 즉 학적인 체계를 완성한 사람들이라기보다는 위대한 학문의 자극자들로서, 존재와 생의 문제를 다루면서 그 문제의 해결을 위해 깊은 암시를 남긴 사람들이다. 전자의 경우는 그 사상의 세부적인 부분에까지 이르도록 근본적인 원리가 논리적 일치성을 유지하도록 조직하면서 거대한 사상적 체계를 이룬 경우인 것이고, 후자는 어떠한 근본적인 사상의 원리에 대한 확신을 가지고 세부적 요소에까지 적용되고, 또한 그것을 조명하여 줌으로 존재와 생의 문제를 해결할 수 있는 통찰력을 제공한 것이다. 전자를 체계화(systematization)라고 말하며, 후자를 체계(system)라고 말할 수 있다고 하였다. 그리고 나아가서 체계화와 체계는 서로 분리될 수 없으나 구별될 수는 있다. 그리고 체계화는 체계가 없이는 있을 수 없지만, 체계는 체계화가 없이도 있을 수 있다. 체계화는 체계를 전제하고 또한 그것을 포함하고 있는 것은 지극히 당연한 이치이다. 이러한 분류와 이해에서 어거스틴은 후자에 속한다고 강조하였다.[130]

본 연구자는 어거스틴의 사상적 특징에 있어서 체계에만 머물러 있다고 보지 않는다. 그는 그 자신에게 밀려오는 외적인 요인들과 내면적인 요소들로 인하여 내면적인 심각한 갈등의 상황으로 빠져들게 하였고, 이로 인하여 자신에게 경험되고 갈등케 한 요인에 대한 철저한 이성적 철학적 신학적 검증과 확신으로 일어선 사람이었다. 그의 사상은 결코 체계에 머물렀다고는 볼 수 없는 것이다. 어거스틴은 하나님으로의 회심이라는 정점을 향하면서 내재화된 철학적 인식과 종교적 경험과 지식들이 체계를 이루어나갔다. 그리고 그는 회심을 하게 된다. 이 회심은 어거스틴 자신의 생애의 정점을 이루게 하였고, 이후부터는 그가 찾은 평화로 인하여 자신을 하나님께 기꺼이 헌신하게 된 것이다. 그의 철학적—신학적 지식은 체계로 볼 수 있지만, 그러한 지식이 체계가 될 수 있게 한 가장 중요한 신학적 사상은 체계화를 이루고 있는 것으로 본다.

첫째, 어거스틴의 사상적 특징은 평화론이다. 그의 사상이 평화의 추구에서 시작하고 또한 그것으로 채색되어 있는 것은 주지의 사실이다. 이것을 이해하기 위해서 그의 생은 이 평화를 찾아가는 여정으로 점철되었는데, 그는 어린 시절부터 수많은 갈등 속에서 불안으로 가득 찬 세월을 보냈다. 그의 철학적 통찰력도 실존적인 자신의 평화를 이루기 위한 것이었다. 그의 「고백록」에서 "당신은 우리를 당신을 향해(ad te) 살도록 창조하셨으므로 우리 마음이 당신 안에서 (in te) 쉴 때까지 편안하지 않습니다"[131]라고 한 것을 통해서 분명하게 드러내고 있는 것이다. 어거스틴은 자신의 실제적인 평화를 추

---

130) 선한용. 시간과 영원, pp.24-25.
131) *Conf.*, 1.1.1; *N. & P. -N. F.*, vol.1, p.45.

구하기 위해서 철학에 심취하였으며, 나아가 마니교에 입문하기도 했던 것이다.

둘째, 어거스틴의 사상적 특징은 인간의 내면성이다. 철학적인 제 문제를 인간의 내면에서 찾으려고 하였다. 인간 내면성에서 철학적인 문제의 해결을 찾으려는 경향은 그가 다루었던 악의 문제나 시간론에서도 그대로 적용되고 있다. 이러한 문제들의 원인들을 인간의 범주 밖에서 찾지 않고 자유의지의 왜곡에서 찾으려 했다는 점과 시간의 현상을 객관적인 운동에서 찾지 않고 시간 안에 있는 인간에게서 찾으려고 하는 것들이 바로 이 내면성의 철학을 반증하고 있는 것이다.

> 네 자신 밖으로 나가지 말라. 네 자신 안으로 들어가라. 인간 내면에 진리가 거한다. 만일 네 자신이 가변적인 존재라면 너 자신마저도 초월해라. 거기서 네가 기억해야 할 것은 생각하는 네 영혼마저도 초월해야 한다는 것이다.[132]

어거스틴의 이 말은 인간이 진리를 파악하는 것은 인간의 마음을 통해서라야 가능하다는 말이다. 진리가 인간의 마음속에 존재한다든가 그 안에서 진리를 발견할 수 있다는 것이 아니다. 내적 인간은 영원한 진리를 접할 수 있는 연결점이 된다는 것을 뜻한다.

셋째, 어거스틴의 사상의 특징은 '하나님 중심사상'(*theocentricism*)이다. 진리를 하나님과 동일시하며 그 진리를 의지하는 태도를 가지고 있었다. 하나님의 존재를 의식할 때마다 보통의 모든 사물들의 존

---

132) 선한용. 시간과 영원, p.31. 재인용.

재의 차원에서 인식하지 않고, 초월자의 존재로 생각을 하였다. 존재론적으로 하나님을 떠나서는 인간이 결코 존재할 수 없다. 하나님을 의식하지 않는 인간은 항상 불안하며 평안하지 못함을 실재적으로 인식하고 있었다. 그러므로 그가 추구한 철학과 신학의 대상은 하나님의 존재성, 영원성, 그리고 불변성이었고, 나아가 인간의 평화를 위해서는 절대적 존재인 것으로 인식하였다. 이 평화를 소유하고자 하는 사람은 최고선이신 하나님을 의지하고(존재론), 그를 알고(인식론), 그를 사랑하고 소유하게 될 때(평화론) 비로소 인간은 참된 평화를 누리게 된다고 다음과 같이 말하고 있다.

만일 사물들이 너를 즐겁게 하거든 그 이유로 하나님을 찬양하여라. 그리고 너의 사랑을 그것들에게 돌리지 말고 그것들을 만드신 창조주께 돌리어라. 혹시 사물들을 사랑하다가 하나님을 노엽게 할까 두렵다. 만일 사람들이 너를 즐겁게 하거든 하나님 안에서 그들을 사랑하라. 사람이라고 할지라도 그 자체는 변하는 것이니 그들이 하나님 안에 있을 때에만 확고하여 요동하지 않는다. 그렇지 않으면 그들을 지나가 없어지고 만다.

그러므로 하나님 안에서 그들을 사랑하며 가능한 한 많은 사람을 너와 함께 그분에게 이끌어 올리어라. 그리고 그렇게 말하여라. "하나님을 사랑하자. 그분이 이 모든 것을 만드셨다. 그분은 이 모든 것에서 멀리 떠나 계시지 않으신다." 그분은 이 모든 것을 만드신 후 멀리 떠나가신 것이 아니다. 모든 것은 그분에게서 왔고 그분 안에서 존재하고 있다. 보라, 그분이 어디에 계신지! 진리가 인식된 곳에 그분은 계신다. 그분은 우리 마음속 깊숙한 곳에 계시지만 우리 마음은 그분을 떠나 버렸다.

죄인들아, 너희 마음으로 돌아가 너를 만드신 그분을 굳게 붙들어라. 그분 안에 거하라. 그러면 너는 굳게 서 있게 될 것이다. 그분 아래서 쉬어라. 그러면 너는 편히 쉼을 얻을 것이다.[133]

넷째, 어거스틴의 사상적 특징은 은총론이다. 그의 사상적 특징들을 가지고 우선순위를 가릴 수 없어도, 그중에서 가장 우선시되는 것 중의 하나가 바로 이 은총론이다. 인간이 평화를 누리기 위해서는 불변하시고 진리이신 하나님을 사랑하고 소유함으로써 가능하다. 과연 그것이 가능한가 하는 문제가 생긴다. 이에 대하여 어거스틴은 부정적이다. 인간이 자기의 힘으로 하나님을 사랑하고 그에게로 올라가기는 불가능하다는 것이 그의 이론이다. 헬라 철학에서 말하는 하나님을 향해 나아가는 길, 즉 에로스(eros)의 길은 인간의 피조물성과 죄성으로 막혀 있다고 본다. 이제 오직 하나의 길은 하나님으로부터의 길, 즉 하나님의 사랑과 은총이 피조물이며 죄인인 인간을 찾아와 인간으로 하여금 하나님을 사랑하게 하고, 소유하도록 하는 길뿐인 것이다. 이 부분은 뒷부분에 나오는 회의론을 다루면서 논증하겠지만, 어거스틴은 기독교의 계시사상을 받아들이는 것이다. 이것은 헬라 철학자들도 볼 수 없었던 큰 신비인 것이다.

그에 의하면, 인간이 아무리 노력한다 할지라도 하나님이 은총으로서 먼저 우리에게 오셔서 우리의 사랑을 불러일으키고, 강화시키시고, 증진시켜 주시어 자신에게로 이끌어 올리시지 않으면 불가능하다는 것이다. 인간이 비록 하나님에게로, 진리와 최고선에 열려 있다고 할지라도 하나님과의 관계는 어디까지나 피조물과 창조자의

---

133) *Conf.*, 4.12.18; *N. & P. —N. F.*, vol.1, pp.73 – 74.

관계를 초월할 수가 없는 것이다. 하나님의 은총을 통하여 존재를 붙들어주시는 은혜, 조명해주시는 은혜, 사랑하게 해주시는 은혜에 의해서만 극복되는 것이다.[134]

2) 호르텐시우스(Hortensius)

어거스틴은 카르타고에 있는 학교에서 법학에 관심을 기울이면서, 수사학에도 매우 열심히 공부하여 마침내 우수한 학생이 되었다.[135] 그는 라틴문학을 폭넓게 읽었고, 품위 있게 쓰고 말하는 사람이 되고자 노력하였다.[136] 그러나 어거스틴은 이 시기가 자신이 가장 불안한 시기였다고 고백한다.

> 내 생애 중에서도 불안정한 시기라고 할 수 있는 그때에 나는 이런 자들의 틈에 끼어 웅변술(수사학)에 관한 여러 책들을 공부하고 있었습니다. 웅변에서 뛰어난 존재가 되려는 것이 나의 동기였는데 그것은 인간의 헛된 영광을 좋아하는 바람에 잔뜩 부풀어 있는 것뿐이었습니다.[137]

카르타고에서 이 불안정한 시기에 어거스틴은 시(詩)에 대한 갈망

---

134) 선한용. 시간과 영원, p.35.
135) Augustine. *Epistulae.* 93.13.51; cf. Bourke, *Augustine's Quest of Wisdom* (Albany, N. Y. MagiBooks, 1993), p.16.
136) Ibid., p.16.
137) *Conf.,* 3,4,7; *N. & P. −N. F.,* vol.1, p.61.

으로 자주 극장에 가게 되었다. 거기서 그의 감정은 연극배우들이 연기하는 가공의 기쁨과 슬픔에 몰입되었다. 배우들의 허구적 명문구에 탄식하였고, 그들이 비탄을 묘사할 때는 번민하면서, 그는 그들의 행위의 사악함에 철저히 무비판적 태도를 취했다.[138] 그러나 차츰 어거스틴은 환멸을 느끼기 시작하였다. 어거스틴은 자신이 무대에서 시 낭송 대회에 나가려고 했을 때의 기억을 예를 들면서 진실이 없는 허상의 죄를 다음과 같이 분명하게 직시하였다.

내가 언젠가 무대에서 행한 시 낭송 대회에 나가려고 할 때 어떤 점쟁이[139]가—나는 이제 그를 잘 기억하지 못합니다만—나에게 와서 그 대회에서 꼭 이기게 해주면 무엇을 주겠느냐고 물었습니다. 나는 그런 더러운 푸닥거리가 싫고 가증스러워서 딱 잘라 '만일 승리의 월계관이 금으로 만들어졌다 할지라도 승리를 얻기 위해 파리 한 마리 죽이고 싶지 않다'고 말했습니다. 왜냐하면 그 점쟁이는 산 짐승을 잡아 제물로 바치고 그 덕으로 귀신들을 불러 나를 돕게 할 생각이었기 때문입니다. 나는 이 악한 짓을 거절했습니다. 그러나 내 마음의 하나님이신 당신을 사랑하기 때문에 거절한 것은 아니었습니다.[140]

---

138) Roy W. Battenhouse, p.23.
139) St. Augustine, 성 어거스틴의 고백록, p.121: '점쟁이'(*haruspex*)란 점성가(*mathematicos*)와는 다른, 마술사 혹은 무당에 가까운 말이다. 아우구스티누스가 동물제사를 거절했던 이유는 마니교가 동물살생을 금했기 때문이었다.
140) *Conf.*, 4,2,3: "*Recolo etiam, cum mihi theatrici carminis certamen inire placuisset, mandasse mihi nescio quem aruspicem, quid ei dare mercedis vellem ut vincerem; me autem foeda illa sacramenta detestatum et*

어거스틴은 이러한 상황을 소위 '극장의 죄'(*sin of the theater*)라
고 한다.[141] 이 극장의 죄에 대하여 어거스틴은 마음에서 환멸을 느
껴오고 있던 중에 한 권의 책을 만나게 된다. 그는 여기에서 철학을
발견하게 되었다.

보통 하는 공부의 과정을 밟아 나가는 중에 키케로(*Cicero*)가 쓴
어떤 책을 읽게 되었습니다. 키케로라 하면, 그의 마음은 어떤지
모르나 그의 연설에서는 세상에 널리 알려져 칭찬받는 자였습니다.
특히 이 책은 철학으로의 권유를 기록한 것으로서 사람들은 그 책
을 호르텐시우스(*Hortensius*)라 부르고 있었습니다."[142]

어거스틴은 극장의 죄의 그늘에 갇혀 있던 중에 이 「호르텐시우스」
를 그의 마음에 진리의 빛같이 받아들이기 시작하였다. 어거스틴은
대가의 뛰어난 수사법의 기술을 관찰하려고 키케로의 「호르텐시우스」
를 읽다가 갑자기 키케로의 사상의 아름다움에 눈을 뜨게 된 것이
다.[143] 이 사실을 다음과 같이 말하고 있다.

---

abominatum respondisse, nec si corona illa esset immortaliter aurea,
muscam pro victoria mea necari me sinere. Necaturus enim erat ille in
sacrificiis suis animantia, et illis honoribus invitaturus mihi suffragat-
ura daemonia videbatur. Sed hoc quoque malum non ex tua castitate
repudiavi, Deus cordis mei."

141) Roy W. Battenhouse, p.23; cf. C. N. Cochrane, *Christianity and Class-*
ical Culture(London, 1940), pp.391−392.
142) *Conf.*, 3,4,7; *N. & P. −N. F.*, vol.1, p.61.
143) Roy W. Battenhouse, p.23.

나의 하나님, 나는 그때 땅에 속한 것에서부터 당신에게로 나아
가고자 얼마나 열렬히 열망했는지 모릅니다. 그러나 나는 그때까지
도 당신이 나를 위해 무엇을 하고 계신지 알지 못했습니다. 진실
로 당신에게는 지혜가 있사옵니다. 그 지혜를 사랑함을 그리스어로
는 철학(*Philosophia*)이라고 일컬었는데, 그 책은 이런 사랑으로 나
를 사로잡고 있었습니다.[144]

어거스틴은 키케로의 「호르텐시우스」를 탐독했다. 이러한 어거스
틴에 대하여 샤프(*P. Schaff*)는 "이 책은 새로운 철학을 격려하는 바
가 있었고 오직 진리만을 위하여 나갈 방향을 지시하여 주었으며 무
엇보다도 열심히 그 발자국을 따라서 나갈 것을 보여주는 바가 있었
다"[145]고 하였다.

키케로는 「호르텐시우스」를 통하여 대중적이고 정치적인 생활에
골몰해 있는 사람이라 하더라도 비판적인 판단을 하려면 철학적 사
고가 필요하다고 역설하였다. 키케로의 이상은 개인으로 자족하는
삶에 있었다. 쾌락만 좇는 방종한 삶은 행복을 가져다주지 못하며,
방종은 자존심과 참된 우정을 파괴할 뿐이라고 주장하였다. 그리고
그는 행복을 원하지 않는 사람이 없으면서도 거의 모든 사람들은 불
운한 삶을 보내고 있다는 사실의 패러독스에 대하여 깊이 명상하였
다.[146] 어거스틴은 이렇게 공부한 것은 처음에는 「호르텐시우스」를
통해서 수사법의 기술을 관찰하려고 했지만, 이 책의 사상의 아름다

---

144) *Conf.*, 3,4,8; *N. & P. −N. F.*, vol.1, p.62.
145) E. S. Moyer, *Great Leaders of The Christian Church*, 인물중심의 교회
　　사, 곽안전 외 역(서울: 대한기독교서회, 1974), pp.115−116.
146) Henry Chadwick, pp.27−28.

움에 반했다. 그리고 이 책의 내용을 통해서 키케로의 입장을 이해하고자 하였다.[147] 이때의 어거스틴의 나이는 19세였으나, 바로 2년 전 아버지가 세상을 떠났기 때문에 어머니 모니카가 보내준 학비로 공부하고 있었다. 이렇게 어렵고 불운한 상황에 빠져 갈등하고 있던 어거스틴은 「호르텐시우스」를 자신의 독자적인 스타일을 위하여 읽으려고 한 책이었다. 그러나 도리어 깊은 내면적으로 심각한 갈등에 휩싸이게 하였다.[148]

그것은 이 책에서 키케로는 "먹고 마시는 데 몰두하거나 성적 관계를 통해서 육체의 쾌락만 얻고자 한다면 우리의 마음이 흔들려서 좀더 고상한 것을 추구할 수 없다"[149]는 것과 행복하기를 원하는 사람들이 불행한 삶을 살게 되는 것은 전생에 지은 죄를 구속(救贖)하기 위한 것일지도 모른다는 키케로의 주장들 때문이었다.[150] 이로 인하여 어거스틴은 인간의 삶의 윤리와 종교에 대한 문제에 대하여 심각한 갈등을 일으키게 되었다.

「호르텐시우스」는 극장의 죄라는 그늘에서 벗어나게 해줄 수 있을 것같이 다가왔지만, 어거스틴은 만족을 얻지 못하였다. 「호르텐시우스」로 인하여 도리어 자신의 내면에서 새로운 윤리와 종교적인 갈등으로 인하여 고통스러워했다. 이러한 갈등은 어거스틴으로 하여금

---

147) *Conf.*, 3,4,7;*N. & P. -N. F.*, vol.1, p.62.

148) Maurice Testard, *Saint Augustine et Ciceron*, vol.2(Paris: Etudes augustiniennes), 1958: *This book is an excellent source of information about Cicero's role in Augustine's intellectual evolution.* cf. Peter Browu, *Augustine of Hippo*(Los Angeles: University of California, 2000), p.40.

149) Henry Chadwick, p.28.

150) Ibid., p.28.

하나님께 향할 수 있는 계기를 마련해 주었다.

　　이 책은 내 마음을 아주 바꾸어 내 기도를 나의 주님이신 당신
께 향하게 했고, 나에게 새로운 희망과 욕구를 주었습니다. 이 책
을 읽은 후 이때까지 품어 왔던 나의 모든 헛된 희망은 돌연 나에
게 하찮은 것으로 보였습니다. 나의 마음은 이제 불멸의 지혜를
추구하려는 욕구로 가득 차 나는 당신에게 돌아가기 위해 일어섰
습니다.[151]

　　그러나 어거스틴은 키케로의 「호르텐시우스」를 통하여서도 자신이
찾고자 한 참된 평화의 길을 발견하지 못하였다. 이러한 때 그의 어
머니 모니카는 아들을 한 번씩 교회에 데리고 가기도 했다.[152] 여기
에서 깊은 갈등에 빠져 있던 어거스틴은 성경에 마음을 두기 시작했
고, 행복에 관한 키케로의 진지한 물음을 기억하면서 라틴어 성
경[153]을 집어 들게 되었다. 그러나 그의 눈에 비친 성경의 내용이
모호하기 짝이 없었다. 더 이상 다가갈 수 없을 정도로 여겨졌다.
성경에 나타난 문체들은 너무나 저급하고 조야했다. 어거스틴의 학
문적 수준에서 볼 때는 그러했다. 복잡한 신화같이 들리는 구약 이
야기들에 대해서 역겨움을 느끼기까지 했다.[154] 어거스틴은 이 사실

---

151) *Conf.*, 3,4,7; *N. & P. −N. F.*, vol.1, pp.61−62.

152) Henry Chadwick, p.29.

153) St. Augustine, 성 어거스틴의 고백록, p.102: 아우구스티누스가 그때
　　읽은 라틴어 성서는 2세기에 그리스어 성서(70인 역)에서 라틴어로 번
　　역된 것으로서 제롬이 번역한 불가타 라틴어 성서가 나오기 이전에
　　있었던 '구 라틴어 성서'였다.

을 이렇게 말하고 있다.

　내가 처음 성서를 읽었을 때는 지금처럼 생각하지 않았습니다.
또한 문체에서도 성서는 키케로의 웅변의 위엄에 비길 바가 못 된
다고 생각했습니다. 이처럼 나의 교만은 성서의 소박한 문체를 싫
어했고 그럼으로써 나의 예리한 통찰력도 그 내적인 의미까지 뚫
고 들어가지 못했습니다. 진실로 성서에 대한 이해는 어린아이가
성장하듯 자라나야 되는 것 같습니다. 그러나 나는 어린아이처럼
되기를 싫어했고 교만의 헛된 바람으로 잔뜩 부풀어 스스로 어른
이 된 것처럼 생각했습니다.[155]

　진리에 가까이 왔으나 진리를 발견하지 못한 어거스틴은 더욱더
깊고도 심각한 갈등상황을 맞이하게 된다.

　그러나 그 책은 교만한 자들에게는 이해가 힘들고 어린아이들에
게는 확실치 않으며, 처음은 나지막하여 쉬운 듯하나 더 나아갈수
록 태산 같이 신비에 싸여 있는 것이었습니다. 나에게는 그때 성
서의 뜻에까지 꿰뚫고 들어갈 수 있는 능력이 없었고 그 말씀에
고개를 숙이고 따를 겸손도 없었습니다.[156]

---

154) Ibid., p.29: 아우구스티누스가 이때 읽었던 라틴어 성경은 제대로 교육
　　을 받지 못한 2세기 무렵의 선교사들이 번역한 것이라 문체가 저급했
　　다. 키케로의 웅변적인 어투나 베르길리우스의 문장에 익숙해 있으며
　　고급 연극을 즐길 줄 아는 식견을 갖춘 사람이라면 그 라틴어 성경이
　　눈에 들어올 리가 없었다. 오늘날 학자들은 여러 비판적인 작업을 통
　　해서 과거의 라틴어 성경을 복원했다.

155) *Conf.*, 3,5,9; *N. & P. −N. F.*, vol.1, p.62.

156) *Conf.*, 3,5,9: *N. & P. −N. F.*, vol.1, p.62.

성경에 대한 권위와 내용에 대한 기대감은 한순간에 자신의 내면에서 무너져 내렸다. 이것은 그의 내면에서 「호르텐시우스」에 대한 실망감을 대신할 수 있는 기회였다. 더군다나 어거스틴은 성경에 나타난 그리스도의 족보에 관한 기록을 읽은 것이 결정적으로 성경에서 멀어지게 하는 계기가 되었다.157)

어거스틴의 내면의 세계는 '극장의 죄'와 '성경에 대한 저급'한 수준으로 인한 갈등과 함께 「호르텐시우스」를 읽고 후에 윤리와 종교적인 면에서 갈등이 더욱 심화되어 갔다.

이러한 갈등은 어딘가에서 해답을 구하는 강한 욕구와 함수관계를 가진다. 그리하여 선악(善惡)문제에 대한 분명한 해답을 제시하고 있는 것으로 생각되는 마니교로 관심을 돌리게 되었다.158)

3) 이원론(*Dualism*)

당시 알렉산드리아(*Alexandria*)를 중심으로 한 북아프리카에는 여러 지방, 여러 지역으로부터 도입된 각종 종교들이 유행하고 있었다. 그리하여 북아프리카에 소재하고 있는 모든 도시가 종교적 혼합주의적인 상태에 머물러 있었다.159) 그중에서도 특별히, 물질을 악한 것

---

157) St. Augustine, *Sermones,* 51,6: 마태복음 1:1 – 17에 나타난 족보와 누가복음 3:23 – 38절까지의 족보가 기록자의 신학관의 차이에서 비롯된 것이다. 이 기록을 읽는 것이 아우구스티누스로 하여금 결정적으로 성경에서 멀어지게 하였다. cf: Henry Chadwick, p.30.

158) *Conf.,* 3,6,10; *N. & P. –N. F.,* vol.1, p.62.

159) 최덕성, 아우구스티누스의 회심, 「개혁신학과 교회」, vol.2(고려신학대

으로 보며 고행주의를 덕으로 삼는 영지주의(*Gnosticism*)[160]가 기승을 부리고 있었다.

마니교(*Manichaeism*) 또한 마니의 추종자들로 인하여 널리 전파되어 나갔다.[161] 바벨론에서 태어난 마니(*Mani*, 216 - 277)는 부타, 조로아스터 그리고 그리스도의 가르침을 혼합하여 고행주의적, 영지주의적 요소를 지닌 종교를 창설하였다. 마니교는 마니 자신과 그리스도를 포함한 일련의 선지자들이 받은 계시에 기초한 것이다.

마니교는 플라톤주의(*Platonism*)적 이원론에 따라 물질을 악한 것으로 보았고, 더구나 종족 보존을 위한 성적 관계조차도 악하게 보았다. 이 세상을 움직이는 원리는 빛과 어두움이라는 두 세력이다. 인간은 이 두 가지 원리들의 동향에 따라 움직인다.

빛은 영적인 것이며 어두움은 물질적인 것으로 일련의 신화적인 사건들을 통하여 이 두 가지가 혼합되었다. 현재의 인간 상황과 인간고(人間苦)는 바로 이러한 혼합의 결과이다. 이 두 요소를 다시 분리시켜 영혼을 순수한 광명의 영역으로 귀환시키는 것을 구원으로 보고 있다. 그래서 구원은 인간의 영혼을 물질의 속박에서 벗어나게

학원, 1992), p.117.

160) Justo L. Gonzalez, *The story of Christianity*, 초대교회사, 서영일 역(서울: 은성, 1995), p.100: 영지주의는 '지식'을 의미하는 헬라어 단어 gnosis에서 비롯되었다. 영지주의자들은 일부 특수한 자들을 위하여 특별히 구별된 신비스러운 지식을 자기들이 소유하고 있다고 주장하였다. 이 지식이야말로 구원에 이르는 비밀의 열쇠이다.

161) J. W. C. Wand, *A History of the Early Church*, 「교회사」, 이장식 역(서울: 기독교서회, 1959), p.206: 그는 인도와 중국에서도 명성을 떨쳤다. Harlan P. Beach, A History of The Expansion of Christianity, vol.1(New York: Harper & Row, 1970), p.352.

하여 본래의 영적인 광명 세계로 복귀시키는 것이라고 주장한다.162)

이제 어거스틴은 영적이며 지적인 위안을 얻으려는 목적으로 종교적 절충주의이며 이원론적인 마니교로 전향하였다.163) 어거스틴의 이 같은 종교에로의 전향은 두 가지 각도에서 해석되고 있는데 이것을 순수한 철학적 관심에서 나온 것이라고 보는 입장과 종교적 회심으로 보는 입장이다.164) 이 두 가지 견해를 보는 각도의 출발점만 달랐지 신앙의 문제를 지적으로 해결하려는 어거스틴의 고민과 도전적인 갈등이 내재하고 있다는 점에서 공통적이다.165)

마니교에 입문한 어거스틴에 대하여 하르낙(*Adolf Harnack*)은 마니교가 자연종교의 토대 위에서 영적인 유익들인 계시, 구원, 도덕적 덕목을 제공한 동시에 선과 악이라는 문제에 단순하지만 편리한 해답을 어거스틴에게 제공하였기 때문이라고 하였다.166)

틸리히(*Paul Tillich*)는 어거스틴에게 있어서 진리는 실존적 관심이었는데, 마니교는 논리적인 분석의 문제로 신학적 주제가 아닌 실천

---

162) 최덕성, p.117.

163) Williston Walker, 세계기독교회사, 민경배 외 역(서울: 대한기독교서회, 1982), p.127; *N. & P. -N. F.*, vol.1, p.62-63: 마니교(*Manichaeism*)는 불교, 기독교, 영지주의, 페르시아의 조로아스트교를 절충하여 극도의 이원론을 설파한 마니(*Mani*, 216-277)를 추종하였다. 마니는 스스로를 예수 그리스도가 보내 주시겠다고 약속한 성령의 보혜사라고 주장했다. 선과 악의 근원을 빛의 신과 어둠의 신에 둔 마니의 극단적인 이원론은 이 문제로 고민한 아우구스티누스에게 어떤 매력을 준 것 같다.

164) 이석우, *Augustine* 사관에 나타난 두 도시 개념의 성격 연구, p.50: 전자의 입장에서 대표적 학자는 V. J. Bourke이고, 후자의 경우는 P. Brown이다.

165) Ibid., p.50.

166) Adolf Harnack, pp.150-151.

적이며 실존적 관심의 문제를 다루고 있었다는 것이고, 구원론에 대해서는 악의 법칙에 의해 붙잡힌 선이 그 악으로부터 구원된다고 강조한 점과, 그리고 선과 악의 사이에 진리가 놓여 있다고 하였다. 그래서 선과 악은 항상 투쟁한다는 것이다. 선과 악의 투쟁과 갈등은 어거스틴에게 역사를 해석할 수 있는 가능성을 열어주었다고 하였으며,167) 어거스틴의 사상 속에 있는 현실비판이나 죄의 문제에 대한 언급들은 부득이 마니교의 영향을 염두에 두지 않고서는 설명될 수 없다고 하였다.168)

모니카는 이원론적인 마니교에 빠진 아들로 인하여 너무 큰 충격을 받았다. 그래서 아들을 자기 집에서 살지 못하게까지 하였다.169) 이러한 모니카의 놀람과 충격에도 불구하고 어거스틴은 마니교를 9년 동안이나 추종했다. 이 마니교에 얼마나 깊이 빠져 들었는지 다음과 같이 고백하고 있다.

나는 이런 일이 있은 후 거의 9년 동안이나 저 마니주의의 깊은 흙탕물과 그 위선의 암흑 속에서 뒹굴었기 때문입니다. 때로는 그 흙탕물에서 일어나려고 노력을 했습니다만 그럴수록 나는 또다시

---

167) P. Tillich, *A History of Christian Thought,* p.106.

168) Ibid., p.151.

169) *Conf.,* 3,11,19; *N. & P. −N. F.,* vol.1, p.66: St. Augustine, 성 어거스틴의 고백록, "각주", p.113: 375년경 동거인과 아들을 데리고 고향, 타가스테로 돌아왔다. 그리고 그는 고향에서 문법을 가르치면서 마니교를 설파했다. 모니카는 너무 충격을 받아 자기 집에서 살지 못하게 했다. 그래서 아우구스티누스는 자기의 후견인이었던 로마니아누스 집으로 가서 임시 살았던 것 같다. 그러나 모니카는 어느 날 밤 꿈을 꾼 후에 그들을 집으로 다시 들어오게 하여 식사도 같이 하였다.

더 무겁게 밑으로 가라앉아 버리고 말았습니다.[170]

　수사학을 공부했던 어거스틴은 기독교보다 마니교가 더 개화된 종교로 보였다. 마니교는 이원론적으로 이 세상에는 단 하나의 영원한 존재나 원리가 있는 것이 아니고 선과 악, 빛과 어두움이 대등하게 있다고 가르쳤다. 이 점에 그는 큰 매력을 느꼈다. 그리고 이러한 마니교야말로, 「호르텐시우스」를 통해서 가지고 있던 갈등을 해결해 줄 수 있을 것이라고 기대하였다. 반대로 기독교는 추잡하고 세련되지 못한 말과 사상으로 이루어진 저급한 종교로 보였다.

　그러나 어거스틴의 마음에서는 마니교에 대한 갈등이 조금씩 생겨나기 시작하였다. 그는 광신적이지는 않았다. 마니교는 어거스틴이 볼 때에 어딘가 불분명하고, 그의 내면에서 갈등하고 있던 의문점들에 대하여 만족한 답을 주지 못하고 있었다. 그리고 점성술로 진리를 설명하려는 것이 많았다. "마니교도들의 책은 하늘과 별, 해와 달에 대하여 허황된 긴 이야기로 가득 차 있었습니다."[171] 종교적 원인들까지도 점성술에 의지하고 있는 사실로 인하여 어거스틴은 새로운 갈등을 일으키기 시작하였다.

　　점성가들은 이 건전한 말씀(진리)을 파괴하기 위해 "너로 하여금 죄짓게 한 원인은 필연적으로 하늘의 별이 결정한 것이다." 또는 "금성이나 토성이나 화성이 하는 일이다"라고 합니다. 이 말은 육신과 피를 지니고 있으며 교만하고 타락한 인간은 아무 책임이 없다.[172]

---

170) Ibid., 3,11,20; p.67.
171) Ibid., 5,7,12; p.83.

어거스틴은 전에 극장에서 있었던 웅변대회에서 우승을 하였을 때, 승리의 월계관을 씌워주었던 빈티키아누스(*Vindicianus*)[173]로부터 점성술에 대한 진심어린 충고를 받게 된다. 빈티키아누스는 "아버지처럼 친절하게 나를 타이르며 그 책들을 버려라"[174]고 하면서 자신도 과거에는 직업적인 생계 수단으로 삼으려고 점성술을 공부했었다고 고백한다. 그러면서 점성술이 속임수라는 것을 알고 남을 속이면서까지 생계를 유지하고 싶은 생각이 없어, 그것을 버리고 의학으로 들어갔다[175]고 하면서 다음과 같이 권고한다.

> 자네는 세상에서 살아갈 수 있는 수사학을 가르치는 직업이 있으니 이런 점성술 공부야 자유로이 한번 하고 싶어서 하는 것이지 생계에 필요해서 하는 것은 아닐 거야. 나는 점성술 하나만 가지고도 나의 생계를 유지할 수 있도록 철저히 그것에 대하여 공부한 사람이었으니 내 말을 더 믿어 주어야 되네.[176]

빈티키아누스의 친절한 권고로 인하여 오히려 어거스틴의 마음의 갈등은 더욱 커졌다. 그러던 차에 당시 마니교의 가장 위대한 선생으로 알려진 파우스투스(*Faustus*)를 만날 기회가 있어서 오랜 세월

---

172) Ibid., 4,3,4; p.69.
173) *N. & P. −N. F.*, vol.1, p.69: St. Augustine, 성 어거스틴의 고백록, "각주", p.122: 아우구스티누스가 「고백록」(7,6,8)에서 그의 이름을 밝힌다. 빈티키아누스(*Vindicianus*)는 본래 로마 황제의 주치의로 있다가 황제의 임명을 받고 북아프리카의 총독이 되었다.
174) *Conf.*, 4,3,5; *N. & P. −N. F.*, vol.1, p.69.
175) Ibid., 4,3,5; p.70.
176) Ibid., 4,3,5; p.70.

동안 가지고 있던 갈등을 해소할 수 있으리라고 기대했다.

　　나는 거의 9년 동안 안정되지 못한 마음으로 마니교도들의 교리
에 귀를 기울이고 있었습니다. 그러므로 파우스투스가 카르타고에
온다는 말을 듣고 나는 그의 도착을 몹시 기다리고 있었습니다.
그 이유는 내가 다른 마니교도들을 만나 그들이 대답할 수 없는
어려운 질문을 던지면 그들은 항상 파우스투스를 말하면서 그가
와서 같이 이야기해보면 이 문제뿐만 아니라 다른 더 어려운 문제
들에 대해서도 쉽게 그리고 명확히 설명해 주리라는 것이었습니다.
만나서 이야기해보니 말솜씨가 구수하여 퍽 마음에 드는 사람이었
습니다. 그러나 그의 말의 내용에는 다른 마니교도들이 말한 것과
별다름이 없었고 다만 그들보다 말을 더 잘하고 재미있게 한다는
것뿐이었습니다.[177]

　　파우스투스는 여러 차례의 반복적인 강연 경험을 통해 매력 있고
유창한 웅변을 구사할 수 있었지만 인문교육을 제대로 공부한 사람
이 아니었다.[178] 기대하는 만큼의 학식을 가진 자도 아니었다. 그래
서 어거스틴은 높은 단계인 마니교의 '성자'[179]의 계층에 들어가기
를 원치 않았다.

---

177) Ibid., 5,6,10; p.82.
178) Ibid., 6,10; p.82.
179) St. Augustine, 성 어거스틴의 고백록, "각주", p.165: 마니교에는 성자
　　(선택받은 자, electus)와 듣는 자(auditor)가 있는데 전자는 성직자를,
　　후자는 평신도를 의미한다. 선택받은 성직자는 채식을 하고 결혼도 하
　　지 않는 금욕주의를 실천했고, 평신도들은 세속의 업무에 종사하며 결
　　혼도 하고 고기도 먹었다.

그동안 기대하면서 기다렸던 마니교의 위대한 선생인 파우스투스를 만나 대화한 결과, 어거스틴은 크게 실망하였다. 더 이상의 좋은 해답을 기대할 수 없을 것 같았다. "나는 파우스투스가 학식 있으리라고 생각했으나 무식하다는 사실을 확실히 알게 되자 그에 대한 나의 실망은 대단히 컸습니다."[180] 그리고 그 실망으로 인하여 마니교에 대한 희망도 사라져 가기 시작했다.

이리하여 마니교를 연구하려던 나의 열심은 꺾이고 말았습니다. 그들 중에서도 그렇듯 유명한 파우스투스가 나를 번민케 했던 여러 문제에 대하여 대답을 못 해 줄 때 그 교파의 다른 교사들에 대한 실망은 더욱 컸던 것입니다. …… 이 사람을 알게 되자마자 마니교를 더 깊이 탐구하려고 한 나의 노력이 끝장이 나고 말았습니다.[181]

이때 어거스틴의 가슴에 낙담함으로 인한 갈등이 얼마나 심각하였는지에 대하여 이후에 하나님을 향한 고백을 통해서 볼 수 있다.

내 주 하나님이여, 내 양심의 심판자이시여, 내가 지금 기억하고 있는 것이 사실 그대로입니까? 아니면 틀립니까? 내 마음과 기억을 당신 앞에 열어 놓습니다. 그때 당신의 섭리의 은밀한 손은 나를 인도하셨으니, 그것이 나로 하여금 부끄러운 내 잘못을 내 얼굴 앞에 놓고 내 잘못을 보고 미워하도록 하기 위함이었습니다.[182]

---

180) *Conf.*, 5,7,12; *N. & P. −N. F.*, vol.1, p.83.

181) Ibid., 5,7,12; p.83.

182) Ibid., 5,6,11; p.83.

어거스틴은 더 이상의 해답을 기대하기를 포기하였다. 마니교에 대한 갈등을 심각하게 느꼈으며, 마니교의 한계를 깨달았기 때문이다. 훗날 이 일을 두고 어거스틴은 하나님의 손이 은밀한 섭리 가운데 자신의 영혼을 버리지 않으신 것과 자신이 하나님께로 인도된 것은 밤낮으로 드린 어머니의 기도로 인한 것이었다고 고백하였다.[183]

마니교는 기독교를 유치한 물질주의적 종교로 여겼다. 성경 특히 구약성경은 유치한 언어의 표본이라고 경멸했다. 성경은 '광명의 영원한 원리'의 말씀이 아니며 세련되지 못한 말들 야만적인 폭력, 강간, 부도덕, 사기, 살인 등 이야기로 점철되어 있다고 보았다. 만약 기독교의 하나님이 선한 존재라면 왜 그런 악으로 채워진 책들을 만들어 내었겠는가? 그것들이 선한 신의 소산이라면 왜 악의 기원을 제대로 말해주지 못하는가? 성경은 악의 소산이며, 기독교의 신은 악한 신이며, 따라서 기독교는 선한 종교가 아니라는 것이다. 신약성경은 유대교의 율법을 기독교 신앙에 집어넣으려는 어떤 사람에 의해 위조된 것이라고 생각했다.[184]

어거스틴도 기독교에 대하여 갈등이 없는 것은 아니었다. 기독교 신앙을 갖는 일에 있어서 가장 큰 고민은 '악의 기원'에 관한 문제였다. 어머니 모니카가 아들에게 한 분 하나님이 계심과 그분이 이 세상의 모든 만물을 창조하셨다고 가르쳐 주었다. 그러나 어거스틴은 만약 하나님이 세상 만물의 창조자라면 물질을 만든 분은 악한 신이다. 왜냐하면 물질은 악하기 때문이다. 지존하시고 순수한 존재인 하나님이 만약 선한 존재라면 악한 물질을 만들지 않았을 것이

---

183) 최덕성, p.118.
184) Ibid., p.117.

다. 그렇다면 어머니 모니카가 주장한 것과는 달리 기독교의 하나님
은 선하지도 지혜롭지도 못한 신이다. 믿고 신봉할 만한 존재가 못
된다. 마니교에 따르면 물질은 광명의 소산이 아니라 어두움의 소산
이다. 악이 밀착되어 있고 희박하게 되어 가벼워진 것이 기체이다.
이 기체가 바로 이 세상에 침투하는 악령이라고 한다. 어거스틴은
이러한 마니교의 가르침을 받으면서도 막연하게나마 기독교의 하나
님이 악을 창조했으리라고 생각지 않았다. 악을 창조하지 않았다고
생각하는 것이 악이 하나님으로부터 나왔다고 보는 것보다 낫다고
생각했기 때문이다.

어거스틴은 악을 어떤 막연한 실체로 여겼다. 형체를 지닌 징그럽
고 무시무시한 물체 덩어리로 보았다. 하나님조차도 형체를 지닌 어
떤 물질적인 존재로 이해하였다.[185] 마니교적 선악에 대한 이원론적
구조에 따르면 이 두 원리는 공존하는 원인으로 어거스틴의 마음과
행위에 일어나는 갈등은 그 자신이 책임질 문제가 아니라 본질적으
로 우주에 존재해야 할 두 원리의 과정적 갈등이었다.[186] 마니교로
의 전향은 그의 지적 영역을 신앙적 자의식으로부터 해방시켜줌으로
써 보다 더 철학에 친해질 수 있는 길이 되었다. 이때부터 그에게는
수사학자가 되고자 하는 소망에도 불구하고 지혜에 헌신하는 철학자
적 삶을 동경하는 마음이 싹텄고, 아리스토텔레스의 "십범주"(Ten
Categorize)를 탐독하기까지 하였던 것이다.[187]

---

185) Ibid., p.117.

186) C. Martindele, A. Sketch of the Life and Character of St. Augustine, in
Augustine. Its Age, Life and Thought ed., by M. D. Arcy(N.Y: World
Publishing Co., 1961), p.91.

어거스틴은 마니교의 이원론을 통해 지상 나라를 지배하는 악의 원리와 하나님의 나라를 지배하는 선의 원리 사이의 충돌에 대한 매우 중요한 시사를 얻었다. 그러나 마니교가 가진 역사 이해의 전제로서 악마적 힘에 의한 피조물로서의 세계이해에는 동의할 수 없었다. 그래서 어거스틴은 "마니교를 향해 남을 속이면서도 스스로 속고 있으며, 말은 많이 하면서도 실은 벙어리"[188]라고 비난하였다. 그래서 그는 마니교와 결별하였다.[189] 마니교와 결별할 수 있었던 것은 어머니 모니카의 기도에 대한 하나님의 응답이었음을 다음과 같이 고백하고 있다.

당신의 신실한 종, 내 어머니가 제 자식이 죽어서 통곡하는 어떤 어머니보다 더 애절하게 나를 위해 당신께 눈물로 부르짖고 있을 때 당신은 높은 곳으로부터 손을 펴서 저를 이(마니교) 깊은 어둠 속에서 구해주셨습니다. 내 어머니는 당신께로부터 받은 믿음과 정신으로 확실히 나의 죽음을 보고 있었습니다. 오, 주님, 그러나 당신은 어머니의 기도를 들으셨고 어머니가 엎드려 기도하는 곳마다 눈 아래 바닥을 흠뻑 적신 어머니의 눈물을 업신여기지 않으셨습니다. 진실로 당신은 어머니의 기도를 들어주셨습니다.[190]

---

187) *Conf.*, 4,16,28; *N. & P. —N. F.*, vol.1, p.77.

188) Ibid., 5,8,14; p.84.

189) 주재용, p.144.

190) *Conf.*, 3,11,19; *N. & P. —N. F.*, vol.1, p.66.

4) 회의론(Skepticism)

어거스틴은 카르타고에서 자기에게서 배우는 학생들의 나쁜 수업 태도와 추잡하고 난잡한 방종 등에 혐오감을 느끼고 카르타고를 떠나 로마로 가기로 결심했다. 그곳에 더 좋은 보수와 높은 자리가 기다리고 있었기 때문만은 아니었다. 그곳 학생들이 더 열심히 공부하고 엄한 규율 밑에서 잘 통제된 생활을 한다고 들었기 때문이다.191)

어거스틴은 어머니를 속이고, 어머니의 눈물을 뿌리치면서 로마로 갔다.192) 그는 로마에 도착하자 무서운 열병에 시달리게 되었다. 그때의 자신의 죽음의 문제를 생각하면서 자신의 인생에 대하여 갈등한 상황을 이렇게 고백하고 있다.

> 보시옵소서, 로마에서 나를 기다리고 있었던 것은 신병의 채찍이었습니다. 나는 아담 안에서 모든 사람이 죽을 수밖에 없는 원죄(고전15:22) 이외에도 당신, 내 자신, 그리고 다른 사람에게 지은 많고도 무거운 죄를 짊어지고 거의 지옥으로 떨어질 뻔했습니다. 당신은 이러한 나의 죄를 그리스도 안에서 아직 용서해주시지 않으셨고 내 죄로 말미암아 생긴 당신과의 원수 됨을(엡2:15) 그리스도의 십자가로 없이 해주시지 않았습니다.193)

이런 위기를 넘긴 어거스틴은 자기를 위하여 하나님께 기도드리는 어머니 모니카가 있음을 알고 있었다. 드리는 기도의 내용도 금이나

---

191) Ibid., 5,8,14; p.84.
192) Ibid., 5,8,15; p.84.
193) Ibid., 5,9,16; 5,10,18; pp.84 – 86.

은이나 변하여 없어질 재물을 달라고 기도하지 않고, 오직 자식의 영혼의 구원을 위해 기도하였다는 것도 짐작하고 있었다. 자신의 병도 어머니의 기도의 덕분으로 나았다고 고백한다.[194] 그리고 그는 자신의 어머니를 영적인 시각으로 보고 이렇게 고백한다. "어머니가 나를 사랑하셨는지, 그리고 육신으로 낳아 줄 때보다 영적으로 나를 출생시키기 위하여, 얼마나 더 큰 산고를 치러야 했는지 나는 말로 다 형용할 수 없습니다."[195]

어거스틴은 아카데미주의(*Academics*)[196]자들에게 관심을 가지기 시작한다.[197] 이들은 회의론(*Skepticism*)자들이었으며 불가지론주의자들이었다. 모든 것은 의심해야 하며, 인간은 진리를 확실히 파악할 수 있는 능력을 가지고 있지 않다고 가르쳤다. 이들을 만난 어거스틴은 그동안 진리라고 생각했던 것들에 대해 의심하기 시작했다.

어거스틴은 지적(知的)으로 이미 플라톤(*Platon*, B.C. 427-347)철학을 가지고 있었다. 플라톤은 소크라테스의 철학을 제자들 중에서 가장 포괄적으로 발전시킨 사람이었다. 플라톤은 소크라테스의 프리

---

194) Ibid., 5,9,16; pp.84-85.

195) Ibdi., 5,9,16; p.85.

196) *N. & P. -N. F.*, vol.1, p.86; St. Augustine, 성 어거스틴의 고백록, "각주", p.166: 여기에 나타난 아카데미파는 기원전 3세기에 플라톤의 옛 아카데미파의 주장(진리를 확실히 인식할 수 있다는 주장)을 반대하고 개연성을 주장했던 신플라톤학파, 즉 회의론을 말하는 것이다. 아우구스티누스는 회심 직후 「회의론 반박」(*Contra Academicos*)을 써서 이 주장을 비판했다. 그에 의하면 우리는 모든 것을 의심한다고 할지라도 의심하고 있는 자신의 존재에 대해서는 의심할 수 없다는 것이다. cf. St. Augustine, 자유의지론, 2,3,7; *DCD*, 11,26.

197) *Conf.*, 5,10,19; *N. & P. -N. F.*, vol.1, p.86.

즘에 의하여 분해된 광선들과 같은 철학적 개념들을 더 높고도 풍부하고도 새로운 모습으로 발전시켰다. 현상세계는 생성 소멸하며 변전무상(變轉無常)한 세계이나, 이에 대하여 영원불변한 진리의 세계가 있다고 주장하였다. 그것은 현상계를 넘어선 이데아(Idea)의 세계이며 이상의 세계이다. 이데아는 감각적이며, 경험적인 것의 모범이요, 원형이며, 목적이고, 원인이 되는 것이다. 이와 같이 플라톤은 경험계를 넘어서 진, 선, 미 자체의 이데아가 실재한다고 하였다. 곧 최고의 이데아는 선(善)의 이데아인 신이라고 하였다.[198]

이러한 반면에 회의론(Skepticism)은 인간의 인식은 주관적 또는 상대적이므로 인간의 인식능력으로써는 보편타당한 진리를 얻을 수 없다고 보는 사상적 경향 또는 학설을 가리키며 철학사상 독단론과 대립되는 입장 혹은 주장이다. 회의론은 두 가지로 나뉜다. 하나는 방법적 회의론으로서 회의를 인식비판의 출발점으로 삼아 모든 전통적 관념과 학설을 근본적으로 의심 혹은 불신함으로써 의심할 수 없는 어떤 새로운 확실한 근거로부터 다시 학문체계를 세우려는 경향이다. 이러한 경향은 데카르트철학에서 볼 수 있다. 또 다른 하나는 절대적 회의론으로서 보편타당한 진리 자체의 존재를 부정하거나 또는 그러한 진리 인식의 가능성을 인정하지 않는 태도 내지 경향이다. 그런데 이러한 회의론이 플라톤 학파의 근원지라 할 수 있는 아카데미아(Academia)에까지 침투하였다. 이것은 플라톤 철학의 고전적인 전통들이 잃어버린 영향력을 다시 찾기 위한 대안으로 시도했던 그리스적 사상의 재건이 실패하면서 남긴 후유증이었다.[199] 어거스틴

198) Jorg Splett, *idea*, The Christian Encyclopedia, vol.12(Christian Literature Press, 1984), pp.1123-1124.

이 기독교로 회심하기 이전에 그가 아직 플라톤 철학에 머물러 있을 때 그는 이 회의주의 철학 사이에서 갈등하였던 것이다.[200]

그리스철학은 로마 종말기에 이르게 되자 인식에 대한 문제에서 행복을 추구하는 유일한 철학적 노력을 보이고 있었다. 그것은 자아에 대한 신뢰보다도 더 높은 힘에 대한 신뢰감을 가지는 경향이었다. 이와 같은 시대에 나타난 이가 바로 키케로, 세네카였다. 그 시대적인 권태(倦怠)감으로 인하여 초자연적 계시에 의한 절대감에서 자아를 찾고자 하였다. 이로 인하여 고대 철학은 회의론과 더불어 종교성과 함께 혼합되는 양상을 보였다. 이와 같은 사상은 3세기 중엽에 이르러 신플라톤학파(Neo -platonists)에 의하여 체계화되었다.[201]

종교적 색체가 강한 이 철학은 신비적 명상이나 훈련을 통한 무아경지의 황홀경에 대한 경험을 강조하였다. 이 철학의 주된 이론은 유출설이다. 유출설에 의하면 실재하는 모든 것은 궁극적 존재인 일자(一者, One)로부터 비롯된다. 돌을 호수에 던지면 잔잔한 수면에 파도가 일지만 많은 동그라미 파장을 일으킨 궁극적 존재에 가까운 실재들은 멀리 있는 것들보다 우수하며 일자로부터 멀리 떨어져 있는 것일수록 열등하다는 것이다. 그렇다면 악은 어떤 것일까? 유출설에 의하면 악은 궁극적 존재로부터 멀리 벗어남으로 발생한다. 궁극적인 존재인 일자로부터 등을 돌리고도 보다 잡다하고 열등한 영역에 사로잡히는 것에서 비롯된다. 피조세계 안에 존재하는 악은 하

---

199) 주재용, p.141.

200) P. Tillich, p.152.

201) W. R. Inge, *Neo -Platonism*, The Christian Encyclopedia, vol.10(Christian Literatuer Press, 1984), pp.467-482.

나의 경향(tendency)이다. 악은 실재하지만 사물이 아니라 궁극적인 존재인 일자로부터 벗어나버린 하나의 방향이다.202)

　플라톤주의와 신플라톤주의 사이에서 어거스틴은 철학적인 갈등 속으로 빠져든다. 플라톤주의는 최고의 선인 신까지도 형상이라는 틀 안에서 이해하고 있는 데 반하여 신플라톤주의는 그와 반대적 입장을 취한다. 이 철학은 유출설을 이야기하며 초자연적인 계시에서 절대자를 찾으려고 하였다. 이러한 차이점들이 어거스틴에게 갈등을 불러일으킨 것이다. 그러나 어거스틴은 회의주의를 통하여 오히려 그리스도의 계시사상에 눈 뜰 수 있는 계기가 되었다.203) 형상의 틀에서만 최고의 신을 찾고자 한 사상에서 초월적인 계시사상을 통하여 최고의 신의 존재성을 인식할 수 있는 사상적 발전의 기회를 제공하였기 때문이다. 이러한 계기로 인하여 다시금 교회를 찾을 수 있는 기회가 자연스럽게 주어졌던 것이다. 이것은 무엇이든지 회의를 통하여 그 근본까지를 찾고자 하는 철학사상인 회의주의를 통하여 얻을 수 있었던 결과였다. 결국 어거스틴은 신플라톤주의의 계시사상의 도움을 얻어 최고의 선인 신까지도 인식될 수 있다는 가능성으로 인하여 더 이상 회의주의적 사상은 필요가 없어지게 된 것이다. 어거스틴은 회의론의 늪으로부터 빠져나올 수 있었다.

　어거스틴이 회의론에 빠져서 갈등하고 있을 동안에 초월적 계시사상에서 최고의 신적 존재인 하나님에 대하여 알게 된 것은 그의 어머니 모니카와 밀라노의 감독 암브로시우스(Ambrosius)였다. 하지만

---

202) M. Heinze, *emanation,* The Christian Encyclopedia, vol.12(Christian Literatuer Press, 1984), pp.711－712.

203) 주재용, p.152.

그것은 그를 교회로 이끈 근본적인 요인은 아니었다. 무엇보다 중요한 근본적 요인 중 하나는 회의주의를 통한 기독교 계시의 이해와 수용에 있었다. 왜냐하면 그는 그 어느 곳에서도 찾지 못했던 계시를 오직 기독교의 교회 속에서 발견하였기 때문이다.

다른 하나는 그가 회의주의와 함께 무너져 버린 낡은 권위 대신 새로운 권위를 교회에서 발견하였기 때문이다. 그는 그것을 교회의 압도적이면서도 인상적인 힘과 교회 지도자들의 위대함 속에서 발견하였다. 그러므로 만일 어거스틴이 이러한 새로운 권위를 교회에서 발견하지 못했다면 그는 결코 어떠한 외적 요인들에 의해서도 기독교인이 될 수 없었을 것이다. 그러나 그에게 있어서 교회의 권위는 결코 회의론이 주장하는 발아래 꿇어 엎드리는 타율적인 '복종의 권위'(*ein heteronome Macht*)가 아니었다. 그가 교회에서 발견한 새 권위는 '신율'(*Theonomie*)이었다. 그러므로 이러한 새로운 권위에 대한 인식으로부터 하나님의 나라 이해에 대한 기초가 형성되었다.[204]

그가 영향을 끼친 여러 사상들 가운데서도 가장 큰 공헌이라 할 수 있는 것은 그 시대에 사상의 몰락을 자초한 회의론(*Skepticism*)으로부터 그리스 철학을 새롭게 건져내었다는 사실일 것이다. 그러므로 그는 한 시대의 사상적 몰락을 스스로 경험하면서 새로운 시대의 사상을 창출해 내는 산파적 역할을 감당하였다.[205]

---

204) P. Tillich, pp.153-154.

205) Ibid., pp.153-154; Roy W. Battenhouse, p.34: 어거스틴은 회심 때부터 그가 기독교인이었으나 자신의 신앙을 신플라톤주의(*Neo-Platonism*)적 방식으로 설명하려 했던 사람이라고 말할 수 있다. 그 이후에 있은 그의 발전은 그의 사고가 신플라톤주의적 범주들의 제한들로부터 점차로 벗어나는 하나의 진전을 이루었다. 루프스(*Loofs*)는 아우구스티누스의 기

신플라톤주의는 어거스틴으로 하여금 하나님을 비물질적인 본성으로 이해할 수 있는 방편을 제공하였다. 이때부터 그는 하나님을 형체를 가진 존재로 이해하지 않았다.[206] 기독교의 하나님, 곧 가장 높으시고 유일하시며, 참되신 하나님을 이해할 수 있는 길을 열어준 셈이다. 하나님을 불멸하고, 불변하고, 침해될 수 없는 존재로 믿을 수 있게 된 것이다. 어거스틴은 이와 같은 사실을 이렇게 고백한다.

> 왜 내가 그렇게 생각하게 되었는지 그 이유는 알지 못하였어도 확실히 알게 된 것은, 소멸하는 존재는 불멸하는 존재보다 더 열등하고, 침해될 수 없는 존재는 침해되는 존재보다 더 우월하며, 불변하는 존재는 변하는 존재보다 더 좋다는 것이었습니다.[207]

어거스틴은 이때 이미 하나님이 우리의 영혼뿐 아니라 우리의 육체와 모든 것을 지으신 주님이시며 참하나님이심을 믿고 있었다. 신플라톤주의는 나아가서 이원론에 의하지 않고도 악의 실체를 해석할 수 있는 길을 제공해 주었다. 악은 괴물 덩어리가 아니라 절대자로부터 멀어지는 가운데서 나타나는 한 경향이라는 것이다. 악은 인간이 절대적 궁극적 존재인 하나님으로부터 멀어지기 때문에 생겨났

독교는 '단순히 기독교적 빛깔을 띤 신플라톤주의(*simply Neo −Platonism with a Christian tint*)'였다고 말한 루프스의 견해보다 오히려 질송(Gilson)의 견해가 더 적절하다. 질송은 아우구스티누스가 믿은 기독교를 '신플라톤주의의 빛깔을 띤 기독교(*a Christianity tinted with Neo −Platonism*)'라고 한 것이다.

206) *Conf.*, 7,1,1; *N. & P. −N. F.*, vol.1, p.102.
207) Ibid., 7,1,1; p.102.

다. 우리가 악한 행동을 하게 되는 것은 우리의 자유의지 때문이다. 우리의 행동의 결과로 고난을 당하게 되는 것은 그 책임이 인간에게 있으며 하나님의 공정한 심판의 결과라고 생각하는 기독교인들의 생각은 지당하다. 자신 안에 자유의지가 있고 자신이 무엇을 원하든지 원치 않든지 의지의 주체는 다름 아닌 자기 자신이라는 것이다. 거기서 어거스틴은 드디어 악의 원인을 발견하였다.

어거스틴은 만약 선하실 뿐만 아니라 선 그 자체이신 하나님이 나를 창조하셨다면 선을 원치 않는 나의 의지는 어디서 오는가라는 질문에 신플라톤주의는 궁극적 존재가 불변하는 존재인 반면 그 외의 존재들은 가변적이라고 가르쳤다. 이 도식에 의하면 최고의 선이신 하나님은 타락할 수 없는 존재이지만 인간은 타락할 수 있는 존재가 된다. 하나님의 본체는 인간의 타락에 의하여 아무런 침해도 받지 않는다. 어떤 의지, 필연, 타락도 하나님을 해치지 못한다. 타락할 수 없는 존재는 타락할 수 있는 존재보다 위대하기 때문이다. 하나님이 뜻하시는 것이 바로 선이며, 하나님 자신이 바로 선이기 때문이다. 만일 하나님의 본체가 타락할 수 있다면 그 하나님은 더 이상 하나님이 아니지 않는가? 선한 하나님으로부터 지음을 받은 것은 본래 선하다. 그러나 그것들의 선은 악해질 수 있는 가능성을 지닌 선이다. 악은 하나님을 등지고 점점 나빠지면서 생겨났다.

플라톤의 철학이 궁극적으로 고대 사상의 권위를 회의론으로 몰아넣었다면 어거스틴은 이러한 가운데서 신플라톤주의를 통해 새로운 권위에로 이르는 길을 찾아내었을 것이다. 그리하여 어거스틴은 그리스 철학을 새롭게 부흥시킨 신플라톤주의를 통해 하나님과 세계와의 관계를 새롭게 해석하는 바탕을 제공받았다.[208] 왜냐하면 신플라톤주의는 어거스틴에게 하나님만이 세계창조의 근거가 된다는 사실을 가르쳐 주었기 때문이다. 그러나 어거스틴은 신플라톤주의자로 머물러 있지는 않았다.[209] 그는 그 사상의 소극적인 요소들을 적극적인 방향으로 바꾸어 놓았다. 특히 그는 인간의 혼이 지상을 떠나 궁극적인 유일적 존재와 합일된다는 신플라톤주의의 탈자아적(脫自我的) 요소들을 뒤집어 인간의 혼 그 내면에 잠재하는 신적 요소를 강조하였다.[210]

이처럼 마니교의 이원론에 포로가 되었던 어거스틴은 신플라톤주의 철학을 통하여 기독교인이 될 수 있는 길이 열린 것이다. 그는 「고백록」을 통하여 자신이 체험한 세 가지 단계의 회심을 묘사하고 있다. 이것은 곧 평화로의 과정과 정착을 묘사한 말이다. 첫째는 「호르텐시우스」를 통한 '이성적 진리 탐구로의 회심'이고, 둘째는 이원론을 벗어나게 해 준 '플라톤주의 존재(being) 철학으로의 회심'이며, 마지막은 존재의 근원인 하나님과 은총을 향한 '기독교 신앙으로의 궁극적 회심'이다.[211]

구원하시는 그리스도의 이름을 모르는 이 철학자들에게도 내 영혼의 병을 치료해 달라고 맡길 수가 없었습니다. 그러므로 어떤 확실한 것이 나타나 내 갈 길을 인도하게 될 때까지 내 부모가 그토록 부탁한 기독교회의 예비신자가 되기로 결심하였습니다.[212]

---

208) P. Tillich, p.153.
209) J. W. C. Wand. pp.203－205.
210) 주재용, p.142.
211) 유지황, p.80.

3. 갈등을 넘어 평화로의 과정과 정착

어거스틴은 자신의 생애에서 갈등을 넘어 평화로 나아가는 과정으로의 회심 단계를 거친다. 평화의 정착에서는 세례와 수도원 설립과 히포의 감독으로서 어거스틴의 측면을 논증한다. 어거스틴은 평화의 과정에서 회심을 하게 된다. 자신이 회심하기까지 다른 회심자들의 고백을 듣게 된다. 회심은 무엇보다도 새로운 방향전환이며 일종의 새로운 출발이다.213) 회심은 그리스도를 바르게 인식하든 인식하지 못하든 간에 그에게로부터 멀어지는 상황에 머물거나 또는 도망치다가 이제 그리스도에게로 돌아와 복종하며 살고자 하는 전환점과 같은 것이다. 이러한 전환점은 그리스도와 분리된 삶에 대한 종말이다. 어거스틴의 회심은 갈등의 원인과 결과들로 인하여, 이제는 고정되고 확실한 원칙들을 세워 나갈 수 있게 되었다. 그러나 어거스틴의

---

212) *Conf.*, 5,14,25: *quibus tamen philosophis, quod sine nomine salutari Christi essent, curationem languoris animae meae committere omnino recusabam. Statui ergo tamdiu esse catechumenus in catholica Ecclesia mihi a parentibus commendata, donec aliquid certi eluceret quo cursum dirigerem;* N. & P. −N. F., vol.1, 88: *they were without the saving name of Christ, I utterly refused to commit the cure of my fainting soul. I resolved, therefore, to be a catechumen in the Catholic Church, which my parents had commended to me, until something settled should manifest itself to me whither I might steer my course.*

213) *Conf.*, 10,27,38: "*Sero te amavi, pulchritudo tam antiqua et tam nova! sero te amavi!*"(늦게야 임을 사랑했습니다. 이렇듯 오랜, 새로운 아름다움이시여, 늦게야 당신을 사랑했나이다.)

확신에 찬 원칙들이 함축하고 있는 내용들은 모두가 곧바로 인식되지 않았지만, 일부는 어거스틴이 도나투스주의(*Donatist*)와 펠라기우스주의(*Pelagian*) 이단들에 의해 도전받았을 때에야 그 가치를 인정받게 되었다.[214]

어거스틴은 심적 갈등으로 괴로워하면서 심플리키아누스(*Simplicianus*)[215] 사제를 찾아간다.[216] 그는 그 사제로부터 신플라톤주의의 철학자였던 빅토리누스(*Victorinus*)[217]가 어떻게 회심했는가에 관한 이야

---

214) Roy W. Battenhouse, p.18.

215) *N. & P. -N. F.*, vol.1, p.116; St. Augustine, 성 어거스틴의 고백록, p.245: 심플리키아누스(*Simplicianus*)는 본래 로마에 있었던 사제였으나 교황은 새로 선출된 감독 암브로시우스를 돕고 보좌해주도록 그를 밀라노에 보냈다(373년). 그는 유명한 플라톤주의 철학자요, 수사학자인 빅토리누스를 회심시킨 인물이기도 하다(*Conf.*, 8,2,3 - 5). 암브로시우스는 너무 분주했기 때문에 아우구스티누스는 이 사제를 찾아가서 자기의 인생문제를 털어 내놓은 것이다. 암브로시우스 감독이 397년에 사망하자 바로 이 사제가 그 뒤를 이어 밀라노의 감독이 되었다(400년 사망). *Conf.*, 8,2,3; *N. & P. -N. F.*, vol.1, p.117: 빅토리아누스는 학문에 박학하였고 다능하였다. 많은 철학서적을 탐독하고 평가한 사람이었으며, 유명한 원로들의 스승이기도 하였다. 사람들이 그의 탁월한 가르침의 공적을 기려 로마의 광장에 동상까지 세워주었다. 그는 나이가 많을 때까지 우상을 숭배하였고, 로마의 귀족들이 행하는 신성모독의 종교의식에 적극적으로 참여하였다. 백성들을 고무시켜 한때 네프투누스(*Neptunus*)와 비너스(*Venus*)와 미네르바(*Minerva*)에게 대항을 했던 개귀신 아누비스(*Anubis*)나 괴물과 같은 잡신들을 섬기도록 하였다. 이러한 잡신들은 로마가 정복한 신들이었으나 오히려 로마가 숭배하는 신들이 되었다. 빅토리누스는 이 잡신들을 숭배할 수 있도록 우레와 같은 웅변으로 오랫동안 옹호해 나갔다.

216) *Conf.*, 8,1,1; *N. & P. -N. F.*, vol.1, p.116.

217) St. Augustine, 성 어거스틴의 고백록, p.247: 마리우스 빅토리아누스

기를 듣는다.[218] 빅토리누스의 회심은 로마를 놀라게 했다는 것이다.

이 이야기를 들은 어거스틴은 자신의 마음에서 갈등하는 빅토리아누스와 같이 되고 싶다는 심정이 불같이 타오르는 것을 느껴 이렇게 외친다. "오, 주님, '하늘을 드리우고 강림하시며 산들에 접촉하사 연기를 발하게 하시는'(시 144:5)이여, 당신은 어떤 방법으로 그의 심장(마음)의 벽(*pectus*)에까지 밀고 들어가셨습니까?"[219] 그리고 내면의 갈등에서 벗어나기를 간절히 원하는 마음을 다음과 같이 고백하고 있다.

오, 주님, 우리 안에서 역사하시어 당신에게로 돌아가도록 우리를 인도하소서. 우리를 부추겨 당신께로 끌어당겨 주소서. 당신의

(*Marius Victorinus*)는 북아프리카 출신으로 로마에서 수사학자, 플라톤주의 철학자로 존경받고 유명해진 4세기 인물이다. 그는 아리스토텔레스, 플로티누스, 포르피리의 책들을 그리스어에서 라틴어로 번역하였다. 그러나 후에 심플리키아누스의 설득으로 세례를 받고 기독교인이 되었다(355년경). 그가 남긴 책 중에서 「삼위일체론」이 유명하다.

218) *Conf.*, 8,2,3 – 8,2,4; *N. & P. –N. F.*, vol.1, p.117 – 118: 이러한 빅토리아누스가 스스로 성경을 읽고 모든 기독교 문헌들을 철저히 조사 연구하였다가 심플리키아누스에게 "나는 이제 기독교인이 되었다는 것을 자네는 알아야 하네"라고 하자 심플리키아누스는 "내가 자네를 교회 안에서 보지 않는 한 자네가 말한 것을 믿지도 않을 것이요, 또한 자네를 기독교인으로 간주하지도 않겠네."라고 하였더니, 빅토리누스는 이 말을 듣고 비웃으면서 "그러면 교회의 벽이 기독교인을 만드는 것인가?"라고 대답했다고 한다. 이와 같은 내용으로 대화를 자주 하였다. 어느 날 빅토리누스가 "자, 교회에 같이 가세! 나는 기독교 신자가 되기로 결심했네!" 그리고 그는 세례지망자가 되었다. 이 일이 로마 도시를 깜짝 놀라게 하였다.

219) Ibid., 8,2,4; p.117.

향기를 우리에게 풍기사 우리의 즐거움이 되어 주소서. 우리로 하여금 사랑하게 하시고, 달려가게 하소서. 빅토리아누스가 처해 있었던 맹목의 심연보다 더 깊은 곳으로부터 나와서 당신께로 간 자가 얼마나 많습니까? 그들은 당신께로부터 오는 빛으로 조명을 받은 자들이 아닙니까? 당신은 그 빛을 받은 자들에게 당신의 자녀가 되는 권세를 주셨습니다(요1:12).[220]

두 번째로 어거스틴은 황제의 수행원이었던 폰티키아누스(*Ponticianus*)[221]로부터 애굽의 수도사였던 안토니우스(*Antonius*)가 회심한 것과[222] 폰티키아누스의 두 친구가 회심한 것에 대하여 듣는다.[223]

---

220) Ibid., 8,4,9; pp.119-120.
221) Ibid., 8,6,14; p.122: 폰티키아누스(*Ponticianus*)는 북아프리카 출신으로 아우구스티누스의 동향인이었고 황실의 높은 벼슬을 하고 있었다. 그는 신실한 기독교인이었고, 자주 교회에 나가 오래 기도하는 사람이었다.
222) St. Augustine, 성 어거스틴의 고백록, p.258: St. Antonius(251-356)는 애굽의 수도사였는데, 아타나시우스에 의하여 '금욕주의 창시자'라고 불리고 있으며, 그의 삶은 (같은 사람에 의하여) '수사들의 모범'이라고 불리고 있다(Praef. Vit. St. Ant.). 아타나시우스에 의하여 357년에 그의 생애가 그리스어로 쓰였다. 그 책은 370년에 라틴어로 번역이 되어 서방세계에 알려졌다. cf. William Smith, ed. *Dictionary of the Apostolic Church*, vol.4(New York, AMS Press, 1974).
223) *Conf.*, 8,6,15; *N. & P. -N. F.*, vol.1, pp.122-123: 폰티키아누스(*Ponticianus*)는 자기의 두 친구가 안토니우스의 생애에 관한 책을 읽고 내적인 변화가 일어나서 그들의 마음에 있는 세상의 무거운 짐에서 벗어났고, 그 두 친구는 위대한 봉사와 그에 따른 영광스런 상급을 위해 일하는 데 헌신하기로 하였다는 줄거리의 이야기를 아우구스티누스에게 들려준다. 그 두 친구에게는 약혼녀들이 있었다. 그들이 폰티기아누스의 두 친구의 헌신의 결단에 관한 소식을 듣고, 자신들의 정결을 하나님께 바치는 수도사의 삶으로 나아갔다는 이야기를 듣는다.

그리고 수도원에 관한 이야기도 듣게 된다. 이때 어거스틴은 수도원 생활에 대하여 눈을 뜨게 된다.[224] 안토니우스의 회심에 대한 이야기를 듣고 난 후에 어거스틴은 다음과 같이 절규한다.

오, 나의 도움이 되시고 구원자가 되시는 주님, 나는 당신이 어떻게 하여 나를 굳게 묶어 놓았던 정욕의 쇠사슬과 세상의 일에 대한 염려로부터 구해주셨는지 당신께 아뢰며 당신의 이름을 찬양하고자 합니다."[225]

어거스틴은 이들의 회심에 대한 이야기를 듣고 자신의 비천한 생활에 대한 반성과 고민에 휩싸인다. 그의 내면의 갈등에서 오는 불안은 점점 더 심해져 갔다.[226] 그리고 폰티기아누스가 전해주는 이야기를 듣는 동안 자신의 속이 썩어 들어가는 듯이 괴로웠고, 부끄러움과 두려움에 떨었다는 사실을 기억한다. 지금까지 갈등해왔던 모든 문제들이 한순간 쏟아져 나오기 시작했다. 자신과 자신의 영혼이 함께 뒤엉킨 강렬한 싸움이 시작되었다. 자신의 내면 즉, 자신의 마음의 밀실에서 일어나기 시작했다.[227] 자신이 나가야 할 방향을 잡지 못하여 참을 수 없는 답답함으로 알리피우스를 붙들고 소리를 질렀다.[228] 그리고 어거스틴은 너무 흥분한 나머지 밖으로 뛰쳐나왔

---

224) Ibid., 8,6,15; p.122.

225) Ibid., 8,6,13; pp.121-122.

226) Ibid., 8,6,13; pp.121-122.

227) Ibid., 8,8,19; p.124.

228) Ibid., 8,8,19; p.124: 우리에게 무엇이 잘못되었지? 너도 방금 들은 이 이야기는 무엇을 의미하고 있는 거야? 교육을 받지 못한 사람들이 일

고, 알리피우스는 깜짝 놀라 멍하니 쳐다만 보고 있었다. 어거스틴은 정원으로 내달리면서 내면적인 갈등으로 인하여 고통으로 몸부림치고 있었다.229) 그러나 약함 속에 건강이 깃들어 있었고, 죽음 안에 새 생명이 움트기 시작했다고 역설적인 설명을 덧붙이면서, 자신의 내면에서 자신과 기독교(하나님)의 관계에서 벌어진 투쟁을 고백하고 있다.

> 오, 나의 하나님, 나는 영적으로 심히 번민을 하고 있었습니다. 내 모든 뼈가 나에게 당신의 뜻을 받아들이고 당신과 계약을 맺으라고 하늘 높이 부르짖어도 나는 그것을 받아들이지 않았습니다. 그래서 나에 대한 나의 분노는 걷잡을 수 없이 치밀어 올라왔습니다.230)

어거스틴은 깊은 생각이 자신의 심연을 파헤치고 모든 비참한 갈등을 찾아내어 마음의 눈앞에 쌓아놓았을 때 눈물의 홍수를 동반한 폭풍이 마음에서 일어나 실컷 소리라도 내어 울어보려고 찾은 곳이

어나서 천국을 획득하는데, 소위 모든 학문을 닦았다고 하는 우리들은 지금도 혈육의 진흙탕에서 뒹굴고 있는 것을 보라! 다른 사람들이 우리보다 앞서 갔기에 우리가 그들의 뒤를 따라가기가 부끄러워서 그럴까? 그들의 뒤를 따라가지 못한 것 자체가 부끄럽지 않은가?

229) Ibid., 8,8,19; p.124: 그곳은 내가 나 자신을 상대로 일으킨 열전이 끝날 때까지 나를 방해할 사람이란 하나도 없었습니다. 그러나 그 싸움이 어떻게 끝날지에 대해서는 당신만이 아실뿐 나는 모르고 있었습니다. 내가 현재 얼마나 불행한 처지에 있는지 알고 있었지만 조금 후에 얼마나 좋게 될 것이라는 것을 모르고 있었기 때문에 나는 미치며 죽어가고 있었습니다.

230) Ibid., 8,8,19; p.124.

정원의 무화과 나무 아래였다. 이 무화과나무 밑에서[231] 흘린 갈등
의 눈물은 하나님께 드리는 합당한 제물이었다고 고백한다.

> 오, 주여, 어느 때까지입니까? 오, 주여, 어느 때까지입니까? 당
> 신께서 영원히 노하시려 하십니까? 나의 이전의 죄악을 기억하지
> 마소서. 나는 그 죄악으로 인하여 아직도 꽉 묶여 있는 것같이 느
> 껴졌습니다. 그래서 나는 애처로운 목소리로 당신에게 부르짖기를
> "언제까지입니까? 언제까지입니까? 내일입니까? 내일입니까? 왜
> 지금은 아닙니까? 왜 이 순간에 나의 불결함이 끝나지 않습니까?
> 한 것입니다.[232]

이렇게 심각한 심적 갈등에 사로잡혀 울고 있을 때 어린아이들의
"들고 읽어라"(Tolls, lege)고 하는 노랫소리를 듣고 안토니우스가 언
젠가 교회에 나가서 복음서를 낭독한 말씀을 들은 것이 기억이 났
다. 그 말씀은 "가서 네 소유를 팔아 가난한 자들을 주어라. 그러면
하늘에서 보화가 네게 있으리라. 그리고 와서 나를 좇으라"(마19:21)
는 말씀이었다. 자기가 읽고 있던 책을 펴보니 "방탕과 술 취하지
말며, 음란과 호색하지 말며, 쟁투와 시기하지 말고, 오직 주 예수

---

231) St. Augustine, 성 어거스틴의 고백록, "각주", p.272: 여기에 나온 무화
과나무는 「고백록」2,4,9.에 나온 배나무와 관련시켜 봐야 한다. 배나
무가 아우구스티누스로 하여금 죄를 짓게 하는 선악과나무를 상징한
다면 여기에 나온 무화과나무는 창세기 3:22에 나오는 생명나무, 인류
를 영생에 이르게 하는 십자가 나무를 상징한 것으로 볼 수 있다. 그
러므로 배나무 밑에서 죄를 지은 아우구스티누스는 무화과나무(십자가
나무) 밑에서 회심하고 새사람이 된 것이다.

232) *Conf.*, 8,12,28; *N. & P. −N. F.*, vol.1, p.127.

그리스도로 옷 입고 정욕을 위하여 육신의 일을 도모하지 말라"(롬 13:13-14)는 것이었다.[233] 이 말씀은 어거스틴의 마음속에 새로운 변화를 일으켰다. 지금까지 찾아도 얻지 못하였던 마음의 평화를 얻을 수 있는 있는 동시에 죄악을 이길 수 있는 하나님의 은총을 깨달았다고 한다.[234] 어머니는 그 소식을 듣고 기뻐 춤을 추며 하나님께 감사하였다. 그는 카시키아쿰에 머물면서 세례를 받고 독백(*Soliloquia*)이라는 최초의 논문을 쓴다. 그러면서 자기가 진정으로 하나님과 자기 영혼을 아는 일 외에는 아무것도 욕망하지 않는다고 다짐하였다.[235]

어거스틴의 회심에 대하여 알패릭(*Prospre Alfaric*)은 어거스틴의 회심은 복음에로가 아니요 신플라톤주의에로였다고 한다. 그리고 그가 히포의 사제로 안수받은 391년을 그의 초기 사상의 완전한 전환점으로 보고 이때부터 그의 초기 사상은 종말을 고하고 '하나님의 말씀과 성례의 사역자'가 되었다고 한다.[236] 그러나 버레이(*Burleigh*)가 말한 것처럼 그와 같은 불연속적 재전환(再轉換)을 생각할 필요가 없다. 그는 카시키아쿰에서 철학적 논의와 함께 경건과 성경공부에도 매진하고 있었다고 주장한다.[237] 어거스틴은 다음과 같이 말하고 있다.

---

233) Ibid., 8,12,28; p.127.
234) Williston Walker, pp.161-162.
235) 한철하, 古代基督敎思想(*A Study on Ancient Christianity —From Clement of Rome to Augustine*), (서울: 대한기독교서회, 2002), p.257.
236) Ibid., p.257.
237) Ibid., p.257.

우리는 권위와 이성의 이중의 힘에 의하여 배우게 된다는 것을 의심치 않는다. 차후로 나는 그리스도의 권위에서 결코 떠나지 않으려고 결심하였다. 대개 나는 이보다 더 타당한 것을 발견하지 못하였기 때문이다. 그러나 오묘한 이성으로 추구해야 할 것에 관해서는 믿음으로만 진리를 깨달을 것이 아니라 지성으로도 깨닫기를 갈급한다. 그리하여 나는 플라톤주의자들에 있어서도 우리의 거룩한 것들과 모순되지 않는다는 것을 발견할 것이라고 확신한다.[238]

아우틀러(*Albert C. Outler*)는 어거스틴의 회심을 2단계로 보고 있다. 먼저 부절제와 교만의 노예 상태에서 벗어나 기독교 신앙에로 의지하게 된 사건이요, 하나는 기독교 신앙 자체의 충분한 이해의 진전으로 보고 있다.[239]

1) 세례

세례를 받는다는 사실은 교회의 구성원으로서 높은 도덕적인 의무를 짊어진다는 것을 뜻한다. 그리고 앞으로 어떤 종류의 죄를 범하지 않는다는 서약이었다.[240] 다시 말하면 도덕적인 높은 의무를 짊어질 형편과 확신이 없으면 세례를 받기 어렵다는 것과 또한 미래에 어떤 죄를 지을지도 모른다는 불신을 가지고는 세례를 받지 못하는 것이다. 세례 받은 후에 지은 죄는 더 크고 위험하다는 것이다. 이

---

238) Ibid., p.257; St. Augustine, *Contra Academicos*. 3,19,43.

239) Ibid., pp.257-258.

240) Roy W. Battenhouse, p.20.

러한 연유로 어거스틴의 세례도 늦추어지게 된 것이다.[241]

콘스탄티누스(*Flavius Valerius Constantinus* I, 274?~337) 황제와 암브로시우스(*St. Ambrosius*)의 세례도 이와 같은 이유로 늦추었던 것이다. 콘스탄티누스는 자신의 임종 직전에야 세례를 받았다.[242] 그때까지 그는 교회의 일원이 아니면서 그리고 교회의 일원이라 전혀 말하지 않으면서, 니케아(*Nicea*) 신조를 작성하는 것을 도왔고 설교를 하기까지 했다.[243] 암브로시우스는 자신의 가족적인 배경으로 보면 기독교인이었지만 감독으로 선출된 이후에야 세례를 받았다.

그러나 그 이후의 3세기 동안 관습상 중요한 전이가 나타났다. 교회가 이교 상태로부터 개종자의 무리들을 훈련시키는 문제에 부딪히게 되었다. 이러한 일들로 인하여 세례를 서두르는 경향이 점점 더 나타나게 되었다. 이렇게 세례를 서둘러 받는 것이 신입자들을 즉시 기독교의 법과 훈육 아래 둘 수 있었기 때문이다. 동시에, 세례에 추가하여 개인적이고 규칙적인 고해성사(이는 중요하지 않은 죄들을 위한 것이다) 의식이 대중적인 몇몇 고해성사 안내서(*handbook*)들에 의해 권장되었다. 이 안내서들은 아일랜드(*Ireland*)의 수도원들에서 처음 등장했다. 이런 고해성사 체계가 세례로부터 그것이 갖던 중요성을 제거하자, 세례는 더 명백히 원죄(*original sin*)를 깨끗하게 하는 것으로 돌려질 수 있었다. 이 원죄는 어거스틴 신학이 인간에게 진실로 가장 골치 아픈 것으로 간주한 죄였다.[244] 세례 받은 후에 지은

---

241) *Conf.*, 1,11,17; *N. & P. −N. F.*, vol.1, p.50.

242) Roy W. Battenhouse, p.20: 기독교 황제였던 그는 337년 임종 시에 니코메디아(*Nicomedia*) 감독 유세비우스(*Eusebius*)에 의해 세례를 받았다.

243) Ibid., p.20.

죄에 대한 견해를 달리하는 기류도 있었다. 강경파는 세례 이후의 지은 죄는 용서함을 받을 수 없다고 믿었고, 온건파는 세례를 받은 후에 지은 죄는 두 번까지는 용서해 주어야 한다고 믿기도 했다.[245]

파트리키우스는 이교도였지만 아내의 독실한 기독교에 대한 신앙과 아들 어거스틴에 대한 기독교 신앙 교육을 거의 문제 삼지 않았다. 그는 오로지 어거스틴의 세상적인 명예와 출세에 관심을 가졌다. 그리고 훌륭한 수사학(Rhetoric) 교사가 될 수 있도록 보다 나은 교육여건을 조성해주는 데 최선을 다했다.[246] 그러나 모니카는 아들의 세속적 출세 이전에 영혼 구원을 위해 늘 노심초사하였다. 그녀는 어거스틴이 어린 시절 열병에 걸려 죽음의 문턱에 다다른 위험에 처했을 때 그에게 세례를 주어야 할지, 말아야 할지 깊은 갈등에 빠졌다. 열병에 걸린 어거스틴에게 세례를 주는 것이 너무 이른 것이 아닐지, 그리하여 그가 열병으로 죽지 아니하고 살아남아 세례를 받은 이후에 혹 용서받지 못할 죄들은 어찌해야 할지 심각한 마음의 갈등을 겪었다.[247]

---

244) Ibid., p.20.

245) *N. & P. −N. F.*, vol.1, p.50; St. Augustine, 성 어거스틴의 고백록, p.60.

246) T. Kermit Scott, *"Augustine: His Thought in Context"*(New York: Paulist Press, 1995), p.63: 파트리키우스(*Patricius*)가 이교도(*pagan*)였다는 점은 그가 기독교가 아닌 다른 종교를 섬겼다는 사실보다 아우구스티누스가 17세였던 371년까지 기독교 신앙을 받아들이지 않고 단지 일종의 무속과 같은 북아프리카의 Barbar 토속 종교의 관습을 따랐던 것을 의미한다.

247) *Conf.*, 1,11,17; *N. & P. −N. F.*, vol.1, p.50.

주 예수여, 그리하여 내가 당신께 참회함으로 죄 사함을 받아 구원의 성례로 깨끗이 씻기고, 구원받을 자들의 무리에 들도록 어머니는 열심히 준비하셨습니다. 그러나 내 병은 즉시 나았습니다. 이리하여 나의 죄 씻음은 늦어졌으니 그 이유는 내가 만일 더 오래 살면 더 더럽혀질 것이 불가피한 것이었고 또한 세례를 받은 후에 지은 죄는 더 크고 위험하기 때문이었습니다.[248]

이런 연유로 자신의 세례가 늦추어진 데 대하여 어거스틴은 갈등하면서 이렇게 표현하고 있다. 그때 세례가 무슨 목적으로 연기되었는지 그것이 하나님의 뜻이라면 그 이유를 알기를 원했다. 세례가 연기됨으로 더 많은 죄를 짓게 된 것이 결과적으로 나쁘게 되지 않았는가? 세례를 받았다면 그러한 일(죄를 더 짓는)이 더 이상 일어나지 않았을 것이며 진실로 자신에게 더 좋지 않았느냐? 하나님의 보호 아래서 그렇게 되었더라면 자신에게 훨씬 더 좋을 뻔하였다고 하면서 항변한다.[249]

---

248) Conf., 1,11,17: "*te, Domine Jesu, confitens in remissionem peccatorum, nisi statim recreatus essem. Dilata est itaque mundatio mea, quasi necesse esset ut adhuc sordidarer, si viverem; quia videlicet post lavacrum illud major et periculosior in sordibus delictorum reatus foret.*"

249) Ibid., 1,11,18: "*Rogo te, Deus meus, vellem scire, si tu etiam velles, quo consilio dilatus sum ne tunc baptizarer: utrum bono meo mihi quasi laxata sunt lora peccandi, an non laxata sunt? Unde ergo etiam nunc de aliis atque aliis sonat undique in auribus nostris, Sine illum, faciat quod vult; nondum enim baptizatus est: et tamen in salute corporis non dicimus, Sine, vulneretur amplius; nondum enim sanatus est? Quanto ergo melius et cito sanarer, et id ageretur mecum meorum meaque diligentia, ut recepta salus animae meae tuta esset tutela tua, qui dedisses*

그러나 자신의 세례를 늦추게 한 어머니의 뜻을 이해하고 있다.
아들의 세례 문제에 대하여 모니카는 갈등하였다.

　오, 주님, 내가 어렸을 때에 갑자기 배가 몹시 아파서 죽게 되었
던 일을 당신은 알고 계십니다. 그때도 당신은 나를 지키시는 자
였으니 내 어머니와 우리 모두의 어머니 되신 당신 교회의 경건에
감화되어 내가 얼마나 열렬한 믿음으로 내 주 하나님이신 당신의
(아들인) 그리스도의 세례를 받으려고 열망했는지 당신은 알고 계
십니다. 내 육신의 어머니는 대단히 당황하며 당신을 믿는 경건의
마음으로 나의 영생을 낳아 주기 위해 또 산고를 치르는 것이었습
니다.250)

　그녀는 그리스도의 형상으로 이루어져야 할 무형의 진흙덩이와 같
은 아들을 자연스러운 성장과 성숙에 맡기는 것이 더 낫다고 결단하
게 된다.251) 이렇게 세례가 늦추어졌어도 어거스틴은 자신의 구원에

---

　　eam? Melius vero."

250) Ibid., 1,11,17: "*Vidisti, Domine, cum adhuc puer essim, et quodam die
　　pressu stomachi repente aestuarem pene moriturus; vidisti, Deus meus,
　　quoniam custos meus jam eras, quo motu animi et qua fide baptismum
　　Christi tui Dei et Domini mei flagitavi a pietate matris meae, et matris
　　omnium nostrum Ecclesiae tuae. Et conturbata mater carnis meae,
　　quoniam et sempiternam salutem meam charius parturiebat corde casto
　　in fide tua, jam curaret festinabunda ut Sacramentis salutaribus init-
　　iarer et abluerer.*"

251) Ibid., 1,11,18: "*Sed quot et quanti fluctus impendere tentationum post
　　pueritiam videbantur, noverat eos jam illa mater; et terram per eos
　　unde postea formarer, quam ipsam jam effigiem committere volebat.*"

대한 확신을 가지고 있었다.

내가 아직 소년이었을 때 영생에 대한 가르침을 들었습니다. 그 영생이란 교만한 우리들에게 친히 내려오신 우리 주 하나님의 겸손을 통해서 약속된 것이었습니다. 나는 그때 당신을 굳게 믿고 있었던 어머니의 모태로부터 태어난 후 바로 십자가의 표시로 인침을 받았고 당신의 소금²⁵²⁾으로 간이 배어 있었습니다.²⁵³⁾

모니카는 아들이 충실한 세례 지원자(catechumen)가 되게 하는 데 만족했다.²⁵⁴⁾ 어거스틴이 죽을 큰 병에 걸렸을 때 세례를 받게 하려고 했는데, 그 병에서 금방 나아버렸기에 세례를 받지 못하게 되었다. 어거스틴은 세례를 받지 못한 이후부터 인간적인 갈등에 휩쓸린다. 그리고 사상적인 깊은 갈등으로 번민하다가 하나님을 인식하게 되고, 하나님의 도성의 평화를 위하여 평생을 헌신하기로 작정하게 된다. 마침내 어거스틴은 자신의 친구 알리피우스와 사랑하는 그의 아들 아데오다투스(Adeodatus)와 함께 기독교인이 되기 위하여 세례

---

252) St. Augustine, 성 어거스틴의 고백론, "각주", p.59: 고대 교회에서는 초심자로 등록된 자들에게는 십자가의 표시로 인을 쳐 주었고 입을 열어 혀 위에 소금을 놓음으로써 마귀를 내쫓는 의식을 행했었다.

253) *Conf.*, 1,11,17: "*Audieram enim ego adhuc puer de vita aeterna nobis promissa per humilitatem Domini Dei nostri descendentis ad superbiam nostram; et signabar jam signo crucis ejus, et condiebar ejus sale, jam inde ab utero matris meae, quae multum speravit in te.*"

254) Roy W. Battenhouse, p.20: 터툴리안(*Tertullian*)은 3세기에 널리 행해지고 있는 관습으로서, 결혼이나 독신 상태에 안정되어 있지 않은 성인들은 세례 받지 말아야 한다는 원칙을 전해준다.

를 받았다고 다음과 같이 기록하고 있다.

세례를 받기 위해 내 이름을 써서 넣어야 할 때가 오자 우리는
시골(별장)을 떠나 밀라노에 돌아갔습니다.[255]. 알리피우스도 당신
안에서 나와 함께 거듭나기를 원했습니다. 그는 이미 당신의 성례
에 알맞은 겸손의 옷을 입은 자였고 비상한 인내로 얼어붙은 이탈
리아 땅을 맨발로 걸어 다닐 정도로 자신의 육체를 과감하게 제어
했던 자였습니다. 우리는 또한 아데오다투스(Adeodatus)라는 소년
을 데리고 갔는데 그는 내 죄 가운데서 태어난 내 육신의 아들이
었습니다. 그러나 당신은 그를 좋은 소년으로 만들어 주셨습니다.
그의 나이는 열다섯쯤 되었는데 재능으로는 많은 위대한 학자들을
능가할 정도였습니다.[256]

어거스틴이 받은 세례에 관하여 버튼(P. Burton)은 평하기를, 어거
스틴 시대의 교회에서는 세례 신청자들이 사순절의 수 주일 동안 주
교의 감독 아래 기도와 금식 그리고 성서 학습을 받는 것이 관례였
다고 한다. 그리고 세례 신청자들은 교회의 예배에 정규적으로 참석
할 뿐만 아니라 초신자들에게는 주어지지 않는 사도신경과 7성사[257]

---

255) *Conf.*, 9,6,14; *N. & P. −N. F.*, vol.1, p.133: 아우구스티누스의 일행은
    386년 3월 10일 사순절 첫날에 밀라노에 돌아왔다. 그것은 세례를 받
    기 위한 마음의 준비와 그것에 합당한 교육을 받기 위함이었다.

256) Ibid., 9,6,14; pp.133−134.

257) C. M. Horne, *Sacraments*, The Christian Encyclopedia, vol.8(Christian
    Literature Press, 1984), p.1333: 로마 가톨릭에서는 성례(성사)의 수효
    를 다음과 같이 7개로 정해 놓았다. 세례(성세성사), 견신례(견진성사),
    성만찬(성체성사), 고백성사, 종부성사, 성직수임, 결혼예식 등이다.

에 관한 것들에 대한 교육을 받았다고 지적한다.[258] 이러한 과정을 거친 후, 어거스틴과 함께한 세례 신청자들은 엄격한 사전 준비 후, 387년 4월 24일 암브로시우스(*Ambrosius*) 감독[259]에게 세례를 받았다.[260] 어거스틴의 어머니 모니카는 아들의 회심을 위하여 눈물과 기도로 희구하여 오던 차에 어거스틴이 세례를 받음으로써 마음의 평화를 얻는다.[261] 부어크(*Vernon J. Bourke*)에 의하면 세례 문답에서 어거스틴은 떨리는 목소리로 문답에 응했을 것이라고 하면서, 당시 교회의 세례 문답을 다음과 같이 재구성하였다.

St. Ambrose: 그대는 전능하신 하나님 아버지를 믿는가?
Augustine: 예, 믿습니다.
St. Ambrose: 그대는 예수 그리스도를 하나님의 아들이라고 믿는가?
Augustine: 예, 믿습니다.
St. Ambrose: 그대는 성령을 믿는가?
Augustine: 예, 믿습니다.[262]

---

258) P. Burton, *The Life of St. Augustine*(Dublin: Gill and Son, 1897), p.77-80.

259) St. Augustine, 어거스틴의 고백록, "각주", p.170: 암브로시우스(*Ambrosius*; 340-397)는 370년에 북이탈리아를 통치하도록 임명을 받은 총독이었다. 그러나 373년 밀라노의 감독을 선출할 때 민란이 일어나지 않도록 감독 선거를 관할하기 위해 교회에 들어갔다가 의외로 감독으로 선출되었다. 기독교의 가정에 태어나 신앙생활은 했으나 세례는 아직 받지 않았었다. 그래서 며칠 사이에 세례를 받고, 사제 안수를 받고, 감독으로 성별되었다. 암브로시우스는 교회사에서 보기 드문 인스턴트 감독이 된 것이다. 그러나 서방교회에서 유명한 교부 중의 한 사람이요, 아우구스티누스를 회심시켰다.

260) Vernon J. Bourke, *Augustine's Love of Wisdom*, p.5.

261) *Conf.*, 9,6,14; *N. & P. -N. F.*, vol.1, p.134.

어거스틴은 이와 같은 세례 문답 후에 세례를 받았고, 이내 성만찬에 참여했다.263) 이 환희의 순간, 어거스틴은 암브로시우스가 몇해 전 서방교회에 소개했던 장엄한 성가의 소리를 들었다고 기록하면서, 참회와 감사의 마음으로 인해 흐르는 눈물을 억제할 수 없었다. 그 감격의 눈물은 슬픔과 아픔의 눈물이 아니라 참된 평화를 찾은 영혼만이 흘릴 수 있는 눈물이었다고 다음과 같이 고백한다.

　그 당시에는 인류 구원을 위한 당신의 깊으신 계획을 명상하는 데서 그 오묘한 맛을 충분히 맛보지는 못했습니다. 그러나 나는 당신을 찬양하는 찬송과 노래를 듣고 얼마나 많이 울었는지 모릅니다. 그리고 당신 교회의 아름다운 음악 소리에 얼마나 깊은 감명을 받았는지 모릅니다. 그 노랫소리는 내 귀에 흘러 들어갔고 그 진리는 내 마음속으로 스며들어 안으로는 내 경건의 감정이 차고 넘쳤고 밖으로는 눈물이 넘쳐 흘러나왔습니다. 그러나 그것은 행복의 눈물이었습니다.264)

세례는 어거스틴에게 있어서 새로운 탄생을 의미하였다.265) 참된 평화의 사람으로 새 출발을 상징하는 것이었다. 어거스틴은 세례를 받음으로 모든 갈등이 사라졌고 영적인 평안을 누리게 되었다. "세

---

262) Vernon J. Bourke, *Augustine's Quest of Wisdom*, p.82.
263) St. Augustine, 성 어거스틴의 고백록, "각주", p.289: 암브로시우스 감독에 의해 세례를 받았다. 세례를 준 자와 받은 자들의 이름들이 모두 'A'로 시작하고 있다(*Ambrosius, Augustinus, Alypius, Adeodatus*).
264) *Conf.*, 9,6,14; *N. & P. -N. F.*, vol.1, p.134.
265) 이규철, 어둠에서 빛으로(쿰란출판사, 2001), p.115.

례를 받고 나니 과거의 그릇된 생활에 대한 우리의 불안이 전부 사라졌습니다."266) 모든 갈등은 해소되었고 참으로 행복한 평화의 사람이 된 것이다. 그는 세례와 성만찬을 이렇게 증거하고 있다.

그 효력과 의미를 알고 하나님께서 만드신 상징을 사용하고 이를 제대로 경외하는 자는, 이러한 일시적인 상징을 예배하는 것이 아니다. 그는 바로 그러한 실재를 예배하는 것이다. 이들의 예는 세례와 성만찬이라 할 수 있다. 누구든지 이에 관하여 올바른 가르침을 받고 이를 시행하는 자들은, 이들 상징들이 대변하는 실질적 의미를 깨닫고 있으며, 이를 노예적으로 육적으로 숭배하는 것이 아니라 영적인 자유 속에서 지키는 것이다.267)

어거스틴에게 있어서 세례를 받은 것은 모든 갈등에 대한 해답을 찾았다는 증표와 같다. 세상에서 이루어보고자 한 자신의 모든 욕망들에 대한 갈등에 대해서 다음과 같이 고백하고 있다.

행복을 기억하는 것은 내가 보았던 카르타고를 기억하는 것과 같다고 할 수 있습니까? 그렇지 않습니다. 왜냐하면 행복이란 물질적인 대상과 같이 눈으로 볼 수 있는 것이 아니기 때문입니다.268)

어거스틴은 세례를 받음으로써 '인간적 갈등'들을 해소하였고, 이러한 갈등에서 벗어나 마침내 마음의 평화를 찾게 되었다.

---

266) *Conf.*, 9,6,14; *N. & P. −N. F.*, vol.1, p.134.
267) St. Augustine. *De Doctrina Christiana.* 2,3,4; *N. & P. −N. F.*, vol.2, p.536.
268) *Conf.*, 10,21,30; *N. & P. −N. F.*, vol.1, p.150.

2) 수도원 설립

어거스틴은 폰티키아누스(*Ponticianus*)를 통해서 수도원에 대한 이 야기를 들은 적이 있었다. 그는 세례를 받음으로써 개인적 구원을 이루었지만, 수도원에 대한 이야기는 하나님의 나라(*Civ. D.*)의 평화를 추구할 수 있는 가장 아름다운 모델이 될 수 있다는 생각을 가지게 되었다.[269]

어거스틴에게 깊은 인상을 심어준 종교적 요소는 수도사들과 성자들이 실행에 옮기고 있던 기독교적 금욕주의였다. 왜냐하면 젊어서부터 신비적 이상과 감각적 욕망의 갈등 속에서 괴로워하던 어거스틴에게 그것은 새로운 탈출구였다. 그는 기독교의 금욕주의 속에서 성적(性的) 자연주의를 내어버릴 수 있는 하나의 성화(*sanctification*)의 원리를 발견하였다. 성적인 생명의 창조를 부정하는 신플라톤주의자들과는 달리 그는 기독교적 진리와 교훈을 따라 창조를 인정하고 받아들인다. 그는 그리스도 안에 나타난 신적인 것의 역사적 현현을 통해 삶(실재)을 성화시킬 수 있다는 것을 주장하였다. 따라서 그는 자연주의적 성적 문란은 기독교인의 가정적인 성생활을 통해 성화될 수 있다고 생각하였다. 신플라톤주의적으로 볼 때 성은 부정이요, 금욕이 최선이지만 기독교적으로 볼 때에는 성은 긍정이요, 성화이다. 그렇기 때문에 그는 여기서 이러한 과정을 거쳐 지상의 도성(*Civitas terrena*)과 하나님의 도성(*Civ. D.*) 사이에 가로놓인 긴장

---

269) *Conf.*, 8,6,15; *N. & P. −N. F.*, vol.1, p.122: 폰티키아누스에게서 수도 원에서 사는 많은 무리들과 하나님께 드리는 향내와 같은 그들의 생 활, 그리고 광야에서의 풍성한 고독의 생활에 대한 이야기를 들었다.

을 극복하는 가능성까지도 예측하였던 것이다.[270]

　이러한 마음으로 어거스틴은 수도원을 설립하여 세상의 혼란한 생활에서 떠나 고요한 신앙적 생활을 통하여 모든 갈등이 해소된 하나님의 도성(Civ. D.)의 평화를 추구하기로 결정했다.

　　그때 함께 친하게 지내고 있었던 친구들은 괴롭고 소란하나 인
　　간 생활이 몹시 싫어서 속세를 떠나 한적한 공동생활[271]을 해보자
　　고 의논을 하여 거의 결정까지 했습니다.[272]

　어거스틴은 이제 수도원을 창설하여 직접 생활함으로써 '사상적 갈등'들을 해소하고 하나님의 도성(Civ. D.)의 평화를 이루고 싶은 열망에 사로잡힌 것이다.[273]

　　그 한적한 생활을 이루기 위해서는 우리가 각자의 소유를 다 모
　　아 공동재산을 만들어 하나의 가족이 되는 것이었습니다. 그러면

---

270) P. Tillich, p.154.
271) St. Augutine, 성 어거스틴의 고백록, "각주", p.202: 아우구스티누스는 신피타고라스 학파의 공동체, 혹은 플로티누스가 한때 구상했던 플라톤공동체(Platonopolis)를 본떠서 뜻을 같이한 사람들끼리 학문을 탐구하고 사색을 하는 한적한 공동생활을 계획한 것 같다. 이러한 계획이 그때 이루어지지 못했어도 후에(회심) 카시키아쿰에서 지낸 약 6개월 간의 공동생활(Conf., 9,4,7 - 9,5,13)과 북아프리카로 귀환하여 고향에 세운 수도원 생활, 히포의 감독으로 있으면서 그곳에서 운영한 수도원 생활에서 그의 뜻이 이루어졌다.
272) Conf., 6,14,24; N. & P. -N. F., vol.1, p.99.
273) cf. E. Portalie, p.46; 강근환, "어거스틴의 역사신학에 대한 연구(Ⅰ)", 교수논총. 4(서울신학대학교, 1992), p.106.

우리의 신실한 우정을 통해서 모든 재산은 네 것, 내 것 없이 하나의 재산이 됨으로 모든 재산은 각자의 것인 동시에 모든 사람에게 속하게 되는 것이었습니다.[274]

이 공동체[275]의 범위는 열 명 정도로 계획을 했다. 그중에서 특히 로마니아누스(Romanianus)라는 동향의 한 친한 사람을 소개하고 있다.

우리 생각에는 이 공동체에서 같이 살 사람들은 열 명 정도 될 것 같았습니다. 그중에서 아주 잘사는 사람도 몇 있었는데 특히 로마니아누스(Romanianus)는[276] 내 고향 사람으로 어릴 때부터 나

---

274) *Conf.*, 6,14,24; *N. & P. −N. F.*, vol.1, p.99.

275) 방성규, 초기 수도원 영성에 있어서의 덕목의 삶, 신학사상. 111(한국신학연구소, 2000 겨울), pp.182−183: 공동체란 함께 생활하며, 재산을 공유하고, 공동의 이익과 목적을 갖는 사회 집단(Robert), 또는 구성원들이 강력한 참여 의식으로 연결되어 있는 단체(Hillery)이다. 따라서 기독교 공동체란 그리스도의 이상을 그 목적으로 하는 기독교 단체[1]이다. 초대 수도원 영성은 크게 말해 두 가지 특징이 있다. 첫 번째는 수덕주의(asceticism)[1]이고 두 번째는 신비주의이다. 기독교의 영성을 말하면 당연히 그 원천으로 되돌아가는 것을 의미한다. 폭스(Matthew Fox)는 기독교 영성을 "세계 내에서의 존재의 뿌리 됨"[1]을 정의하면서 뿌리로 되돌아갈 것을 권하고 있다. 수덕주의가 초대 교회 영성의 전체를 대변할 수는 없지만 그 시대의 어느 형태의 교회 삶이나 신학에서 배우게 되는 영성보다 훨씬 크다고 할 수 있다.

276) St. Augustine, 성 어거스틴의 고백록, p.203: 로마니아누스는 아우구스티누스의 동향인으로 돈이 많은 독지가였다. 아우구스티누스가 카르타고에 유학을 하게 된 것도 그의 경제적인 도움으로 이루어진 것이다. 그는 끝까지 아우구스티누스의 후견인으로 남아 그에게 도움의 손길을 아끼지 않았다. 아우구스티누스는 "회의론 반박"(*Contra Academicos*)과 "참된 종교"(*De vera Religione*)라는 책을 써서 로마니아누스에게 헌납했다.

와 친한 사이였습니다. 그는 특별히 이러한 우리의 계획에 관심을 가지고 있었고 또한 그는 다른 사람들보다 경제적으로 훨씬 윤택했기 때문에 그의 의견은 우리들을 설득하는 데 큰 영향력을 가지고 있었습니다.[277]

그리고 매년 두 사람씩을 관리인으로 뽑아 이들을 통해서 나머지 사람들의 생활에 필요를 모든 부분들을 공급하도록 했다.[278] 그러나 이들은 곧바로 실천에 옮기지 못했다. 일원 중에서 결혼한 사람이 있고, 결혼할 계획을 가지고 있는 사람도 있어서 이 가족들에 대하여 의논을 하다가 결론을 내리지 못하고 지금까지의 모든 계획이 수포로 돌아가고 말았다.[279] 이것은 곧 수도원적 영성을 통해서 어거스틴이 사상적 갈등들을 해소하고, 하나님의 나라를 실행하고자 하는 데 문제가 생겼음을 의미한다.

수도원적 영성이란 완전을 추구하는 삶에 그 의의를 두고 있었다. 그리고 모든 수도사들은 어떻게 하면 구원을 얻을 수 있느냐는 질문을 두고[280] 이 질문에 대한 답으로 완전한 삶을 살고자 하였던 것이다.[281] 수도사들이 추구하던 구원은 초보적인 단계인 중생으로서의

---

277) *Conf.*, 6,14,24; *N. & P. —N. F.*, vol.1, pp.99 − 100.

278) Ibid., 6,14,24; p.100.

279) Ibid., 6,14,24; p.100.

280) 방성규, *"Rediscovery of the Fear of God: A Study of The Sayings of the Desert Fathers"* Ph. D. diss., Emory University, 1999, p.185.

281) Ibid., p.39: 사막교부들의 금언의 책이 대략 세 가지 형태로 내려오고 있다. 어떤 구분 없이 이야기나 명언들을 수록한 무명의 모음집, 교부들의 이름을 알파벳 순서로 한 알파벳 모음집, 그리고 주제별 모음집이 있다.

구원을 말하는 것이 아니라, 오늘날의 언어로 성화(*sanctification*)[282]
에 해당된다.

어거스틴과 함께한 이들이 다시금 옛 생활로 되돌아갈 수밖에 없
게 된 사실로 인하여 그의 마음은 갈등하였다.[283] 어거스틴은 극장
의 죄(*sin of the theater*)에서 가면적인 삶으로 갈등하였고,[284] 키케
로의 「호르텐시우스」와 마니교적 주장과 회의론를 통해서 심각한 갈
등을 일으켰지만, 이들의 주장과 교리들을 통해서 하나님을 새롭게
인식하고 찾아갈 수 있는 가능성을 수도원 생활을 통해서 얻고자 하
였던 것이다. 그리고 하나님의 도성을 실현함으로써, 지상의 도성에
서 하나님의 도성(*Civ. D.*)의 평화를 희구하고자 하였다. 그런데 그
소망이 무너져 버린 것이다.[285]

그 계획이 무산됐지만, 어거스틴은 하나님의 그러한 계획(수도원)
하심은 변함없음을 고백하고 있다.[286] 그리하여 어거스틴은 수사학
교수직을 그만두고, 일생을 독신으로 살면서 수도생활을 하려고 결
심하였다.[287] 그는 밀라노 동북쪽 30km 떨어진 카씨키아쿰(*Cassici-*

---

282) Gregory of Nyssa, *The Life of Moses.* trans, Abraham J. Maltherbe ad
Evert Ferguson. *The Classics of Westem Spirituality*(New York: Paulist,
1978), pp.29−32: 닛사의 그레고리(*Gregory of Nyssa*)의 언어로는 epektasis
(해소되지 않는 신적 본성을 향한 인간의 끝없는 추구)이다.

283) *N. & P. −N. F.*, vol.1, p.100.

284) Roy W. Battenhouse, p.23.

285) St. Augustine, 성 어거스틴의 고백록, p.124: 참다운 우정이란 우리에게
주신 성령으로 말미암아 우리 마음속에 부어주신 그 사랑 안에서 당신
이 우리를 서로 매어 주시지 않으시면 불가능하기 때문입니다(롬5:5).

286) *Conf.*, 6,14,24; *N. & P. −N. F.*, vol.1, p.100.

287) Ibid., 9,5,13; p.133.

130_ 평화의 신학자 성 어거스틴

acum) 별장에서 참된 친구들과 함께 수도원을 세웠다. 이것이 어거스틴의 1차 수도원 설립이다. 여기에 은둔하여 명상과 사색의 수도원 생활에 전념하였다. 약 6개월간의 공동생활[288]을 시작하는 감격을 다음과 같이 고백하고 있다.

드디어 내가 수사학 교수직에서 해방되는 날이 왔습니다. 물론 나의 마음은 벌써 거기에서 해방되어 있었습니다. …… 나는 기쁨으로 당신께 감사하면서 나와 함께 있었던 자들을 다 데리고 별장으로 갔습니다."[289]

이때 함께한 사람들은 어거스틴과 그의 어머니 모니카, 아데오다투스(어거스틴의 아들), 네비기우스(어거스틴의 형), 루스티쿠스, 파스티디아누스, 알리피우스, 트리케티우스, 리켄티우스였다.[290] 여기에 머무는 동안에 어거스틴은 카씨키아쿰(*Cassiciacum*) 대화록이라 불리는 책들을 저술하였다.[291] 이 책들은 「회의론 반박」(Contra Academicos), 「행복한 삶」(*De beata vita*), 「질서론」(*De ordine*), 「독백론」(*Soliloquia*) 등이다.

---

288) Ibid., 9,4,7 − 9,5,13; pp.131 − 133.

289) Ibid., 9,4,7; p.131:

290) St. Augustine, 성 어거스틴의 고백록, 283; cf. *N. & P. −N. F.*, vol.1, p.131.

291) St. Augustine, 성 어거스틴의 고백록, p.32: 카씨키아쿰(*Cassiciacum*) 별장에 4 − 5개월 머물면서 아우구스티누스가 쓴 책들은 「회의론 반박」 (Contra Academicos), 「행복한 삶」(*De beata vita*), 「질서론」(*De ordine*), 「독백론」(*Soliloquia*) 등이다. 이것을 아우구스티누스의 초기작품, 즉 카씨키아쿰 대화록이라고 부른다.

카씨키아쿰의 수도원 생활에서 하나님의 평화를 누리는 행복을 이같이 고백한다. "그때 당신이 우리에게 베푸신 큰 축복을 언제 시간을 내어 다 말할 수 있겠습니까? 특히 이 시간 더 중요한 당신의 자비를 말하려 하니 시간이 더욱 부족한 것 같습니다."292)

1년 후 그는 일행과 함께 카르타고를 거쳐 고향 타가스테로 돌아갔다.293) 그는 부모의 가산을 정리하여 자기 집을 수도원으로 만들었고, 남자들끼리 자활하면서 명상하고 공부하는 수도생활을 시작했다. 이것은 어거스틴이 세운 두 번째의 수도원 설립이다. 이곳에서 보낸 3년간의 수도 생활은 어거스틴에게 보람있는 것이었다. 자기의 사상도 성숙해졌고 많은 저서도 내놓았다. 그러나 두 사람의 죽음이 어거스틴의 마음을 공허하게 만들었다. 그것은 자기 아들 아데오다투스의 죽음이요, 그리고 자기의 절친한 친구이자 제자인 네브리디우스의 죽음(390년)이었다.294)

---

292) *Conf.*, 9,4,7; *N. & P. −N. F.*, vol.1, p.131.

293) Ibid., 9,10,23−25; p.137−138: 아우구스티누스는 티베리나(*Tiberina*) 강 하구의 오스티아(로마 서쪽에 있는 항구도시)에 와서 아프리카 배를 기다리던 중(387년), 모니카는 열병으로 세상을 떠났다. 그때 어머니는 56세였고 자신은 33세였다. 어머니가 세상을 떠나기 전에 아우구스티누스와 그의 어머니는 그들이 머물고 있었던 집 창가에서 '미래에 있을 성자들의 영생'에 대하여 서로 이야기를 하던 중 신비체험을 함께 했다. 이것이 저 유명한 '오스티아의 신비체험'이다. 밀라노에서의 신비체험(*Conf.*, 7,17,23)과 오스티아의 신비체험(*Conf.*, 9,10,23−25) 사이에는 근본적인 차이가 있다. 전자는 지적인 신비체험, 개인적인 체험이요, 후자는 심정의 신비체험, 어머니와 함께한 체험(공동체적, 기독교적인 체험)인 것이다.

294) St. Augustine, 성 어거스틴의 고백록, p.33.

다음 해인 391년 봄에 어거스틴은 타가스테에 있는 수도원을 히포의 교회 정원으로 옮기도록 허락을 받았다. 여기서 어거스틴은 세번째로 수도원을 설립한다. 어거스틴은 감독을 도와 사제 일을 보면서 이 수도원에서 명상과 성경 연구와 저술활동을 계속하였다. 그리고 어거스틴이 히포의 감독이 된 후에 이 수도원에서 그의 뜻을 이룬다.[295] 바로 이 수도원에서 많은 사람들을 교육하고 훈련시켰으며, 그 결과로 후에 북아프리카 교회를 이끌어갈 지도급 감독들을 많이 배출하게 되었다.[296]

인간의 성화[297]의 관점에서 볼 때 수도원의 이상이야말로 세상에 주어진 종말론적 증거이며 동시에 시간 속에 있는 영원의 작은 집단이며, 이 세상을 불러들이는 소명에 관한 예언이다. 어거스틴은 이 수도원적 삶을 통하여 자신이 겪었던 모든 갈등을 해소하고 하나님의 나라(Civ. D.)의 평화를 실현하는 데 최선을 다하였다. 이러한 어거스틴의 수도원적 삶에는 모든 독자들에게와 후대에게 던져주는 평

---

295) Henry Chadwick, pp.100‐102: 수도원기독교 사제서품을 받은 후, 그는 히포에 두 번째 수도원을 설립하였고 396년 주교가 될 때까지 거기에서 살았다. 대성당 수도원이라 칭할 수 있는 기구, 혹은 그 자신이 명명한 대로 미타스떼리움 셀레리꼬룸(Minasterium clericorum)을 설립하였다. 아우구스티누스의 작품 「수도원 규칙서」(Regula pro Monachis)는 기도생활과 금욕주의 관행들을 지키고 어떤 자선행위들을 행하면서 청빈과 순결의 생활을 살아가고 있던 남녀 혼성의 신앙단체들에 보낸 그의 편지에서 뽑아낸 것이다.

296) St. Augustine, 성 어거스틴의 고백록, p.33.

297) 박건택, "기독교 공동체의 교회사적 고찰", 「신학지남」(신학지남사, 1992 여름), p.100: 터툴리안은 "하나님은 인간이 신이 되도록 하기 위해 인간을 만드셨다"라고 했다.

화에 대한 메시지가 담겨 있다. 그 메시지는 하나님의 본질과 인간의 본질, 하나님과 인간 사이의 관계, 나아가 세상을 향한 소명에 대한 것이다. 이 메시지는 인간학적이요, 신학적인 동시에, 예언적이었다.[298]

3) 히포의 감독

어거스틴은 고향에서 수도원을 세울 것을 계획하고 히포(*Hippo*)로 갔는데(391년) 거기서 그는 거의 강제로 열화 같은 교인들의 환호로 인하여 당시 나이가 많은 히포의 감독 발레리우스(*Valerius*)에 의해 사제 안수를 받게 되었다. 이때가 그의 나이 37세였다. 주교는 하나님을 대리하고 하나님의 백성을 대표하는 중간자의 위치에 있게 된다. 주교는 하나님으로부터 파송된 자라는 사도적 역할을 손색없이 감당하여야 하고, 하나님의 백성들을 위하여 중보하는 자로서 책임을 다해야 한다. 그러나 그는 사제나 주교와 같은 공인의 길을 가려는 생각을 전혀 하지 않았다.[299]

이제 나이가 많은 히포의 감독 발레리우스(*Valerius*)는 유명해진 어거스틴을 다른 지역의 감독으로 빼앗길까 봐 395년에 자기와 동역감독으로 성별받게 했다. 그가 동역감독으로 성별된 지 얼마 안 되어 발레리우스 감독은 세상을 떠났다. 어거스틴은 발레리우스 감독이 죽자 그의 뒤를 계승하였다.[300]

---

298) Ibid., p.100.
299) 김수학, p.9.

이제 어거스틴은 사제와 주교로서 기독교회의 많은 회의에 참석하였고 당시의 기독교회의 전통적인 신앙의 입장을 잘 변증하는 저술들을 내놓았다. 특히 플라톤주의로부터 받았던 갈등도 해소하였다. 그는 고백하기를 "나는 그때 플라톤주의자들이 책을 읽고 비물질적인(영적) 진리를 추구해야 한다는 것을 배웠습니다. 또한 나는 보이지 않는 당신의 진리를 창조된 것들을 통하여 알게 됨을 깨달았습니다."301) 그는 하나님에 대한 올바른 시각을 회복하였다.302) 그리고 어거스틴은 자신이 그 내막을 잘 알고 있는 마니교의 위선과 허구성을 널리 알려서 사람들로 하여금 저들의 미혹에 빠지지 않게 하였으며, 교회의 거룩성과 세례의 문제로 야기된 도나투스주의자들의 배타적 분리주의를 배척하는 일(*Donatist Controversy*)을 하고자 하였다. 그리고 교리사적으로 중요한 의미를 갖는 자유의지와 은총의 문제로 야기된 펠라기우스파와의 논쟁(*Pelagian Controversy*)을 시작하는데,303) 이것은 후대에 교회론과 은총론 및 예정론을 정착시키는

---

300) Ibid., p.9.

301) *Conf.*, 7,20,26; *N. & P. -N. F.*, vol.1, p.114: 플라톤의 티메우스(*Timaeus*, 29d-30c; 48e-50c)에 의하면 데미오고스라는 창조의 신이 이미 선재해 있던 질료에다가 어떤 형상을 부가하여 이 세상을 만들었다고 한다. 이러한 이원론의 사상은 고대에 있었던 일반적인 사상이었다. 그러나 아우구스티누스는 이러한 이원론을 배격하고 질료까지라도 하나님이 무에서 창조하셨다고 주장한다.

302) *Conf.*, 7,20,26; *N. & P. -N. F.*, vol.1, p.114; St. Augustine, 성 어거스틴의 고백록, 238: 플라톤주의와 기독교 신앙과의 근본적인 차이점을 말한다.

303) von Campenhausen, 라틴교부연구, 김관식 역(대한기독교출판부, 1979); E. S. Moyer, 인물중심의 교회사, p.126: St. Augustine의 신학저서들을

데 큰 공헌을 하였다.[304]

그는 첫째, 마니교에 대하여 강력하게 공격한다.[305] 그는 이미 392년에 "믿음의 유익에 대하여"(*On her Profit of Believing*)라는 편지를 친구 호노라투스(*Honoratus*)에게 보냈다. 이 편지는 간접적으로 포르투나투스(*Fortunatus*)라는 히포의 마니교 사제의 탁월한 가르침을 중화시키는 데 도움이 되었다. 그리고 논쟁을 통하여 포르투나투스(*Fortunatus*)를 히포에서 영원히 떠나게 하였다.[306] 그리고 어거스틴은 A.D. 400년경에 "마니교도 파우스투스에 대한 응답"(*Reply to Faustus the Manichean*)을 32권이나 다룰 정도로 많은 글을 썼다. 중요한 주제 중 하나는 성경의 성실성이었다.[307]

둘째, 도나투스주의자들에 대한 논쟁이다. 도나투스주의[308]의 논증

다섯 가지로 분류한다. 첫째, 성경의 주석에 관한 서적들, 둘째, 변증론적 저술들, 그중에서도 가장 중요한 것은 「하나님의 도성」(The city of God)이다. 셋째, 마니교, 도나티스파, 펠라기우스파의 교리를 반박한 변증적이며 논쟁적인 서적, 넷째, 금욕적인 생활에 관한 것으로서 주로 독백과 명상으로 이루어진 서적, 다섯째, 자서전적인 저술 곧 그의 「고백록」 다시 말하면 회심한 이후의 생활기록 및 그의 저술과 만년의 생애를 기록한 회상록과 270통의 서신이 있다. 411년에 마르셀리누스가 펠라기우스파의 문제가 대두되어 카르타고에서 크게 확산되고 있다는 사실을 알려줌으로, 아우구스티누스와의 논쟁이 수면 위로 떠오른다. 419년에서 421년 사이에 아우구스티누스에 의해 쓰인 "펠라기우스의 두 개의 편지를 반대함"이 유명하다.

304) 이러한 교리들은 본고 단원 Ⅲ, Ⅳ에서 논한다.

305) Roy W. Battenhouse, p.40.

306) Ibid., p.40.

307) Ibid., pp.41－42.

308) Ibid., p.43: 도나투스주의의 역사는 세실리안(*Cecilian*)이 카르타고의

의 핵심은 자신들의 교회만이 참된 교회, 순교자들의 교회라고 선전하면서, 자기들의 교회만이 '완전한 자들'(perfectionist)의 교회라는 것이었다. 모든 범죄자나 범죄 혐의자가 제거된 교회를 주장했다. 공식적으로 인정된 죄인들은 교회에서 설 자리가 없다고 주장했다.309) 아프리카의 대부분 지역과 히포에서도 정통교회보다 수적으로 우세하였기 때문에 쉽게 공략되지 않았다. 그럼에도 불구하고 어거스틴은 정통신앙을 지킬 수가 있었다. 그는 393년에 "도나투스파에 반대하는 발라드 곡" ABC(*ABC Ballad against the Donatist Party*)을 작곡해서 이것으로 저들의 역사와 잘못들을 노래로 살펴보게 했다.310)

셋째, 펠라기우스주의(*Pelagianism*)와의 논쟁이다.311) 펠라기우스주

주교로 임명되었던 311년으로 거슬러 올라간다. 반대당은 그 직에 대한 세실리안의 권리를 의심했다. 그가 임명한 성직 수임자들 중에 이전에 배교자였던—즉, 직전의 디오클레티안(*Diocletian*)의 박해 기간에 국가 경찰에게 성경들을 내어 주었던—사람이 있었기 때문이다. 그리고 도나투스(*Donotus*)라는 유능한 주교의 야망과 루실라(*Lucilla*)라는 부유한 한 부인의 불쾌감도 있었다. 도나투스주의자들은 배교자가 있는 정통교회를 배교자의 통치조직이라고 말했고, 자신들의 교회는 참된 교회, 즉 순교자들의 교회라고 선전했다. 도나투스파와의 논쟁은 394년에 쓴 "도나투스 일파를 반대하는 시편"을 위시하여 400년에 쓰인 "도나투스주의자들을 반대하는 세례에 관하여" 등이 있다. 410년에서 413년 어간에 도나투스파와의 논쟁은 거의 일단락된다.

309) Ibid., p.43.
310) Ibid., p.40.
311) Ibid., p.47: 펠라기우스(*Pelagius*)는 영국 태생으로 팔레스타인으로 가는 도중에 이탈리아와 북아프리카를 방문했다. 그는 가는 곳마다 자신의 교리를 퍼뜨렸다. 그 이단적 주장에 대해 즉시 경계를 한 아우구스티누스는 히포에서 반대하는 설교를 했다. 그리고 곧 외부에 알리기 위해 소책자를 만들었다. 몇 년 지나서 베들레헴(*Bethlehem*)의 성 제롬

의자들은 어거스틴이 죽을 때까지 간헐적으로 논쟁을 벌였다. 펠라기우스주의는 인간이 스스로 자신의 선택과 행동으로 완전한 선에 도달할 수 있다고 하였다. 그는 인간의 무죄와 완전함을 믿었다. 이에 반대하여 어거스틴은 원죄, 인간의 무능력, 완전한 예정, 선행하는 은총, 그리고 거듭나게 하는 세례 등의 진리를 논하였다.312)

어거스틴은 저술활동을 계속하면서 수도원, 교구, 감독구의 순회 업무에 매달렸다. 그는 또 후학 양성과 자신의 영성운동에 소홀함이 없도록, 자신이 시무하는 히포 교회에 오늘날의 신학교에 해당하는 수도원을 개설하여 운영한다.313) 여기에서 12명의 추기경이 배출된다. 그가 제정한 「수도원 규칙서」(Augustine's Rule)는 그 후로 수많은 수도원들의 운영과 지도 원리의 규범이 되었다. 그는 논쟁들로 지칠 때까지 교회 법정에도 참가하였다. 때때로 죄인들에게 관용을 청하기 위해서 시민 법정에 출석하기도 했다. 그리고 가난한 사람들을 돌보며, 교회의 토지들과 소작인들을 보살폈다. 평화를 향한 그의 열정은 식을 줄 몰랐다. 그것은 자신의 생애에서 갈등을 통해서 온 평화의 소중한 가치를 알기 때문이었다. 감독으로서의 그의 사역은 광범위했다.314)

(St. Jerome), 교황 이노센트(Innocent), 후임 교황 조시무스(Zosimus), 콘스탄티노플에 있는 호노리우스(Honorius) 황제를 포함해서 전체 기독교회는 경각심을 일으켰다. 공의회가 개최되고, 418년쯤에는 펠라기우스와 그의 제자 고엘레스티우스(Coelestius)는 거의 모든 지역에서 정죄되었다. 그러나 논쟁은 계속 간헐적으로 생겨났다.

312) Ibid., pp.47-48.
313) St. Augustine, Augustine's Rule(아우구스티누스 규칙서), 아돌라르 줌 켈러 해설, 이형우 역(왜관: 분도출판사, 1997), pp.17-18.

429년 5월에 스페인을 통해서 북아프리카 서쪽에 상륙한 반달 (*vanda*, 파괴적인)족은 동쪽을 향해 진군하면서 잔인무도하게 방화, 고문, 살인을 감행하며 북아프리카를 황폐케 했다. 이들의 야만스러운 살인행각으로 남녀 불문하고 북아프리카의 인구가 급격하게 줄어들었다.315)

어거스틴은 이미 410년에 발생한 로마시의 함락으로 로마제국의 붕괴 조짐을 깨닫고서, 413년에 그의 「하나님의 도성」을 집필한다. 그 이후 그는 자신이 운명하기 3년 전인 427년에 전체 22권을 완성한다. 그리고 430년 8월의 폭염 속에서 열병으로 눕고 말았으며, 자신이 저술하고 있던 여러 권의 저서들을 구술하는 일도 중단되었다. 이 글은 미완성 작품(*The Unfinished Work*)이라고 알려졌다.316)

430년 5월에 반달족은 드디어 히포 시를 포위하고 해안을 봉쇄하는 등 외부와의 모든 교통을 차단시켰다. 하나님의 도성(*Civ. D.*)을 실현시키려고 지금까지 자신의 생애를 헌신하며 노력해 왔는데, 이제 반달족의 무자비한 침입으로 그 기반이 흔들리게 되었으니 말로 다 할 수 없는 아픔이 밀려왔다.317)

그리고 그의 아픔이 더욱 컸던 것은, 이제 생의 최후가 다가오고 있었기 때문이다. 수많은 갈등의 격랑을 헤치고 마침내 회심하여 하나님의 평화를 찾았고, 이 평화의 나라를 위하여 수도원을 설립하고

---

314) Roy W. Battenhoue, pp.49 - 53.

315) Davis B. Taylor, *Augustine—Wayward Genius—*; 어거스틴의 생애, 최치남 역(생명의 말씀사, 1997), p.275.

316) Ibid., p.287.

317) Ibid., p.275.

헌신하며 지내온 자신의 생애의 마지막이 다가오고 있었기 때문이었다. 어거스틴은 주위에 몰려 있는 사람들에게 이렇게 고한다.

그대들은 내가 이 재난의 때에 주께서 이 도시를 구원해주시도록, 그러나 이것이 그의 거룩한 뜻이 아니라면 주께서 그의 종들에게 힘을 주사 판결에 순종하게 하시도록, 그리고 또한 주께서 기뻐하신다면 나를 이 세상에서부터 주께로 불러 가시도록 하나님께 기도했다는 사실을 알아야 합니다.[318]

다행히 반달족은 히포 시를 불태우면서도 어거스틴이 섬기던 교회와 그의 도서관은 불태우지 않고 남겨 놓았다. 세상을 떠나기까지 34년이란 긴 세월 동안 그는 분주한 항구도시인 히포(오늘날 알제리의 아나바)에서 살았다. 그리고 히포에서 책을 소장하고 있던 사람은 어거스틴 자신뿐이었다.[319]

주변의 사람들에게 일곱 편의 소위 "회개의 시편"들을 침대 맞은편에 있는 벽에 걸어 달라고 요청하였다.[320] 그는 계속해서 그것들을 암송했는데, 그러면서 한없이 쓰디쓴 눈물을 흘렸다.[321] 그가 지내온 생애의 갈등들이 주마등처럼 지나갔을까? 너무나 사랑했던 어머니 모니카와 그의 아들, 이름을 밝히지 않았지만 한 때나마 같이 살면서 고통과 슬픔 가운데 헤어졌던 여인, 그리고 약혼자가 떠올랐을까?

---

318) Ibid., pp.286 – 287.
319) Henry Chadwick. p.14.
320) David B. Taylor, p.288: 시편 6, 32, 38, 51, 102, 130, 143편 등이다.
321) Ibid., p.288.

그리고 "인간의 행위가 하나님 나라 안에 거하는 복된 인간 삶을 지향하거나 상징하지 못하는 것은 전혀 아니다"[322]라고 하면서 겸허함 속에서 인생을 마치기를 원했다. 그러던 중 430년 8월 28일에 이 변화무쌍한 지상의 도성(*Civitas terrena*)에서 그토록 원했던 영원한 하나님의 도성(*Civ. D.*)으로 부름을 받았다. 그의 나이 76세였다.

히포와 수도원도 역사 속으로 자취를 감추었다. 어거스틴의 모든 갈등과 슬픔, 그리고 평화를 찾은 환희까지도 역사의 흙더미 속으로 사라져갔다.[323] 그의 생애의 발자취도 멈추어 섰다. 그러나 어거스틴의 저서들은 구도자들과 크리스천 지성인들과 모든 사람에게 하나님의 도성(*Civ. D.*)의 평화를 전해주는 메신저로 오늘날에도 변함없이 남아 있다.[324]

---

322) *DCD.*, 19,17; *N. & P. −N. F.*, vol.2, pp.412−413: 인간의 삶은 필연적으로 사회적이기 때문에 모든 선한 행위는 하나님 및 이웃과 관련해 어떤 형태로든 평화를 지향한다.

323) David B. Taylor, p.290.

324) Ibid., p.393.

Ⅲ

어거스틴에게서의
세상과의 평화의 길

어거스틴의 「하나님의 도성」(*DCD*)은 세상과의 평화의 길과 하나
님과의 평화의 길을 탐구하기 위한 가장 중요한 자료이다. 「하나님
의 도성」은 두 도성의 기원과 성장·결과와 함께 그리스도와 교회의
관계, 그리스도와 세상의 관계, 그리고 그리스도와 개인의 관계를 설
정하는 데 중요한 역할을 하고 있으며, 나아가서 어거스틴이 추구하
였던 평화의 길을 연구하는 데 결정적인 단서를 제공하고 있다.1) 어

---

1) *DCD*, 19,13; *N. & P. —N. F.*, p.409: 아우구스티누스가 가지고 있는 지상
의 도성과 하나님의 도성의 평화의 개념들을 다음과 같이 구분하고 있다.
첫째, 신체의 평화는 지체(부분)들의 질서 있는 배치(*Pax itaque corporis
est ordinata temperatura partium*). 둘째, 비이성적 영혼의 평화는 충동(욕
구)과 조화 있는 안정(*Pax animae inrationalis ordinata reques appetiti-
onum*). 셋째, 이성적 영혼의 평화는 사유(인식)와 행위의 조화(*Pax animae
rationalis ordinata cognitionis actionisque consensio*). 넷째, 신체와 영혼의
평화는 생물체로서 질서 있고 조화 있는 생활과 건강(*Pax corporis et animae
ordinate vita et salus animantis*). 다섯째, 죽을 수밖에 없는 인간과 하나
님의 평화는 영원법에 대한 신앙 안에서의 질서 있는 순종(*Pax hominis
mortalis et Dei ordinata in fide sub aeterna lege oboedientia*). 여섯째, 사
람 사이의 평화는 질서 있는 조화(*Pax hominum ordinata concordia*). 일곱째,
가정의 평화는 주관하는 자와 복종하는 자들 사이의 좋은 질서 있는 조
화(*Pax donus ordinata omperandi atque oboediendi concordia cohabitantium*).
여덟째, 시민생활에서의 평화는 시민 간의 일치(*Pax civitatis ordinata impe-
randi atque oboediendi concordia civium*). 아홉째, 하나님의 도성의 평화
는 완전한 질서와 조화로 하나님을 향유하고 서로를 기뻐하는 가장 질서
있고 일치된 공동체(*Pax caelestis civitatis ordinatissima et cincordissima
societas fruendi Deo et invicem in Deo*). 열 번째, 만유의 평화는 질서의
평온(*Pax omnium rerum tranquillitas ordinis*)이다. 한철하, pp.260—261:
한철하는 인류 역사에 있어서 질서 있고 의미 있는 부분이 있다면 그것
은 「하나님의 도성」의 역사임을 분명히 하고 있으며, 그 시초부터 종말에
이르는 역사를 세상나라의 역사와 비교하면서 서술하고 있다고 하였다.

거스틴 자신이 걸어가야 할 가장 가치 있는 생애의 길은 바로 평화의 길이었다.[2) 그가 추구한 평화는 지상의 도성 안에서 이루어질 수 있는 성질의 것이 아니었기에 종말론적이며, 또한 그 평화를 실현시키고자 하는 교리적 노력이 있었기에 종교적이다.[3)

브라운(Peter Brown)은 로마의 함락이 없었더라도 어거스틴이 「하나님의 도성」을 썼을 것이라고 했다. 즉 로마의 함락이 없었더라도 두 도성의 개념을 성경주석에 썼을 것이다. 그러나 이교도들이 로마를 함락시킨 것이 「하나님의 도성」을 쓰게 된 직접적인 동기가 되었다고 하였다.[4)

410년 로마는 알라릭 군대의 칼날 앞에 포위를 당하고 있었다.[5) 로마제국의 멸망은 현실이 되었다. 410년 8월 24일, 고트족의 병사들이 영원의 도시 로마에 입성하였다. 알라릭은 370년, 다뉴브 강 어귀, 고트족의 이름 있는 족장 가문에서 태어나 평생을 제국의 경

---

2) Ibid., 19,11 – 12; pp.407 – 409.
3) N. & P. –N. F., vol.2, p.509 – 510; St. Augustine, 하나님의 도성, p.1129: 그때에는 어떤 악도 없으며, 어떤 선도 부족하지 않으며, 만유의 주로 만유 안에 계시는 하나님을 찬양할 시간이 있을 것이므로 그 행복이 얼마나 커다란 것일까! 나태하므로 게을러지거나 결핍으로 피곤한 일이 없을 그곳에서 사람들이 어떤 다른 일에 종사할 것인지 나는 알 수 없다. 나는 거룩한 노래를 읽거나 들을 때에 생각하게 된다. "주의 집에 거하는 자가 복이 있나이다. 저가 항상 주를 찬송하리이다."(시84:4) 썩지 않을 몸의 모든 지체와 기관은 지금은 여러 가지 필요한 기능을 배당받았지만, 그때에는 하나님을 찬양하는 데 이바지할 것이다. 내세에는 결핍이 없고, 있는 것은 확실하고 안전하고 영속하는 행복뿐이겠기 때문이다.
4) Peter Brown, Augustine of Hippo, p.312.
5) Norman L. Geisler, What Augustine Says, 작품으로 살펴본 어거스틴 사상, 박일민 역(성광문화사, 1994), p.363.

내에 거주하며, 자기 민족을 위한 수호자로서 자처했다. 그는 제국 정부로부터 공인받고, 응분의 대우를 받기를 요구하였다. 자기 부하들을 위한 연금과 정부 내의 고위관직들을 얻어 내고자 하였다. 만약 이러한 요구들을 들어주었다면 그는 로마를 침공하지 않았을지도 모른다. 이러한 제의를 거부당한 알라릭과 고트족은 사흘 동안 로마시 전체를 약탈하고, 그 일부를 방화하였다. 그 이전의 두 해 동안 이미 고트족은 로마시를 포위하고 '이곳 주민들이 식인의 상태에 이르도록까지 굶주리게'하였으나, 도시 자체를 침범하지는 않고 있었다. 이제 도시의 거리들에는 침략자들의 말발굽 소리가 충천하였다. 펠라기우스는 이러한 광경을 목격하고 기록으로 남겼다.6)

로마는 이미 수년 전에 정치적 중심지로서의 위치를 상실해가고 있었다. 그러나 이곳은 아직도 서방 문화, 혹은 세계 문명의 상징으로 알려지고 있었다. 이는 적어도, 외부적인 평화의 보장을 대표하고 있었다. 제롬(*Jerome*)은 베들레헴에서 다음과 같이 탄식하였다. "만약 로마가 멸망한다면, 과연 무엇이 안전할 수 있겠는가?"7) 수많은 로마의 부자들은 광대한 장원을 마련해두고 있었던 아프리카로 밀려

---

6) Warren Thomas Smith, p.254: *Pelagius*가 데메트리우스에게 보내는 편지, 30: 최근에 발생한 비극의 소식을 직접 들었을 것이다. 로마, 세계의 여주인인 로마가 공포에 질려 떨고 있다. 고트족들의 나팔 소리와 외침이 로마를 공포에 떨게 하고 있다. 과연 귀족들은 어디에 있는가? 그 잘난 유명인사들은 다 어디로 숨었는가? 모든 이들이 한데 모여 공포로 벌벌 떨고 있다. 모든 가정들이 비극을 면한 집이 없고, 철저한 공포로 시달리고 있다. 이러한 상황은 노예나 귀족들을 가리지 않는다. 동일한 죽음의 귀신들이 우리들 모두를 사로잡았다.

7) Ibid., p.255: Jerome, 서간, 123.

들었다. 이들은 공포와 슬픔에 차 있었다.8)

제국이 하나님을 로마의 신으로 인정했는데도 일어난 이 재난을 기독교인들은 어떻게 설명해야 하는가? 그래서 호민관으로 있던 마르셀리누스(Marcellinus)는 어거스틴에게 이교도들의 비난에 대한 답변을 쓰도록 했다. 이에 어거스틴은 413년부터 쓰기 시작하여 13년 동안에 걸쳐서 22권의 책을 마침내 완성했다.9) 이것이 바로 그의 기념비적인 저서 「하나님의 도성」이다.10) 이 책들을 쓴 목적11)에 대하

---

8) *N. & P. −N. F.*, vol.2, p.5: 최근 로마를 강타하였던 참상, 비극, 약탈, 살인, 학살들은 전쟁의 모습에 틀림없는 것이다. 그러나 한 가지 새로운 모습이 있다. 새로운 관습을 이룩한 사건이 있다. 이들 야만인들의 잔학 행위가 그래도 인도적인 모습을 보였다. 이들은 가장 큰 바실리카들을 지정하여 이곳으로 피난하는 자들은 해치지 않았다는 점이다.

9) 김수학, p.11: 김수학은 아우구스티누스에 있어서 하나님의 도성인 聖事의 영역은 모든 제도와 중첩되어 현세에 나타나는 동시에 세상 나라와는 구별되는 것이다. 그러므로 하나님의 나라는 구속사의 관점에서 이해되어야 한다. 때문에 하나님의 도성은 로마와 상관없이 계속 존재한다. 따라서 하나님의 도성은 사색적 산물이 아니고 한 영혼이 하나님의 집에 대한 사랑과 열심히 불타는 심정의 진지한 표현으로 보았다. 피키스(*Figgis*)는 하나님의 도성을 고백의 연장으로 보았다. cf. John, N. Figgis, p.3.

10) Norman L. Geisler, p.363.

11) K. Löwith, *Meaning in History*. 역사의 의미, 이석우 역(서울: 예조각, 1978), pp.214−215: Löwith는 「하나님의 도성」은 우주창조의 성격을 취급하는 것이 아니라, "오히려 창조와 완료가 갖는 도덕적 의미가, 시작도 끝도 없는 영원한 순환보다 더 만족스러운 것이냐의 여부를 보다 중점적으로 다루고 있다"고 보았다. 그래서 "하나님의 도성"은 고대 그리스의 시간관과 역사개념에 반대하고 새로운 종말론적 역사체계를 수립함으로써, 역사에 도덕적 의미를 부여했다고 본다. Reinhold Niebuhr, *Faith and History*. 역사와 신앙, 조형균 역(서울: 청구출판사, 1951), p.32: Niebuhr는 이러한 도덕적 측면의 강조보다 로마의 몰락과 기독교

여 어거스틴은 분명히 밝히고 있다.[12)]

이 책은 전체 22권으로 이루어져 있으며, 1부는 제1권에서 제10권까지, 2부는 제11권에서 제22권으로 이루어졌다.[13)] 1부의 첫 다섯 권(제1권-제5권)에서는 번영과 고난을 신들의 숭배나 그 숭배에 대한 금지의 탓으로 돌리는 부류들에게 반박하고 있다. 다음 다섯 권(제6권-제10권)에서는 사람들에게 재앙이 결코 면제되는 것은 아니지만, 신들을 숭배하면 죽음 이후의 내세에 도움이 된다고 주장하는 부류들에게 반론을 가하는데, 이교도의 예배는 미래의 삶에 헛된 것임을 주장한다. 제1부는 기독교에 대한 이교의 비난을 중심으로 그 비난과 이교설의 허구성을 논하고 있기 때문에 부정적인 부분이라고 할수 있다.[14)] 2부의 첫 네 권(제11권-제14권)은 두 도성, 즉 하나님의

승리의 측면에서 "하나님의 도성"을 이해하고 있다. 그는 "신국론은……
그리스도교 신앙이 로마의 파괴로 멸망하지 않았다는 사실을 증명"하고
"로마문명에 대해서 그리스도교 신앙이 승리했다."고 하였다.

12) St. Augustine, *Retractions* 2:69; Warren T. Smith, p.255: 로마는 알라릭
왕의 지휘로 밀려 들어왔던 고트족의 침략과 이에 따른 폭력의 재난으
로 파괴되었다. 그런데, 많은 잘못된 우상을 섬기는 이들, 흔히 이교도
들이라고 불리는 자들은 이러한 불행을 기독교의 탓으로 돌리려 하고
있다. 그리하여 그 어느 때보다도 더 신랄하게 하나님의 이름과 기독교
에 신성모독적인 언행을 일삼고 있다. 그리하여 "하나님의 집을 위한
열심히" 말미암아, 나는 이러한 신성모독적인 오류들을 반박하기 위하
여 「하나님의 도성」에 관한 책들을 쓰기로 작정하였다. 이 작업은 수
년간이나 나를 바쁘게 하였다. 그러나 이제 드디어 …… 이 거대한 책
이 22권 책들로 나오게 되었다.

13) L. C. Daley, *"The Writings of Saint Augustine": in What Augustine Says*,
edited by N. L. Geisler(Grand Rapids: Baker Book House, 1982), 작품으
로 살펴본 어거스틴 사상, 박일민 역(서울: 성광문화사, 1994), p.364.

도성(*Civ. D.*)[15])과 지상의 도성(*Civitas terrena*)의 기원을 적고 있다. 그 다음 네 권(제15권－제18권)은 두 도성에 대한 이야기를 계속 전개해 나가고 있다. 그리고 마지막 네 권(제19권－제22권)은 두 도성의 마지막 결과에 대하여 논하고 있다.[16]) 바로우(*Barraw*)에 의하면

---

14) 정의채, "*Aurelius Augustinus*의 신국론 연구—역사 철학적 견지에서", 카톨릭대학 논문집 2(서울: 카톨릭대학신학부논문편집위원회, 1976, 6), p.147.

15) 아우구스티누스의 사관에 나타난 두 도성 개념을 이해하는 데 있어서 어려운 점은 아우구스티누스가 사용한 "*Civitas Dei*"와 "*Civitas terrena*"를 어떻게 우리말로 적절히 표현하느냐이다. "*Civitas*"는 그 시대와 사용자에 따라 다른 의미를 내포하고 있었기 때문에 이런 어려움은 한층 더한 감이 있다. 스토아학파에 속한 사람들은 이를 어떤 특정지역에 한정하여 사용하기보다는 보다 더 일반적인 우주(*Cosmos*)적인 측면에서 강조하여 사용하는 반면, 로마인들은 보다 형체적이요, 정치적이며, 한정된 지역을 가리키는 도시(*Urbs*)에 가까운 의미로 사용하였다. 이석우, *Augustine*의 사관에 나타난 두 도성 개념의 성격 연구, p.6: 아우구스티누스가 사용하는 "*Civitas*"는 라틴어이지만, 그 의미는 그리스·로마의 고대적 의미로만 사용된 것 같지 않다. 그는 두 도성 개념의 원천을 구약에서 찾고 있기 때문에 이는 보다 종말성을 띠고 비유적이며 상징적 성격으로 쓰이기도 한다. J. Figgis, p.84: 하나님의 도성 시민의 구성이 무차별적이라기보다는 선별되어 구성되었기 때문에 "*Civitas*"는 선별적 특징을 지니고 있다. 그리고 시민의 분별 기준이 지역적 정치적 기준에 따르기보다는 개인의 내면의 결정에 따르기 때문에 "*Civitas*"는 정치적 의미보다는 사회적 종교적 측면으로 사용하고 있는 것으로 본다.

16) David Knowles, "해제", St. Augustine, 「하나님의 도성」, 조호연·김종흡역(크리스챤 다이제스트, 2005), p.41; 한철하, pp.306－311: 「하나님의 도성」은 전 22권으로서 제1부의 제1권은 로마 함락으로 인하여 일어나는 여러 가지 문제 언급, 2권－5권까지는 로마가 그리스도 이전에 당한 여러 가지 환난을 묘사했다. 6권－10권까지는 로마와 헬라에서의 우상신들을 자세히 언급하였다. 제2부의 11권－14권까지는 하나님의 나라와 세상나라에 대한 기원을 썼고, 15권－18권까지는 두 도성의 발전을, 그

이 부분은 긍정적인 면이다.[17] 이 중에서 제11권은 기독교 신관 정립을, 제12권은 창조론, 제13권에서 제14권은 죄악론을, 제15권 이하는 종말론을 전개하고 있다.[18] 어거스틴은 제15권에서 처음 사람으로부터 홍수까지 다루었고, 그때로부터 아브라함까지 두 도성의 과정을 시대순으로 보다가, 족장 아브라함으로부터 이스라엘의 왕조에 이르러 제16권이 끝나고, 그 후 그리스도의 육신 강림까지를 제17권에서 논하였다. 제18권에서는 지상의 도성(*Civitas terrena*)과 하나님의 도성(*Civ. D.*)이 병행한 과정을 아브라함 때로부터 세상 종말까지 추적하며 기록하였다.

1. 지상의 도성(*Civitas terrena*)

어거스틴은 알라릭이 침공한 전쟁으로 인하여 지상의 도성에 대한 영감을 얻는다. 본 단원에서는 지상의 도성에 대한 '개념'과 '현존'과 '결과'를 논증한다.

어거스틴이 「하나님의 도성」(*DCD*)에서 사용하고 있는 도성(*Civitas*)에 대하여 바로우(*R. H. Barrow*)는 몇 가지의 의미를 부여하였다.

첫째로는 시민의 지체이다. 시민은 정치 조직의 구성원으로 선

리고 끝으로 19권-22권까지는 두 도성의 종말을 썼다.

17) R. H. Barrow, p.18.

18) 정의채, p.147.

택받은 자들로 간주된다. 그러나 정치적 체계에 강조점보다도 시민에게 강조점이 있다. 둘째로는 시민의 지체가 살고 있는 마을이나 지역을 말하고 있다. 셋째로는 공동체, 국가, 정치적 연대가 있는 집단, 적어도 이 용어는 해방, 질서나 어떤 종류의 정부나 근본과 같은 응집력을 가지고 있는 것을 말한다. 시저(*Caesar*)와 타키투스(*Tacitus*)는 골족(*Gallic*)이나 게르만족(*Garmanic*)에 대하여 사용하였다. 이것은 법과 정부의 복잡한 체계와 정보화된 문화와 함께 최고의 수준인 국가(*state*)로 발전했음을 나타내고 있다. 이런 의미에서 '도성'은 부수적인 도시들이다. 세력권 안의 지역과 더불어, 또는 이런 것들이 없이도 국가가 될 수 있다. 여기에선 '정치적 체계'에 강조점이 있다. 넷째로는 시민이다. 시민에게 부과되고 있는 의무와 권리이다. 외국인과 특별한 공민권을 가진 사람에게는 제외가 되었다.[19]

어거스틴이 강조한 도성은 세 번째와 네 번째의 의미에 가깝다. 어거스틴은 「하나님의 도성」이 지상에서 나그네로 있을 동안에 모든 민족 중에서 시민을 모집해서 순례자 사회를 형성하고, 지상평화를 확보하고 유지하는 데 필요한 풍속과 법률과 제도가 서로 다른 것을 문제시하지 않는다고 하였다. 그리고 이러한 것이 아무리 다를지라도 모두 지상의 평화를 위한 역할을 감당한다고 하였다.[20]

---

19) R. H. Barrow, pp.20 – 22.
20) *DCD*, 19,17; *N. & P. – N. F.,* vol.2, 412 – 413.

1) 지상의 도성의 개념

지상의 도성은 '자기 사랑'에서 출발한다. 어거스틴은 「하나님의 도성」에서 두 도시를 구별하는데 하나는 성인들의 도성이며, 다른 하나는 악인의 도성으로 보고 있다. 이 중에 지상 도성은 하나님께 영광 돌리지 않고 피조물을 창조주보다 더 경배하고 섬기고 올바르지 못한 사랑의 행위가 있는 도성이라고 주장하고 있다.

하나님까지도 멸시하는 자기 사랑이 지상의 도성을 만들었고, 자기를 멸시하면서 하나님을 사랑하는 사랑이 하나님의 도성을 만들었다. 지상 도성은 자체를 사랑하며 사람들에게서 영광 받기를 원하고, 자기의 영광으로 머리를 높이 들며, 지배욕이 자체 속의 귀인들과 피정복 민족들 위에 군림하고, 그 권력자들이 나타내듯이 자체의 권력을 사랑하는 것이다. 그래서 지상 도성에서는 사람을 따라 사는 현인들이 자기들의 몸이나 마음이나 또는 그 쌍방에 유익한 것을 추구했고, 그 가운데서 하나님을 알 수 있었던 사람도, "하나님으로 영화롭게도 아니하며 감사치도 아니하고, 오히려 그 생각이 허망하여지며 미련한 마음이 어두워졌나니, 스스로 지혜있다 하나 우준하게 되어 썩어지지 아니하는 하나님의 영광을 썩어질 사람과 금수와 버러지 형상의 우상으로"(롬 1:21-23) 바꾸었다. 그들이 이런 것을 행하는 것은 우상숭배를 하면서 민중의 지도자가 되거나 추종자가 되었기 때문이다. 그리고 그들은 '피조물을 창조주보다 더 섬기는' 사람이 되고 만 것이다. 이것이 지상의 도성의 시민인 것이다.21)

---

21) Ibid., 14,28; pp.282-283; Kurt Flasch, *Augustin Einfuhrung in sein Denken* (Philipp Reclam jun. GmbH & Co., Stuttgart, 2003), pp.388-389.

이 지상의 도성이 생기게 된 상황을 좀더 살펴보면 다음과 같다. 가인은 자기의 소유물을 하나님께 드리면서 자기 자신은 드리지 않았다. 자기가 드린 것이 열납되지 않자, 하나님의 권고가 있었음에도 불구하고 마귀적인 시기와 미움으로 죄성에 사로잡혀 아벨을 살인까지 하였다.[22]

> 지상 도성의 건설자는 자기 아우를 죽였다. 그는 시기심에 사로잡혀, 영원한 도성의 시민이며 지상의 나그네인 자기 아우를 죽인 것이다. ⋯⋯ 그런데 가인과 아벨은 두 형제가 다 지상적 욕망으로 움직인 것이 아니며, 살인죄를 범한 자의 질투도 두 사람이 지배권을 나눔으로써 세력이 감퇴하겠기 때문이 아니었다. 아벨은 형이 건설한 도성을 지배하려는 생각이 없었다. 그러나 악인들이 자기들은 악하고 선한 사람들은 선하다는 이유 하나로 그들을 미워하는 그 악마적인 시기와 미움에 가인은 자극되었다.[23]

어거스틴은 지상의 도성(*Civitas terrena*)을 악인의 도성으로 본다. 그곳은 우상을 섬기는 곳이며, 자기 사랑에 빠져 있는 곳이며, 자기 중심적이며, 진정한 공의와 덕성도 없는 곳이며, 올바르지 않은 사랑이 지배하는 죄악의 도성이다. 이러한 지상의 도성이 하나님의 도성 (*Civ. D.*)과 혼합되어 섞여 있으나 종국에는 분리된다. 이 지상 도성에 악습과 부도덕과 교만과 부정의가 있음에도 불구하고, 이것을 통한 하나님의 계시로 선인이 지상의 도성을 탐내어 간구하지 않도록 하게 하시는 하나님의 뜻이 있다고 강조하고 있다. 그러나 이 지상

---

22) *DCD.*, 15,7; *N. & P. -N. F.*, vol.2, pp.288-289.
23) Ibid., 15,5; pp.286-287.

의 도성도 하나님의 주권 아래 있다.

2) 지상의 도성(*Civitas terrena*)의 현존

지상의 도성은 하나님의 도성(*Civ. D.*)과 정반대의 개념을 가지고 있으며, 자기 사랑 중심적이고, 자기가 영광을 받기를 원하며 자기가 군림하고 지배하려는 이기주의적 권력욕이 가득한 곳이다. 니버(*R. Niebuh*r)와 퍼카이저(*W. T. Pukiser*)는 세상 나라에 대하여 언급하였는데 지상의 도성은 무너질 수밖에 없고 또한 교만하여 올바르지 못한 사랑으로 지배받는 죄악의 도성24)이라고 한 것은 적당한 표현이다.

지상의 도성의 계보를 통해서 현존성을 찾아볼 수 있다. 어거스틴은 지상의 도성의 계보를 아담의 첫째 아들 가인 계통으로 보고 있으며, 가인이 에녹을 낳고 그의 이름을 붙여 성을 쌓았는데, 이 성이 지상적이면서도 세상의 것이었음을 언급하고 있다.

아담은 지상 도성과 천상 도성에 속한 두 계열의 조상이 되었다. 아벨이 피살되어 놀라운 신비를 나타낸 후에,25) 가인과 셋을 조상으로 삼은 두 계열이 생겼고, 그들의 후손 중에서 기록할 가치가 있는 사람들에게서 두 도성의 특색이 더 선명하게 나타나기

---

24) Reinhold Niebuhr, *The Nature and Destiny of Man*, vol.1(New York: Charles Scribner's Sons, 1943), p.186: Pukiser는 죄를 적극적인 것과 소극적인 것으로 보았는데, 소극적인 죄는 하나님의 법을 어긴 것이고, 적극적인 죄는 하나님과 자신을 바꾸는 것이라고 하였다. W. T. Pukiser, ed. *Exploring Out Christian Faith*(Kansas: Beacon Hill Press, 1966), p.234.

25) *DCD*., 10,4-6, 26; *N. & P. -N. F.*, vol.2, pp.182-184, 196-197.

시작했다. 가인은 에녹을 낳고 그의 이름을 붙여 성을 쌓았는데, 이 도성은 지상적인 것이었으며, 이 세상에서 나그네가 아니라 현세적 평화와 행복으로 만족했다. 가인은 '소유'라는 뜻이다. 그래서 그가 태어났을 때에 그의 아버지 또는 어머니가 "나는 하나님으로 말미암아 득남하였다"(창4:1)고 말했다. 에녹은 '드린다'라는 뜻이다. 지상 도성은 그 속에 있는 이 세상에 드린 것이었으며, 그 추구하는 목표도 이 세상에 있었다.26)

여기에서 살펴보면 아벨이 피살된 후에 두 도성이 드러나게 되었는데 지상의 도성은 가인을 중심으로 된 계통이다. 가인은 그의 아들 에녹을 낳고 도성을 쌓았으며, 현세적인 평화와 행복을 위하여 살았고, 이 세상 것을 소유하는 방향으로 흘러갔음을 보여준다.

데일리(L. C. Daley)도 이러한 사상을 언급하기를 지상 나라의 본성은 형제를 살해한 가인의 행위로 이해될 수 있으며, 가인의 이기적인 사랑이 탐욕과 교만에서 나왔고, 이러한 가인의 행위는 하나님에 대한 전적인 멸시를 보여준 것이라고 분석했다.27) 이와 같이 가인과 아벨 사이의 사건은 하나님의 도성(Civ. D.)과 지상의 도성 사이에 있는 적대관계를 설명하고 있다. 악인이 악인과 싸우며 선인도 악인과 싸운다. 그러나 선인과 선인, 적어도 완전한 선인들이 서로 싸울 수는 없다. 다만 완전한 선인이 되려고 노력하는 도중에서 자기와 싸우는 문제들에 관해서는 선인도 다른 사람들과 싸운다.28)

그러므로 지상의 도성은 치열한 싸움이 계속될 수밖에 없는 전쟁

---

26) Ibid., 15,17; p.298.
27) L. C. Daley, p.390.
28) DCD., 15,5; N. & P. −N. F., vol.2, p.287.

터인데, 그것은 전적으로 자기사랑과 영광을 독점하려는 것 때문이라는 것을 알 수 있다.[29] 결국 지상의 도성이 하나님의 도성과 적대관계에서 싸워 그 영광을 쟁취하려는 것임이 어거스틴으로 인하여드러난 것이다. 이와 같이 어거스틴은 "육체의 소욕은 성령을 거스르고, 성령의 소욕은 육체를 거스르고"(갈5:17)를 근거로 하여, 이 성령의 소욕과 육체의 소욕이 서로 싸운다는 것을 말한 것이다.[30]

이와 같이 악인들은 땅에서 난 자들이며 그 근본인 땅을 사랑하며 지상의 도성의 지상적 행복을 기뻐한다. 아담을 조상으로 하여태어난 후예들이 족보가 갈라져서 한쪽은 가인을 시조로 삼고, 다른쪽은 아벨 대신에 태어난 셋을 시조로 삼게 되었다. 이러한 계열들이 어거스틴이 찾고자 한 두 도성의 근거가 된 것이다. 셋의 계열은지상에 나그네로 남아 있는 하나님의 도성이며, 가인의 계열은 지상적인 기쁨과 행복을 탐하는 것을 유일한 기쁨으로 삼고 있는 지상의도성(Civitas terrena)으로 구별된다.

이러한 죄악의 도성을 어거스틴은 노아시대의 사회적 종교성에서찾는다. 노아시대에 하나님의 아들들이 사람의 딸들에게 매혹되어타락했으므로 여덟 명을 제외하고 모두 홍수 때에 멸망하였다. 그리고 그 후 인류가 번성하여 발전해가면서 사람들이 자유의지대로 행함으로써 두 도성이 혼합되었다. 더 나아가서 두 도시가 함께 불의를 행함으로써 혼란에 빠졌다.

어거스틴에 의하면 이 홍수 재난은 인류 최초의 범죄의 것과는 그

---

29) Robert C. Linthicum, p.25.
30) H. Orton Wiley, *Christian Theology*, vol.2(Kansas: Beacon Hill Press, 1952), pp.93-94.

결과가 달랐다. 인류 최초의 범죄는 여자 때문에 생겼고 남편을 죄에 빠뜨렸지만, 이 홍수의 재난은 여성들의 범죄, 또는 여성들이 간계로 남편들을 속이거나 죄에 빠뜨린 것으로 인하여 생겨난 것이 아니었다고 한다. 그러나 그들이 지상의 도성과 지상적인 인간들의 사회에 속해 있었으므로 처음부터 도덕적으로 부패해 있었다. 그래서 지상에 우거하는 저 다른 도성의 시민인 하나님의 아들들이[31] 여자들의 아름다움 때문에 사랑하게 되었다. 그래서 그들은 사람의 딸들에게 매혹되어 그들을 아내로 삼아 지상적 관습을 따르고, 그들이 거룩한 사회에서 따르던 경건한 생활을 버렸다.[32] 이러한 상태를 어거스틴은 시의 한 구절을 인용함으로써 다음과 같이 표현하고 있다.

이것들은 당신의 것이며, 만드신 당신이 선하시므로 이것들도 선하나이다. 거기에 우리 것은 전혀 없사옵고, 우리는 올바른 질서를 잊고 당신보다 당신이 지으신 것을 사랑하며, 죄를 범할 뿐이옵니다.[33]

---

31) St. Augustine, 하나님의 도성, "각주", p.735: 70인 역의 알렉산드리아 사본에서만 창 6:2의 "하나님의 아들들"이라고 표현한 이 말씀을 그 후 세대 사람들이 "하나님의 천사들"이라고 고쳐 놓았다.

32) *DCD*, 15,22; *N. & P. -N. F.*, vol.2, pp.302-303.

33) Ibid., 15,22; pp.302-303:
Haec tua sunt, bona sunt, quia tu bonus ista creasti.
Nil nostrum est in eis, nisi quod peccamus amantes,
Ordine neglecto, pro te, quod conditur abs te.
; St. Augustine, 하나님의 도성, "각주", p.735: 이 시구는 유월절의 성촉(聖燭)이라기보다는 감사 또는 기원의 의미로 드린 초인 듯하며, *De Anima*라는 제목의 시의 일부로서 다음 책에 수록되어 있다. *Anthologia Latina*, pars prior, fasc. II(1906), ed. A. Riese, 43, no. 489.

이와 같이 하나님이 지으신 것은 사실이지만 일시적이며 육적이며 가장 저급한 선인 신체적 아름다움을 사랑하고, 영원하며 내면적이며 변치 않는 선이신 하나님을 제쳐 놓았으므로 이들의 사랑은 바르지 못한 사랑이라는 것이다. 어거스틴은 순서가 바른 사랑을 선한 것으로, 순서가 뒤바뀐 사랑은 악한 것으로 본다. 만일 하나님을 바르게 사랑한다면, 즉 하나님 대신에 다른 어떤 것을 사랑하는 것이 아니라 하나님 자신을 사랑한다면, 그 사랑은 악할 수 없다는 뜻이다. 어거스틴은 우리가 무엇을 사랑할 때에 선하고 유덕한 생활을 하게 된다면 우리가 그것을 사랑하는 것이 좋다고 한다. 그는 이런 사랑 자체도 올바른 순서로 사랑해야 하며 바른 질서로 사랑하는 것이 덕성에 대한 간단하고도 옳은 정의라고 보고 있다.[34]

일반적으로 하나님을 믿지 않고 하나님 외에 다른 신에게 희생을 드리지 말라는 하나님의 명령에 순종하지 않는 사람들의 사회에서는 영혼이 신체에 대해서 고유의 지배권을 가지지 못하며, 이성이 악습들에 대해서 고유의 권위를 행사하지 못하므로 거기에는 진정한 공의가 없다고 어거스틴은 주장한다.[35]

더 나아가 어거스틴은 하나님을 향한 경건이 없는 지상의 도성에는 진정한 덕성도 없으며 그 마음이 하나님을 향하지 않고 있을 동안은 악습만 있을 것이라고 한다. 그는 신체에 대한 영혼의 지배와 악습에 대한 이성의 지배가 훌륭하다고 하더라도, 그 영혼과 이성이 하나님이 자기를 섬기라고 명령하신 대로 하나님께 순종하는 것이 아니라면, 그들에게는 신체와 죄악에 대한 올바른 권위가 없다고 한

---

34) *N. & P. -N. F.*, vol.2, pp.302-303.
35) Ibid., pp.418-419.

다. 이렇기 때문에 덕성이 있는 것 같고 그 덕성에 의해서 신체와 악습을 억제하며 자기의 원하는 바를 얻어 보유하는 것같이 생각하더라도, 그 마음이 하나님을 향하지 않고 있을 동안에 그런 것은 덕성이 아니라 도리어 악습이라는 것이다. 그 자체만을 위해서 있으며 그 자체 때문에 원하는 덕성을 진정한 덕성이라고 생각하는 사람들이 있지만, 그런 덕성도 교만으로 부풀어 있으며 덕성이라기보다는 악습이라고 어거스틴은 인정하고 있다.[36] 지상 도성은 불신자들이 모인 곳이라서 이런 개개인들이 모여 구성된 공동체에는 진정한 의가 없다고 했다.[37]

여기서 어거스틴은 이러한 지상 도성의 국가들에는 의가 없다고 했는데, 이는 하나님을 섬길 때만 이 신체를 통제할 수 있고 이성의 정욕과 모든 악습들을 바르게 지배할 수 있기 때문이라고 한다.[38] 지상의 도성에 국가의 필요성을 인정하였으나 인간의 죄 때문에 이상향의 국가 실현이 불가능하다는 것이다. 이와 같이 어거스틴이 지상의 도성에 대하여 이상향적인 국가가 실현 불가능한 것으로 본 것에 대하여 니버(J. L. Neve)는 그러한 국가는 교만과 자아에 대한 애착과 육의 근거 위에 세워져 있기 때문이라고 한다.[39]

그래서 어거스틴은 고대 사람들의 국가 개념을 인정하지 않는

---

36) *DCD*, 19,25; *N. & P. —N. F.*, vol.2, pp.418−419.

37) Ibid., 19,21; p.415.

38) Ibid., 19,21; p.415.

39) J. L. Neve, *History of Christian Doctrine, A History of Christian Thought*, vol.1(Philadelphia: Muhlenberg Press, 1946), 기독교 교리사, 서남동 역(서울: 대한기독교서회, 1980), p.170.

다.[40] 고대로부터 내려오는 전통적인 국가개념은 인류가 최상의 목표로 삼고 있는 이상향이기 때문이다. 이러한 관점으로 인하여 어거스틴은 세속적인 제도에서 죄의 근원을 발견하고 지상의 도성의 국가를 죄의 결과로 본다.[41]

그러나 이러한 국가 이해는 로고스의 역사화 개념으로 많이 수정되어 하나님을 국가를 창시하신 분으로 보고 있고, 나아가 국가를 하나님의 선물로 보고 있다.[42] 이러한 연장선상에서 어거스틴은 국가를 역사 속에서 하나님의 목적인 구원을 이행할 필수적인 도구로 본다. 그러므로 국가는 하나님이 세우신 질서 위에 서야 한다. 그리고 국가는 그 질서 속에서 평화를 수립하고 보존하는 목적을 수행해야 하는 것이다.[43] 여기서 국가의 평화는 가장 고상한 정의를 가져야 한다. 정의가 결핍된 평화는 존재할 수가 없다. 평화를 잃어버린 국가는 곧바로 멸망한다. 그리고 멸망되지 않고 계속해서 확장되는 국가라면 노상강도(*latrocinoum*)와 같은 불법적 패권 국가가 된다. 이러한 나라는 모든 '자기 사랑' 내지는 '하나님에 대한 모독'으로 나타나는 지상적 사랑의 지배를 받는다.[44]

지상의 도성은 제국주의적인 강도적(强盜的) 성격과 자기 사랑에 지배당하는 '악마의 도성'인 동시에 부분적으로 그 악마적인 힘을

---

40) Berthold Altaner, *Patrology*(New York: Herder and Herder, 1958), pp.531 −532.

41) Ibid, p.532; Walker, Williston, p.131.

42) 주재용, p.148.

43) B. Altaner, p.532.

44) *DCD*, 3,15; *N. & P.* −*N. F.*, vol.2, pp.51−52.

억제하고 질서와 정의를 기반으로 하는 평화를 세워가는 의지를 보이기 때문에 결코 '악마의 도성과는 불일치'하는 것이다.[45] 그러나 도성이 아무리 악마의 도성이기를 부인하고 거부할지라도 그것의 능력과 범위는 한정되어 있다. 그것의 능력과 범위는 사회 질서 수립과 복지시설을 통해 인간들의 평화와 안녕을 보장하는 일이다. 그 이상의 인간들의 궁극적인 복지와 영원한 운명은 국가의 한계를 벗어난다. 그래서 지상의 나라는 결국 하나님의 나라가 확장됨에 따라 점차적으로 쇠퇴해 간다.[46]

이러한 지상의 도성에 악습이 충만하다 하더라도 하나님이 섭리하신다고 보았다. 하나님은 지상 도성을 모든 사람에게 주시며, 상황에 따라 달라지는 가치로 하지 않고, 그분만이 알고 있는 사물과 때의 질서에 의하여 하신다. 우리가 인식하지 못하는 그분의 섭리를 따라 하시는 것이다. 그렇다 해서 그분이 질서에 종속되어 있는 것이 아니라, 사건의 주인으로서 주권을 가지고 계시면서 통치하고 계신다. 이러한 관계에서 하나님은 오직 선인에게만 은총을 베푸신다. 인간이 지상의 도성에서 어떠한 사회적 위치를 무론하고 신분의 차이를 가지고 있든지 여기에는 조금도 영향을 미칠 수 없다. 어거스틴은 이러한 관점을 다음과 같이 기록해놓고 있다.

홀로 참된 하나님이시므로 행복을 창조하고 베푸는 그 하나님은 시장 왕국들을 선인에게도 주시고 악인에게도 주신다. 그는 행운이 아니라 하나님이기 때문에 이런 일을 성급하게, 사실상 우발적으로

---

45) P. Tillich, *A History of Christian Thought*, p.168.
46) W. Walker, p.131.

하지 않고, 우리에게는 감추어져 있고 그분만이 알고 있는 사물과 때의 질서의 의하여 하신다. 그러나 그분은 때의 질서에 종속되어 묶여 있는 것이 아니라, 사건의 주인으로서 통제권을 갖고 있으며, 주인으로서 다스리시며, 통치자로서 명령하신다. 그분은 단지 선인에게만 행복을 베푸신다. 신하든지 왕이든지 공평하게 행복을 소유할 수도, 소유하지 못할 수도 있다. …… 그러므로 하나님이 지상왕국을 선인에게도 악인에게도 주신 이유는 아직도 연약한 상태에 있는 숭배자들이 이런 선물을 중요한 것처럼 탐내어 간구하지 않도록 하기 위함이다.[47]

그러나 어거스틴은 지상의 도성이 하나님의 도성(Civ. D.)과 함께 현세에도 서로 공존하며 서로 얽혀서 육체를 따라 살며 이 세상의 종말까지 사라지지 않는다고 하였다.

라멕의 아들들의 세대에서, 즉 아담으로부터 8대요 가인으로부터 7대에서 이 계통은 끊어졌다. …… 가인의 후손은 홍수 때에 전멸했으며,[48] 노아의 아들도 셋이었는데, 그중 하나가 죄에 빠지고 둘은 아버지의 축복을 받았으며,(창9:22-27)[49] 이런 사실들을 보면 이 두 계열은 서로 다른 족보를 통해서 땅에서 난 사람들이 만든 도성과 중생한 사람들이 만든 도성이라는 두 성을 연상시킨다. 그러나 그 후에 서로 섞이고 혼동되었다.[50]

---

47) *DCD*, 4,33; *N. & P. −N. F.*, vol.2, p.82.
48) Ibid., 15,21; p.302: 아우구스티누스는 여기서 지상도성이 살인자로 시작해서 살인자로 끝났고 라멕도 자기가 살인했다는 것을 아내들에게 시인했다(창 4:23).
49) *DCD*, 15,20; *N. & P. −N. F.*, vol.2, pp.301-302.

두 계통의 족보가 지상의 도성에서 서로 섞여 있을지라도 하나님을 사랑하면서 이타주의적인 사랑을 행하는 선인들과 하나님을 사랑하지 않고 이기주의적인 사랑을 하는 악인들은 구별된다.

> 지상의 도성의 시민들은 이 거룩한 도성의 건설자보다 자기의 신들을 더 높이며, 그가 신들의 신이심을 모른다. 여기서 말하는 신은 물론 거짓된, 곧 불경건하고 교만한 신들이 아니다. 이런 신들은 하나님의 변함없는 빛, 거저 주시는 빛을 **빼앗겨**, 권능의 극빈자가 되었기 때문에, 그들에게 속은 경배자들로부터 신적인 공경을 구하며 사적인 특권을 탐한다. 그러나 하나님을 신들의 신이라고 말할 때의 그 신들은[51] 경건하며 거룩해서, 많은 사람을 자기들에게 예속시키기보다 한 분 하나님에게 순복하는 것을 기뻐한다. 그들은 신으로서 경배를 받기보다 하나님을 경배하기를 원한다. ······ 두 도성은 현세에서는 서로 섞여 있으며 얽혀 있다.[52]

이와 같이 어거스틴은 지상의 도성을 육체적인 공동체로 보고 있다. 우상 신을 숭배하면서 하나님의 도성(*Civ. D.*)과 섞여 지내고 있는 것으로 이해하고 있다. 이러한 지상의 도성의 국가에 대한 그의 전반적인 태도는 부정적이며 비판적이었다. 그는 국가에 대한 이해를 부정적인 면과 긍정적인 면에 대하여 언급하였는데, 비록 부정적인 면에서 비교적 선한 국가일지라도 참된 의미에서 선한 국가가 될 수 없다고 하였다.[53] 이는 이러한 국가의 대다수의 구성원이 불신자

---

50) Ibid., 15,20; p.302.
51) Ibid., 9,23; pp.178-179: 선한 천사들을 가리키고 있다.
52) Ibid., 11,1; p.205.

이며, 또한 마귀의 구성원이기 때문이다. 즉 대부분의 지상의 도성의 시민은 마귀의 도성을 대표할 수 있기 때문이라는 사실이 그 이유이다. 샤프(P. Schaff)는 교회와 국가의 공존함으로 생겨난 부정적인 결과들을 '교회의 속화'(the secularization of the church)라고 정의를 내렸다.[54] 이러한 정의를 내리게 된 것은 「하나님의 도성」에서 "누구의 통치 밑에서 살든 그것이 무슨 문제가 되는가? 통치자가 불신과 죄악을 범하도록 강요하지 않으면 그것으로 만족하지 않는가?"[55]라는 질문에 대하여 이렇게 정의하였던 것이다.

어거스틴은 국가와 정치적 질서는 타락 후에 파괴된 인간 사회적인 질서를 다스리기 위해 하나님이 세워 놓으신 제도라고 긍정적인 면에서 강조하고 있다. 그리고 모든 사람들과 함께 선인들까지도 국가의 통치권에 복종하여야 한다고 하였다. 그가 국가의 신적 기원과 국가에 대한 복종을 주장한 것은 정치적인 질서가 교회의 이념을 실현할 수 있는 가능성을 보았기 때문이 아니고 국가의 통치와 통제력이 없으면 인간의 사회는 붕괴될 수 있기 때문으로 보았기 때문이다. 더욱이 적극적으로 국가가 악인들을 공포적인 강압으로 통제해 나갈 때 선인들이 보다 평화를 누릴 수 있다고 했다.[56] 그러나 제베르그(R. Seeberg)는 본래 어거스틴이 국가와 교회 간의 지배권에 대하여

---

53) 김명혁, p.36.
54) P. Schaff, *History of the Christian Church*, vol.3(New York: Charles Schribner, 1884), p.215; 이신건, 하나님의 나라와 이데올르기(*The Kingdom of God and Ideology*)(서울: 성광문화사, 1990), p.23.
55) P. Schaff, p.98.
56) 김명혁, p.36.

언급하지도, 가르치지도, 암시하지도 않았다고 하면서, 본래 의도적으로 '이 세상의 백성'을 '하나님의 백성'과 대조함으로써 자신의 논리를 입증해 나간 것과는 달리, 그의 저작인 「하나님의 도성」이 후에 교권 확장을 위한 이론적 근거로 이용되었다고 하였다.[57] 그 이유는 어거스틴이 하나님의 도성(*Civ. D.*)을 지상의 도성(*Civitas terrena*)보다 더 강조한 것이 심리적 체계에 영향을 주었고, 나아가 암브로시우스 시대부터 그런 경향성이 있었기 때문이라는 것이다. 그렇지만 교회와 국가는 항상 긴밀한 연관 관계에 있어야 한다는 것이 어거스틴의 입장이다. 뿐만 아니라 시민들에게도 교회는 경건한 아버지로서의 역할을 감당하기 위하여 존재해야 한다는 것이다.[58] 워커(*W. Walker*)는 어거스틴이 언급한 이 국가가 하나님에 대한 예배를 권장해야 하며, 교회와 이상적 국가 사이에 서로 의존하고 책임지는 관계로 존재해야 한다고 하였다.[59]

어거스틴의 논의가 그의 시대에 관련된 특별한 형태를 띨 수밖에 없었지만, 대답들은 어느 정도 서로 맞물린다. 그는 로마가 멸망하게 된 원인은 로마의 부도덕성과 무신앙에 있다는 것을 주장하면서, 지상의 도성(*Civitas terrena*)의 현존에 대하여 정의를 내리고 있다.[60]

---

57) R. Seeberg, *Test Book of the History of Doctrines*, vol.1(Michigan: Baker Book House, 1958), p.480.

58) 김희창, 어거스틴의 하나님의 도성 분석(새순출판사, 1998), p.71.

59) Williston Walker, *A History of the Christian Church*, 세계기독교회사, 강근환 외 3인 공역, p.131: 이장식 교수는 교회의 사회적 성격으로서 아우구스티누스가 열거하는 것은 그리스도의 사회, 교회 사회, 통일 사회, 신도의 사회 등임을 밝혔다. 이장식, 현대 교회학(서울: 대한기독교서회, 1974), p.103.

이것은 당시 보편적으로 중요한 의미를 지녔던 것이다.61) 어거스틴
은 지상의 도성의 현존에 대하여 세 가지로 언급한다. '악'과 '전쟁'
과 '평화'이다. 이 세 가지는 어거스틴에게 있어서 실질적으로 기독
교 교리를 이해하는 데 중요한 부분을 차지하고 있다.

(1) 악

현실적으로 존재하는 도덕적 악이나 자연적 악은 바로 형이상학적
인 악의 문제로 확산되어서 신의 존재 문제와 연관성을 갖게 된
다.62) 이 형이상학적 악(*metaphysical evil*)의 문제를 다루었던 것이

---

60) M. Versfeld, *A Guide to the City of God.*(New Yok, 1958), p.8.

61) Edward R. Hardy Jr, p.260.

62) 기독교 신학이 악의 문제와 관련하여 전통적으로 던져왔던 신정론적
물음은 이미 고대 철학에서 제기되어 왔다. 에피쿠로스(*Epicouros*, 341
−270 BC)는 신의 존재를 반박하기 위해서 다음과 같은 고전적인 난제
를 제기하였다.
"신은 악을 제거하기를 원하고 또 그렇게 할 수 있든지 아니면 그렇게
할 수 있으나 원치 않든지 아니면 악은 제거하기를 원치 않고 또 그렇
게 할 수도 없든지 그것도 아니면 신은 악을 원하고 그것을 할 수 있
다." cf. Hermann Haring, *Das Problem des Boesen in der Theologie*(Wi-
ssenschaftliche Buchgesellschaft, 1985), p.6.
이같이 신에 대한 딜레마를 제기하였던 에피쿠로스(Epicouros)의 의중은
연약한 신이나 오류를 범하는 신을 원치 않았으며 따라서 악에 대한
합리적인 설명을 거부한 것이다. 과정신학자 그리핀(D. R. Griffin)은 다
음과 같은 테제로 정형화시킨다. 1. 신은 완전한 실재(*perfect reality*)이
다(정의). 2. (정의에 따르면) 완전한 실재는 전능한 존재(*omnipotent being*)
이다. 3. (정의에 따르면) 전능한 존재는 어떤 본질적인 악이 없는 실제
적인 세계를 일방적으로 만들어 낼 수 있다. 4. (정의에 따르면) 완전한
실재는 도덕적으로 완전한 존재(*morally perfect being*)이다. 5. (정의에

바로 어거스틴의 신정론이다. 이는 피조물이 지니는 유한성과 관계
된 악의 논리이다.[63]

"악의 의미의 실마리를 과거에서 찾는다"는 힉(John Hick)의 표현
과 같이,[64] 어거스틴의 신정론은 교회사적으로 결정적인 영향을 끼쳤
다. 다시 말하면 어거스틴은 모든 악은 죄이거나 또는 죄에 대한 벌
로서 내려진 괴로움이라고 말한다. 인류는 원죄의 결과로 병에 걸리
고 죽음에 이른다고 본다. 이것은 현실 속에 존재하는 악의 '근원'을
과거 인류의 '타락'에서 찾는 방법이다. 418년에 카르타고에서 열렸
던 교회 회의는 펠라기우스에 반대하면서 인간은 처음에는 무흠한
상태로 창조되었으나 최초의 인간인 아담의 타락으로 말미암아 죽을
수밖에 없는 존재로 전락하였음을 명시하였다. "아담의 타락 속에 모
든 인간은 그의 근원적인 능력과 무흠함을 상실하였다. 그래서 만일
자비로우신 하나님의 은총이 그에게 내려지지 않는다면 그 누구도 자
신의 자유의지를 가지고 이 타락의 심연으로부터 올라올 수 없다."[65]
이와 같은 주장이 "타락은 아담에게만 해당되며 그의 후손들에게는

따르면) 도덕적으로 완전한 존재는 어떤 본질적인 악이 없는 실제적인
세계를 만들어 내려고 원할 수 있다. 6. 만일 이 세계에 본질적인 악이
존재한다면 신은 존재하지 않는다(1과 5로부터 논리적인 추론). 7. 그런
데 세계에는 본질적인 악이 존재한다(사실적 진술). 8. 따라서 신은 존
재하지 않는다(6과 7로부터의 논리적인 추론). cf. David Ray Griffin, *God,
Power, and Evil. A Process Theodicy*(The Westminster Press, 1976), p.9.

63) 김승철, p.168−169.

64) John Hick, *Evil and the God of Love*(Harper & Row, 1966), p.18.

65) Josef Neuner/ Heinrich Roos, *Der Glaue der Kirche in den Urkunden der
Lehrverkundigung, neubearbeitet von Karl Rahner & Karl−Heinz Weger*
(Verlag Friedrich Pustet. 12 Aufl., 1986), p.224

해악을 미치지 않았다고 말하거나, 또는 죄에 대한 벌인 육체적인 죽음만이 한 사람에 의해서 모든 인류에게 퍼져나간 것이고 영혼의 죽음인 죄 자체는 그에 해당되지 않는다고 말하는 사람은 하나님에 의해서 불의하다고 일컬어진다"고 529년 제2차 오렌지(Orange)회의에서도 확인되었다.[66]

이 같은 어거스틴적인 이론의 핵심은 타락이라는 관념에 있다. 이것은 근본적으로 완전한 선이었던 이 세계에 뭔가 잘못이 저질러졌다고 보는 관점이다.

> 오, 너 인간의 자식들아, 언제까지 너희 마음이 세상을 사랑하는 무게에 눌려 흐느적거리고 있겠느냐? 이제 생명 되신 이가 너에게 내려오신 후에도 너는 저세상으로 올라가 살려고 하지 않는구나. 네가 교만해져서 네 머리를 하늘을 대항하여 높이 들면 너는 어디로 오를 것 같으냐? 네가 이제 하나님께로 향해 오늘 수 있기 위해서는 먼저 겸손하게 머리를 숙이고 내려오너라. 너는 하나님을 대항하여 하늘로 오르려고 하다가 밑으로 떨어지고 말았다.[67]

악은 하나님이 만드신 것이 아니라 하나님의 선한 창조 내부에 생긴 잘못과 이탈과 무질서를 의미한다. 따라서 악은 그 자체로 어떤 적극적인 존재 이유를 갖지 못하고 원래 가지고 있었던 것, 또는 정당하게 가지고 있어야 하는 선의 상실, 또는 결여, 부재일 수밖에 없다.[68]

---

66) Ibid., pp.224 – 225.
67) *N. & P. – N. F.*, vol.1, p.74.
68) John Hick, 새로운 기독교, 김승철 역(도서출판 나단, 1991), p.124.

어거스틴은 초기에 마니교의 이원론에 몰두하였다. 자유의지론(*De libero arbitrio*)에서 이것을 밝히면서 선의 문제와 악에 대해서 고민하였다.

> 에보디우스(*Evodius*): 저에게 말씀해 주십시오. 하나님이 악의 근원입니까? 아닙니까? …… 우리가 어째서 악을 행하게 되는지 말씀해 주십시오.
> 아우구스티누스(*Augustine*): 그것이 바로 내가 젊었을 때 내게 커다란 고민을 안겨준 문제였습니다. 그 문제로 괴로워하다가 나는 이단의 팔 안에 끌려들어갔습니다. …… 우리는 존재하는 모든 것들이 한 분 하나님에게서 비롯되었음을 믿습니다. 그러나 하나님은 죄의 근원이 아닙니다. 우리 마음을 괴롭히는 문제는 바로 이것입니다. 만일 죄가 하나님께서 창조하신 영혼에서 비롯된다면, 그리고 그 영혼은 하나님께로부터 비롯되는 것이라면, 어떻게 하나님은 최소한 간접적으로나마, 죄에 대한 비난에서 벗어날 수 있겠습니까?[69]

어거스틴은 악의 존재와 하나님의 창조 사이의 이와 같은 마니교적 딜레마를 극복한다. 악과 죄는 완전한 본성으로부터의 결핍을 의미한다. 따라서 현실 속에 존재하는 결핍으로서 악을 찾아내는 일은 순수한 상태가 지닌 본성, 즉 하나님의 완전한 창조에 대한 찬송과 동일한 일이라고 봄으로써, 마니교의 선악 이원론에 빠지지 않고 악의 문제를 해결하려고 하였다. 따라서 악은 그 자체로서 존재성을 지니는 것이 아니다. 악은 본성의 완전함을 결여한 어떤 것일 뿐으

---

69) St. Augustine, *Earlier Writings,* Selected and translated with introductions by John H. S. Burleigh(The Westminster Press, 1966), pp.113-115.

로 본다.[70] 이러한 악의 문제가 지닌 딜레마를 벗어나게 된 것은 신플라톤주의와의 만남에 의해서 이루어졌다. 플로티누스(*Plotinis*, 204 - 270)로 대표되는 신플라톤주의의 존재는 궁극적 일자(一者)로부터 유출되었다고 주장한다. 악은 궁극적 일자로부터의 유출과정에서 비롯된 최후의 것이다. 즉 궁극적 일자로부터 단계적으로 가장 멀리 떨어져 있는 것을 의미한다. 어거스틴은 이같이 신플라톤주의로부터 악은 곧 결핍이라는 생각을 받아들이지만 존재의 각 단계가 자기가 거기서부터 비롯된 궁극적 일자에 참여하고 있다는 생각은 받아들일 수 없었다. 그것은 창조주 하나님과 그의 피조물 사이의 절대적인 차이를 말하는 '무로부터의 창조'(*creatio ex nihilo*) 사상 때문이다. 따라서 마니교적인 선악의 결정론적인 이원론은 신플라톤주의의 유출설을 지나 기독교적인 '무로부터 창조' 사상과 만나면서 악은 선의 결핍(*privatio boni*)이라는 논리를 세우게 된다.[71]

> 그것이 좋은 것을 다 상실했다면 존재도 상실하게 될 것입니다. 그런고로 그것이 존재하는 한 좋다(선하다)고 말할 수 있습니다. 그러면 내가 지금까지 그 근원을 찾아왔던 악은 사실 실재하지 않습니다. 만일 악이 실재한다면 그것도 좋은 것이 되기 때문입니다.[72]

---

70) Ibid., p.196; E. Gilson, *The Christina Philosophy of Saint Augustine* (London: Victor Gollancz, 1961), p.144: 영적이든 물질적이든 그 어떠한 본성을 상정하든지 간에, 하나님은 그 모두에게 척도(*modus*), 형상(*species*), 질서(*ordo*)를 주셨다. 이 세 가지 선 중에서 어느 한 가지가 없는 것이 곧 '결여'이다.

71) 김승철, p.172; 선한용, p.161.

72) *Conf.*, 7,12,18; *N. & P. −N. F.*, vol.1, p.110.

존재와 선을 같은 것이라고 본다면, 무(無)와 악(惡)도 같은 것이라고 생각할 수 있을 것이다. 이러한 맥락에서 고려해본다면 하나님이 창조하신 모든 피조물은 다 선한 것이 된다. 다른 표현들을 빌리면 존재와 선의 손실(*amissio*), 결핍(*privatio*), 부패(*corruptio*)를 의미하는 것이다. 따라서 악이란 어떤 원인이 있는 것이 아니라, 다만 존재와 좋음을 잃어버린 것 즉 결핍이 그 원인이 되는 것이다. 따라서 악이란 스스로 실재하는 것이 아니라 선의 결핍으로 인해서 그 가능성이 항상 그림자처럼 따라다니는 것이다. 즉 악이란 어거스틴이 말하는 대로 선의 결핍에 그 기원을 두고 있다.[73]

어거스틴은 나아가서 지상의 도성의 실존적인 면에서 악의 본질을 찾고자 하였다. 그의 사상적 특색[74]은 내면성(*homo interior*)[75]을 띠

---

73) 선한용, p.162.

74) Ibid, pp.24-34: 철학과 신학사상에 공헌한 사상가들을 두 부류로 나눈다. 하나는 *Aristoteles, Thamas Aquinas, Kant, Hegel*과 같은 체계적인 학문을 완성한 사람들이고, 또 하나는 *Socrates, Plato, Pascal, Kierkegaard*와 같은 사람들이다. 전자는 학적인 체계를 완성한 사람들이라기보다는 위대한 학문의 자극자들, 즉, 예민한 감수성과 통찰력을 가지고 생의 문제와 씨름하면서 그 문제의 해결을 위해 심각한 암시를 남긴 사람들이다. 전자는 사상의 세부요소에 미치기까지 그 사상의 근본적인 원리가 논리적으로 일치되도록 조직되고 전개되어 거대한 사상적인 체계와 조직을 이룬 것이고, 후자의 경우는 근본 원리에 대한 화신이 그 사상의 세부 요소에까지 침투되고, 또한 그것을 조명해줌으로써 생의 문제를 해결해갈 수 있도록 자극과 통찰력을 준 것이다. 전자를 체계화 (systematization)라고 말한다면, 후자를 체계(system)라고 할 수 있다. 아우구스티누스는 후자에 속한 사상가들 중의 한 사람이라고 생각할 수 있다(Vega, 39).

75) St. Augustine, *De Beata vita*, 34,72: "네 자신 밖으로 나가지 말라. 네

고 있다. 여러 신학적인 문제를 인간의 내적 체험을 통해서 해결해 보려는 것이다. 그러므로 악의 문제를 객관적인 어떤 존재로 파악하려고 할 때는 풀 수 없는 난관에 부딪히게 된다. 그래서 악의 문제를 인간의 밖에서가 아니고 인간의 내면의 세계에서, 즉 인간의 자유의지의 왜곡(결핍)에서 찾아 그 해답을 얻으려고 한다. 인간은 무로부터 창조되었기 때문에 가변적 존재이다. 그러므로 그는 항상 무로 귀환하려는 경향(무의 위협을 받기에) 때문에 존재와 선의 근원이신 하나님을 의지하고 살아야 한다. 그리고 하나님은 피조물들을 계층적으로 창조하셨다. 그리하여 이 세계는 '존재의 계층'(*hierarchy of beings*)이 있다.[76] 그리고 각 인간에게는 의지가 주어졌는데, 그 의지의 본질은 자유라고 한다. 그는 이 의지의 자유 때문에 존재의 근원과 최고선(*summum bonum*)이 되시는 하나님을 사랑함으로써 평화와 안정을 누릴 수 있고, 혹은 세상의 낮은 층에 있는 존재들을 사랑함으로써 변하며 불안정한 피조물 세계로 전락해버릴 수도 있다.[77] 여기에서 인간의 자유의지(사랑)가 의도적으로 최고선이신 하나님에게서 보다 덜 선한 것들에게로, 영원한 것에서 시간적인 것들에게로 전향된 무분별한 사랑 때문에 생기게 된다. 인간의 의지가 자신의 위에 있는 것을 버리고 자신의 밑에 있는 것으로 전향할 때, 그 의지는 왜곡되어 악하게 되는 것이다. 이것은 그 의지가 향한 대

자신 안으로 들어가라. 인간 내면에 진리가 거한다. 만일 네 자신이 가변적인 존재라면 너 자신마저도 초월해라. 거기서 네가 기억해야 할 것은 생각하는 네 영혼마저도 초월해야 한다는 것이다."

76) *Conf.*, 7,12,18; *N. & P. −N. F.*, vol.1, p.110.
77) Ibid., 2,5,10 −11; p.57.

상이 악해서가 아니라 그 의지의 경향 자체가 사악하기 때문이다.[78] 어거스틴은 이것을 인간의 '선한 의지의 결핍' 혹은 '의지의 왜곡' 혹은 '악한 의지'(voluntas mala)라고 보았다.[79]

어거스틴은 지상의 도성에 존재하는 악의 문제를 심미적(aesthetic) 견지에서 이해하고 있다. 전 세계의 모든 것은 하나님의 지혜로 인하여 조화를 이루고 있다. 세계를 부분적으로 보지 않고, 전체적으로 보게 되면 악(惡)처럼 보였던 것들도 결국 전체적인 조화와 미에 공헌하는 것을 알 수 있다고 한다. 한 폭의 그림에 검은색도 전체의 조화와 미에 공헌하는 아름다운 배경이 된다. 즉, 검은색이 배경이 되어 아름다움과의 조화를 이룬다고 하더라도 검은색(악)이 아름다운 색(선)으로 변화되는 것은 아니라는 사실은 확고하다.[80] 그의 고백을 보자.

당신에게는 악이 정말 존재하지 않습니다. 당신에게만 아니라 당신이 창조한 것을 전체적으로 볼 때 악은 사실 존재하지 않습니다. 당신이 창조한 일부분에서 어떤 것이 다른 것들과 조화되지 않아서 악인 듯이 생각되기도 합니다만, 그런 것들도 다른 것들과는 조화되어 좋게 되고 그 자체에 있어서도 좋은 것입니다. 그리고 조화되지 않는 것들이라고 할지라도 우리가 지구—구름 끼고 바람 부는 하늘을 가지고 있는—라고 부르는 창조의 낮은 부분과는 조화되고 있습니다. 그러므로 내가 "이런 것들이 존재하면 안

---

78) *DCD*, 7,6; *N. & P. −N. F.*, vol.2, p.126; *DCD*, 17,15; *N. & P. −N. F.*, vol.2, p.353.

79) *Conf.*, 7,16,22; *N. & P. −N. F.*, vol.1, p.111.

80) St. Augustine, *De vera religione*, 6,76.

된다"라고 말할 수 없습니다. 만일 내가 이것들만 보았다면 더 좋은 것을 진정 원했을 것입니다. 이런 피조물 자체만으로도 당신을 좋으시다고 찬양하여야 합니다. …… 이 모든 것이 당신의 이름을 찬양하고 있음을 보고 이보다 더 좋은 세계를 원하지 않습니다. 나는 모든 것을 깊이 생각하고 정확히 판단하여 깨닫게 되었으니 위에 있는 존재가 아래에 있는 존재보다 더 좋으나 모든 피조물이 함께 화합해서 존재한 것이 위층에 있는 존재가 홀로 있는 것보다 훨씬 좋다는 것입니다.[81]

이상과 같이 어거스틴은 지상의 도성(*Civitas terrena*)에서 악의 문제를 '선의 결핍', '선한 의지의 결핍'인 부조화로 보고 있다. 이것은 종말론적인 측면을 언급하고 있으나[82] 본 논문에서는 '지상의 도성의 결과'에 포함되어 자연스럽게 다루어질 것이다.

(2) 전쟁

어거스틴은 「하나님의 도성」을 전쟁의 이야기로 시작하고 있다.[83] 이것은 어거스틴이 지상의 도성의 현존성을 알라릭의 침공과 이로 인하여 패망의 길로 접어들고 있는 로마의 참담한 현실에서 찾고자 하는 것이다. 로마제국의 패망은 잊을 수 없는 것으로 여겨져 왔다. 기독교의 나라로 자부하고 있는 터라 이러한 나라가 무너져 내리는 데 있어서 그 파장과 영향력은 너무나 막대하였다. 제롬은 "만약 로

---

81) *Conf.*, 7,13,19; *N. & P. −N. F.*, vol.1, p.110.
82) 선한용, pp.167−170.
83) *N. & P. −N. F.*, vol.2, p.1.

마가 멸망한다면 과연 무엇이 안전할 수 있겠는가?"라고 하였다.[84] 수많은 로마의 부요한 자들은 아직까지 알라릭에게 정복당하지 않은 아프리카의 로마제국의 영지로 밀려들었다. 이들은 이 지역에 광대한 장원들을 마련해두고 있었기 때문이다. 어거스틴은 이들의 공포와 슬픔에 차 있는 모습과 밀려드는 피난민들을 통해서 이 대재난의 상황을 직접 들을 수 있었다.[85]

어거스틴은 이러한 무서운 사실적인 실증들을 통해서 지상의 도성의 실재성으로 인지하였다. 그리고 이와 같은 상황에서 야만인들이 피난처를 제공하였다는 사실에서 지상의 도성(Civitas terrera) 안에 존재하고 있는 하나님의 도성(Civ. D.)의 실재성을 찾고자 하였다.

> 그곳에 있는 사람은 어느 누구도 난폭하게 다루지 않았고, 강제로 끌어가지도 않았다. 자비심 많은 적들은 많은 사람들을 그곳으로 데리고 가서 자유를 얻게 하였다. 그곳에서는 심지어 잔인한 적군에 의해서조차도 포로로 잡혀가지 않게 되었다. 이런 행위는 그리스도의 이름과 그리스도교의 영향에서 그 원인을 찾아야 한다.[86]

어거스틴에게 있어서 전쟁은 지상의 도성의 현존성과 함께, 하나님의 도성(Civ. D.)의 평화를 추구하게 된다. 지상의 도성에서의 전쟁은 공통적으로 인류역사의 불행으로 기록된다. 전쟁을 불행으로 기억하면서도 인류 역사는 이 불행을 허용할 수밖에 없는 것은 불가

---

84) W. Thomas Smith, p.255: 제롬(Jerome)의 서간 123; cf. P. Brown, p.289.
85) Ibid., p.255; DCD, 1,7; N. & P. −N. F., vol.2, p.5.
86) DCD, 1,7; N. & P. −N. F., vol.2, p.5.

항력적이었다고 볼 수밖에 없다. 그리고 인류의 역사는 전쟁의 역사였다는 것을 아무도 부인할 수 없다.[87]

고대시대에는 전쟁이 아주 직접적이었기 때문에 전쟁사(戰爭史)가 곧 역사였다. 그래서 그리스의 역사가인 헤로도토스(*Herodotus*)는 '페르시아 전쟁을 기록'하는 자체를 역사라고 이름 붙였다. 투키디데스(*Thucyds*)는 펠로폰네소스 전쟁을 묘사하면서, 역사에 대한 의문을 해결하려고 했다.[88] 이러한 경향성은 근대사가들에게도 전승되어 기번(*E. Gibbon*)은 그의 저서 「로마제국쇠망사」 서문에서 전쟁과 정부 행정이 역사의 으뜸가는 주제라고 했고, 영(*Arthur Young*)은 근대사가 온통 군사적인 주제로 가득하다고 했다.[89]

역사적 측면에서뿐만 아니라 현재성에서 볼 때도 핵전쟁의 공포는 잠시도 우리 주변에서 떠나지 않는 위협이 되어왔다. 이처럼 전쟁의 역사는 너무나 길고 우리들 본성에까지 깊이 침투해 있다.[90] 그러나 전쟁이 바람직하지 않다는 것은 동서고금에 공통으로 편만한 가치다.[91]

로마인들의 전쟁 원인에 대한 탐구를 종합적으로 대표한 사람은 키케로(*Cicero*)이다. 키케로는 어떤 전쟁도 그것이 잃어버린 것을 도

---

87) 이석우, 어거스틴과 전쟁론, p.49: J. Wellhausen 같은 학자는 전쟁이 "국가 발생의 요람"이라고까지 말하고 있다.

88) 김진경, 헤로도토스에 있어서의 역사의 원인 서양사론, vol.16(한국서양사학회, 1975), p.4.

89) 박성수, 역사학개론(서울: 삼성, 2000), p.308.

90) 정하명 외 5인, 세계전쟁사(서울: 일신, 1979), p.37: 전쟁은 개인과 개인의 적대감과 갈등이 국가라는 조직 단위로 확대되었다는 견해가 우세하다.

91) 이석우, 어거스틴과 전쟁론, p.51: 고대인들은 신화나 작품을 통해 볼 때 아시리아를 제외하고는 전쟁 없는 평화로운 시대를 이상향으로 본다.

로 찾기 위해 선포되거나 감행된 것이 아니면 전쟁은 정당한 것이 아니라고 했다.[92] 그래서 전쟁은 단순한 폭력이 아니라 피해를 정당화하려는 신실한 노력으로 보았다. 때문에 명분 없는 전쟁이란 단순한 해적행위이며, 정당한 전쟁은 정당한 원인이 필요하다.[93] 어거스틴도 지상의 도성에서 일어나는 전쟁에 대하여 부정적인 입장을 취한다.

　로마가 계속적으로 부단히 전쟁을 치르지 않았다면 그렇게 넓게 확장될 수도 없었고 그렇게 영광스럽게 될 수도 없었을 것이라고 대답하는가? 실로 정당한 주장이다. 그러나 제국이 확대되기 위하여 평화를 상실해야 하는 이유가 무엇인가? 인간의 신체라는 이 작은 세계에서도 부자연스러운 고통을 가하여 거인과 같은 우람한 체구를 얻은 뒤에 평안히 쉬지도 못하고 신체의 크기에 비례하여 고통을 당하는 편보다는, 적절한 크기로 건강을 유지하는 편이 낫지 않은가? 처음 시기의 평화가 지속되었더라면, 어떤 악이 생겨났을 것인가? 그리고 그 결과가 좋지 않았을 것인가? 그 시기에 대해 살루스티우스는 다음과 같이 간략하게 기술하고 있다: "초기의 왕들—이 단어는 세상에서 지배권을 획득한 사람에게 처음 붙여진 호칭이기 때문이다—은 성향이 각기 달랐다. 어떤 이들은 정신적인 권력을 행사했고, 어떤 이들은 육체적인 힘을 행사했다. 그 당시에 사람들은 욕심 없이 살았고 각 사람은 자기가 가진 것에 만족했다.[94]

어거스틴은 전쟁을 수행하는 중에 살해 행위는 당연할 수밖에 없다는 전쟁의 속성을 다음과 같이 반문 형식으로 언급하고 있다.

---

92) Ibid, p.53; cf. Cicero, *De Officiis,* 1,2. 36.

93) Ibid, p.53; cf. Livy, *History,* 1,32,6.

94) *DCD,* 3,10; *N. & P. −N. F.,* vol.2, p.47.

우리는 로마가 건국되기 이전이나, 그 다음에 흥기하여 세력을 잡은 이후의 시기에 발생된 수많은 전쟁에 관한 기록을 가지고 있다. 우리의 적들로 하여금 역사를 읽어보고 이방의 적군이 어떤 도시를 장악한 뒤 신전에 도피하고 있는 사람들의 목숨을 살려준 예가 있으면, 들어보게 하라.[95] 그들로 하여금 어떤 야만인 장군이 한 도시를 급습하였을 때, 이런저런 신전에서 발견되는 사람들을 난폭하게 다루지 말라는 훈령을 내렸는지 인용하게 해보라.[96]

어거스틴은 어떤 도성을 약탈하는 적군의 일반적인 관행에 관한 우티겐시스(*Cato Uticensis*)의 묘사를 인용한다.[97]

소년소녀들은 끌려가고 젖먹이들은 부모의 품에서 떼어집니다. 여인들은 정복자들의 쾌락의 도구가 되며 신전과 집은 노략질당합니다. 곳곳에서 화재가 발생하며 학살이 자행됩니다. 싸우는 사람들, 시체들, 유혈과 애곡소리로 모든 것이 혼란합니다.[98]

---

95) St. Augustine, 하나님의 도성, "각주", p.84: 아우구스티누스의 문제제기는 옳지 못했다. 이교도들은 티레(Tyre)에서의 알렉산더가 베푼 호의(Arrian, *Anabasis of Alexander the Great*, 7,24)와 코로네아 점령 이후에 아게실라우스가 베푼 관대한 행위(Plutarch, *Vitae Parallelae, Agesilaus*, 19)를 인용할 수 있었다.

96) *DCD*, 1,2; *N. & P. −N. F.*, vol.2, p.2.

97) St. Augustine, 하나님의 도성, "각주", p.88: 카토 우티겐시스(*Cato Uticensis*)는 탑수스(*Thapsus*: 46 B.C.) 전투 이후에 자살했는데 그의 자살 행위는 스토아적인 덕목의 모범으로 찬양되었다. 그 전쟁은 살루스티우스의 「카틸리나」(*Catiline*)에서 카이사르의 입을 통해 묘사되고 있다.

98) Ibid., p.88; Sallust(Roman historian, 86−35 B.C.), *Catilina*(Bellum Catilinae), 51,9.

어거스틴은 우상들이 전쟁에서 우상숭배자들의 민족이나 국가를 보호해주지 못한다는 사실을 다음과 같이 주장하고 있다.

아이네아스(*Aeneas*)는 프리암(*Pream*)이 제단에서 "스스로 성별했었던 불을 피로써 더럽히는"[99] 모습을 보이지 않았던가? 그리고 디오메데스(*Diomedes*)와 율리시즈(*Ulysses*)는 "성채를 수비하던 모든 자들을 살육하고 피 묻은 손으로 거룩한 신상을 낚아채었다. 그리고 주저함 없이 무서운 여신의 순결한 관에 손을 댔도다"[100]라고 하지 않았던가?[101]

이와 같은 주장을 어거스틴은 트로이(*Troy*)의 경우를 들어 더욱더 확실하게 설명하고 있다.

그리스가 승리했으며, 불과 칼로써 트로이를 파멸시키고 제단에서 프리암(*Pream*)을 살해했기 때문이다. 그리고 트로이가 소멸된 것도 그 도시가 미네르바(*Minerva*)를 잃어버렸기 때문이 아니었다. 미네르바는 그녀 자신의 소멸로 이끌게 된 어떤 손실을 먼저 당했는가? 아마 호위병들을 잃어버린 것이 아니던가? 그녀는 의심할 바 없이 바로 그 호위병들이 살해당하자마자 도난당할 수 있었다. 사실상 신상이 그들을 지켜주고 있었던 것이 아니라, 그들이 신상을 보호하고 있었던 것이다. 그렇다면 그들이 자기 나라와 그 시민들을 위한 보호수단을 확보하기 위하여 그 여신을 숭배한 이유

---

99) *DCD*, 1,2; *N. & P. —N. F.*, vol.2, p.2; cf. Virgil, *Aeneid*, 2,502: Roman epic, vucolic and didactis poet, 70 - 19 B.C.

100) Ibid., 1,2; p.2.; cf. Virgil, *Aeneid*, 6,166ff.

101) Ibid., 1,2; p.2.

가 무엇이었을까? 그녀는 자신을 지켜주는 자들을 보호할 수도 없었는데 말이다.[102]

어거스틴은 로마인들도 이와 같은 어리석음에 빠져 있다고 지적하고 있다. "로마인들이 기꺼이 자기들의 도시를 보호하도록 위임하고는 기뻐했던 신들인 것이다! 이 얼마나 애처로울 정도로 어리석은 짓인가!" 그리고 어거스틴은 로마인들이 신들에 대해 잘못된 것을 저술하는 사람들에게는 전혀 화를 내지 않고, 도리어 그들에게 보상과 봉급을 지불하고 있다고 지적한다. 이러한 잘못된 것을 바르게 일깨워주는 우리들에게 대해서는 분노한다고 어거스틴은 질책하고 있다.[103]

어거스틴은 기독교가 전쟁에 관하여 관념적으로 생각하고 있는 범주 안에서 생각을 했다. 기독교가 가지고 있는 전쟁관은 관망적이었다. 이는 근본적으로 신구약성경의 전쟁에 대한 상반된 기록의 차이에 근거하기 때문이었다. 구약의 경우 전쟁은 국가와 국가 간에 일어난 평면적 관계라기보다는 하나님의 의도를 지상에 실현하는 수직적 관계로 이해되었다.[104] 히브리인들의 전쟁에 대한 관념은 그들의 계약사상의 범주 안에 들어 있었기에 하나님이 전쟁을 주관하는 것으로 믿었다. 그들은 하나님을 군사와 동일시하거나 전쟁의 대리자로 생각하기도 했다.[105] 더 나아가 하나님을 승리의 판가름을 하는

---

102) Ibid., 1,2; p.2.

103) Ibdi., 1,3; p.3.

104) R. H. Bainton, *Christian Attitudes Toward War and Peace*(Nashville, Abingdon Press, 1960), p.44.

분으로 생각하면서, 또한 살인까지 명령하는 잔혹성까지 가지고 있는 분으로 생각했다. 가나안 정복시기에 나타난 하나의 예를 신명기 20장에서 보면 첫째, "여호와께서 너와 함께 계신다."는 구절에서 "너희와 함께 행하시기 때문에" 적을 대항해주는 전쟁의 신과 같은 개념으로 이해되고 있다. 둘째, 성을 함락하기 전에 평화를 선언하라. 셋째, 이에 순응치 않을 때는 육축만 전리품으로 남기고, 모든 성내 거주하는 사람들을 남녀불문 살해할 것이며, 호흡 있는 자는 한 사람도 남기지 말라는 극단적 태도를 보여주고 있다. 이같이 호전적인 사상은 가나안 정복 과정의 여러 곳에 나타나고 있다. 이것은 여호와의 유일신적 존재성 때문에 그가 화평과 전쟁의 양자를 다 주관해야 하는 이중적 섭리에서 나타난 것이다.106) 이때의 전쟁은 왕이 아닌 제사장들에 의해 수행된 실지회복(失地回復)의 전쟁이었기 때문에, 성전적(聖戰的) 또는 십자군적 성격이 강하게 내포되어 있는 것이다. 그러나 사사시대를 지나면서 신정정치구조에서 벗어나 국가조직의 형태를 가지게 됨으로써 구약에서의 전쟁의 성향도 크게 바뀌게 된다. 전쟁이 국가통치자인 왕의 지휘와 권력 아래 들어가게 되었다. 이로써 여호와의 명령과 국가통치자인 왕의 이해관계가 항상 일치하지는 않았다.107) 그리고 지금까지는 대외적 전쟁의 성격만

---

105) 출 15:3 – 5.

106) Ibid., p.47.

107) 삼후 24:1 – 17: 다윗 왕은 가나안 지방에 거하는 거주인에 대한 인구조사를 실시했다. 이렇게 한 이유는 군대조직의 필요성과 연관되어 있다고 본다. 삿 3:1 – 2: 실지로 그 성내에 거주하는 가나안인에게 거주를 허용한 것은 가나안 전쟁을 모르는 히브리인을 연단하고 전쟁을 가르치는 데 목적이 있었지만, 다윗은 도리어 이들을 포용하여 국력을

가졌던 것이 이제 내부의 갈등을 해결하는 방안으로 내전의 형태도 취하게 되었다.[108] 다윗 왕과 솔로몬왕이 군대를 조직[109]함으로써 통일왕국의 지원병제도에서 의무징병제도로 바뀌게 되었다. 이것은 새로운 사회개편을 가져왔다. 농민은 과세대상이 되었고, 예언자들도 사회조직 체계의 일부로 남게 되었다.[110]

신약의 경우 전쟁에 대한 태도는 중립적인 면에서 평화주의적인 면 그리고 무저항적인 입장을 취하고 있다. 신약에서는 구약에서와는 달리 전쟁에 대한 실제적인 사례가 나타나 있지 않다. 다만 추상적이면서도 보다 원리적인 면에서 접근하고 있다는 점에서 구약과 크게 다르다. 신약에서 전쟁이 긍정적으로 이해되는 부분은 대표적으로 성전에서 상행위(商行爲)를 하는 자들을 채찍으로 몰아내는 그리스도의 행동에서 보게 된다.[111] 십자군원정의 뒷받침을 할 수 있는 근거로 이 성경적 사건을 들고 있는데, 그 적용의 여부에 있어서는 견해가 일치되고 있지는 않는 것 같다.[112]

신약에서 전쟁과 폭력에 대하여 견해를 보이는 곳을 살펴보자. "내가 세상에 화평을 주러 온 줄로 생각지 말라. 화평이 아니요 검

신장시키는 국가 기반으로 보존하고자 했다.

108) 사울 왕과 다윗 간의 분쟁과 갈등의 양상을 「삼상」의 기록에서 적나라하게 기록하고 있다.

109) 삼하 22:6: 다윗 왕은 가드에서 온 6백 명의 군대를 보유하였다. 왕상 10:26: 솔로몬은 병거 1400명과 마병 1만 명과 상비군 2천 명을 보유하였다.

110) R. H. Bainton, p.45.

111) 요 2:15.

112) 이석우, *Augustine* 사관에 나타난 두 도성 개념의 성격 연구, p.157.

을 주러 왔노라."113)라고 한 구절에서 검이 구체적으로 언급되어 있다. 그리고 누가복음에서 검이 전쟁이란 말로 다시 표기되고 있다.114) 검에 대한 말씀은 제자들을 선교임무에 내보내는 데 있어서 각각 상반되어 있다. 처음에는 아무것도 가지지 말고 나가도록 지시하고, 그 다음에는 오히려 검에 대해 언급할 때는 "검 없는 자는 겉옷을 팔아서라도 검을 사라"115)는 상반되는 권고를 한 것이다. 검에 대한 그리스도의 실례는 다른 곳에서도 나타나 있는데, 제자 중의 한 사람이 대제사장의 귀를 쳐서 그 오른편을 떨어뜨렸을 때 그 검을 도로 집어넣도록 명령하면서 검을 가진 자는 검으로 망한다고 경고하였다.116) 이것은 검의 사용을 절대 금지시키는 것 같은 느낌을 지울 수 없게 하고 있다. 이것뿐 아니라 지상의 도성(*Civitas terrena*)과 하나님의 도성(*Civ. D.*)에 대하여 어느 곳에 충성을 해야 하겠느냐는 질문에서 "가이사의 것은 가이사에게, 하나님의 것은 하나님께 바쳐라"는 말로 양쪽 다 인정하는 태도를 취하였던 것이다. 산상수훈에서도 또한 폭력에 대한 언급을 하고 있다. 악한 자를 대적하지 말고, 오른편 뺨을 치거든 왼편 뺨도 내어 주어라고 한 것은 무저항주의적 태도이다. 그리고 속옷을 가지고자 하는 자에게 겉옷까지도 내어 주라는 당부와 적을 사랑하라는 가르침은 적극적인 자세로 용서를 해주라는 뜻으로 받아들인다. 이러한 신약의 가르침으로 초대교회 시대에서 박해를 받을 때 순교의 길을 걸어가야 했던 수많은

---

113) 마 10:26.
114) 눅 12:51.
115) 눅 22:35-38.
116) 마 26:52.

크리스천들은 무저항과 평화주의적 입장을 취하였다. 역사의 무대에서 무저항주의와 평화주의의 근본이 되었던 것이다. 당시의 모든 기독교인들은 폭력의 사용에 반대하였고, 또한 전쟁에 대한 태도도 이 범주에서 벗어나지 않았다.

그러나 콘스탄틴 대제 이후, 이러했던 그들의 태도에는 변화를 가져오게 되었다. 제국이 수행해야 하는 전쟁을 신의 뜻과 동일시해야 하는 목적의 합일성을 가져야만 했던 것이다. 이러한 변화의 요구에 대하여 유세비우스(Eusebius of Caesarea)가 구체적으로 해답을 제시하였다. 그는 전쟁에 대한 태도가 일반 신도와 고위 성직자는 달라야 한다면서 태도분리를 시킨 것이다. 즉, 일반 신도는 시민의 의무를 지고 전쟁을 수행해야 한다고 주장한 반면에, 고위 성직자는 신에게 헌신해야 하므로, 전쟁에 대하여 초연(超然)한 입장을 취해야 한다는 것이다.117)

이러한 입장에서 전쟁에 대한 기독교인들의 접근 방식을 구체화시킨 사람은 바로 암브로시우스이다. 그는 로마제국의 통일 체제를 기독교의 세계화의 길을 마련해준 것으로 보았고, 나아가서 로마를 지키고 강화해나가는 것이 하나님의 뜻에 부합하는 것이라고 생각했다. 그래서 암브로시우스는 로마제국을 보호하기 위하여 싸우는 병사들을 정의의 전사라고 추켜세웠고, 이들을 위하여 기도하기를 주저하지 않았다.118) 당시의 상황에서 국가와 교회 간의 대립은 해소되었다. 그러나 정통기독교와 이단 간의 대립은 격화일로를 걷고 있

---

117) Eusebius, *Demonstratio Evagelica*, 1,8. 26b−30b.

118) Ambrose, *Enauctis in Psalm*, 45,21; cf. F. H. Dudden, *Life and Time of St. Ambrose,* vol.2(Oxford, 1935), Ⅱ.

었다. 이 문제를 해소하기 위하여 그는 제국의 힘까지도 빌려야 한다고 했으며, 이들을 로마의 적으로까지 취급했다.[119) 이렇게 함으로써 그는 로마적인 국가제도와 기독교의 전쟁관을 현실적으로 조화시키는 데 일익을 담당했다.[120)

어거스틴은 이러한 신약의 평화주의를 보다 더 이론적으로 극복시켰다. 고대 말기와 중세의 여명기에 살았던 그는 두 시대의 전쟁관에 대한 교량적 역할을 했다.[121) 지상의 도성에서 전쟁의 욕망에 사로잡힌 로마가 알바인들에 대항하여 벌인 전쟁의 사악함, 그리고 권력욕에 의하여 획득한 승리에 대하여 다음과 같이 기록하고 있다.

> 지배욕은 추악한 악덕으로 인류를 지치게 만들었다. 로마는 알바에게 승리를 거둔 뒤 자기의 죄악을 찬양하면서 영광이라고 부를 때, 오히려 이 욕망에 의하여 정복당했다. 왜냐하면 우리 성경이 말하듯이, "악인은 그 마음의 소욕을 자랑하며 탐리하는 자는 여호와를 배반하여 멸시하기"(시 10:3) 때문이다. 그렇다면 사태를 정직하게 보고 조사하기 위해서는 이런 거짓된 가면을 벗고 기만적인 회칠을 벗겨내라. 어느 누구든지 이런저런 사람이 이렇고 저렇게 싸우고 정복했기 때문에 '위대한' 인물이라고 말하지 않게 하라[122)

이렇게 지상의 도성에서 일어나는 전쟁에서 승리하였을지라도 그로 인한 평화가 지속되는 것이 아니라 다시금 전쟁의 소용돌이에 휘

---

119) F. H. Russell, p.13.
120) Ibid., p.14.
121) 이석우, 어거스틴과 전쟁론, p.160.
122) *DCD*, 3,14; *N. & P. −N. F.*, vol.2, p.50.

말리게 된다고 어거스틴은 말하고 있다.

비록 대승리로 종결된 듯이 보인다고 할지라도 후대 왕들에 의하여 자주 반복되었던 전쟁들, 때때로 대량 학살로 끝맺음되었고, 평화를 맺은 이후에도 장인 격인 사람들과 사위 격인 사람들 또한 그들의 자녀들과 후손들 사이에 거듭 반복되었던 전쟁들에 대해서는 내가 어떻게 상세하게 말할 것인가? 우리는 후대의 왕들이 결코 전쟁의 문[123])을 닫지 못했으며, 따라서 그들을 보호하는 신들이 있었음에도 불구하고 결코 어느 누구도 평화스럽게 통치하지 못했다는 사실에서 이런 파국적인 역사에 대한 적지 않은 증거를 가지고 있다.[124])

이렇게 잔혹한 전쟁의 책임에 대해서도 어거스틴은 지상의 도성에서 일어나는 전쟁의 재앙에 대한 책임을 그들 자신의 신들에게 묻지 않고, 파렴치하고 뻔뻔스럽고 무례하고 어리석은 태도로 그리스도에게로 돌리는 데 대하여, 너희들 자신의 역사가들도 인정하듯이, 어떤 외국과의 비참한 전쟁이나, 공화국에 있는 재앙들이나, 유혈 전쟁들도 그리스도가 강림하기 오래전에도 있었지 않았는가? 반문하고 있다.[125]) 그리고 이방신들이 숭배되고 있을 때에도 이런 전쟁의 재앙이 사람들을 덮쳤는데, 전쟁의 고통의 원인을 그리스도에게 돌리는 것은 너무나 파렴치한 일이라고 하면서 어거스틴은 "그리스도의 큰 은혜에 대하여 감사할 줄 모르는 자들로 하여금 이런 엄청난 재난에

---

123) Ibid., 3,9; pp.46-47.
124) Ibid., 3,14; p.51.
125) Ibid., 3,20; p.61.

대한 책임을 그들 자신의 신들에게 묻게 하라"고 주장한다.126)

로마는 전쟁을 통하여 어떤 이익을 얻었는가? 그리고 그들은 정복한 사람들에게 얼마나 많은 유익을 베풀었는가? 이 질문 앞에 스스로 답하기를, "곧 죽을 사람이 누구의 지배 아래 살든지 무슨 문제가 되겠는가마는 로마인들은 다른 민족들을 굴복시키고 자기들의 법을 강요했을 때 전쟁을 통한 대량 살육으로 이루어졌다는 것인데, 이러한 일이 평화적인 합의에 의하여 이루어졌으면 더 성공적이었을 것이라"고 한다.127) 어거스틴은 계속해서 언급하기를, "나는 어떤 사람들이 정복자가 되었고 다른 사람들을 정복했다는 사실이, 안전이나 선한 풍습이나 사람들의 위엄에까지도 어떤 이익이 되는지 알지 못하겠다. 차이점이란 단지 그것을 얻기 위한 과도한 열망에 불타는 사람들이 아주 격렬한 전쟁을 치른 뒤에 '이미 상급을 받았다'는 표현처럼 비정상적으로 교만한 마음을 먹게 된 것뿐이다."라고 하였다.128) 그리고 그의 지상의 도성에서의 전쟁관을 다음과 같은 말로 마무리하고 있다.

이런 문제에서조차 하나님의 선하심으로부터 유익을 얻도록 하자. 로마인들이 인간적인 명예를 얻기 위하여 얼마나 많은 것들을 경솔히 여겼으며, 얼마나 많은 것들을 인내했으며, 얼마나 많은 욕망을 억눌렀는지 생각해 보자. 사실상 그들은 그런 덕성에 대한 보답으로 그런 명예를 얻을 자격이 있었다. 우리 안에 교만한 마

---

126) Ibid., 3,31; p.62.
127) Ibid., 5,17; p.98.
128) Ibid., 5,17; p.98.

음을 억누르기 위해, 여기서 유익을 얻도록 하자. 우리가 다스리기로 약속받은 그 도성은 이 세상적인 도성과는 하늘과 땅만큼이나, 영원한 생명이 순간적인 기쁨만큼이나, 확실한 명예가 공허한 칭찬만큼이나, 천사들의 사회가 인간 사회만큼이나, 태양과 달을 창조하신 분의 영광이 태양과 달의 빛만큼이나 큰 차이가 난다.129)

그리고 지상의 도성을 위하여 자기 아들을 죽일 정도의 희생130)을 가져온 이들에 대한 애도를 어거스틴은 이렇게 표현하면서 위로한다.

그는 위협받고 있는 자유를 위하여,
반란을 일으킨 자식에게 피를 흘리게 했네.
시간이 흐른 후에 그의 행동이 어떻게 판단되는지 간에
그는 불행한 아버지로다!
조국에 대한 사랑이 그로 하여금 모든 것을 이기게 했네.131)

지상의 도성의 현존에서 일어나는 전쟁의 측면에서도 어거스틴은 그의 현실성과 종말성의 특징을 잘 조화시키고 있다.

---

129) Ibid., 5,17; p.98.
130) Ibid., 3,16; pp.52−53.
131) Ibid., 5,18; p.99.
   Natosque pater nova bella moventes
   Ad podnam pulchra pro libertate vocabit,
   Infelix, utcumque ferent ea facta minores.
   Vincit amir patriae, laudumque immensa cupido

(3) 평화

어거스틴은 「하나님의 도성」에서 지상의 도성적 차원의 평화를 위한 로마인들의 모습을 다음과 같이 기록하고 있다.

로마인들은 개개 신들에게 고유한 영역과 거의 개별적인 역할을 할당시킨다. 그들은 사람들에게 행동을 촉발시키기 위해서는 여신인 아게노리아(*Agenoria*)를, 특이한 행동을 하도록 자극하기 위해서는 여신인 스티물라(*Stimula*)를, 사람들을 정도 이상으로 정지시키기 위해서는 아니 폼포니우스(*Pomponius*)[132]가 말한 대로 극도로 무기력하고 꼼짝 못 하게 한다는 의미인 나태(*murcidus*)한 상태로 만들기 위해서는 여신인 무르키아(*Murcia*)[133]를, 사람들을 활동적이게 하기 위해서는 여신인 스트레누아(*Strenua*)를 부른다. 그들은 이 모든 남신과 여신에게 엄숙하고 공개적인 숭배행위를 했다. 그런데 그들은 사람들을 평안하게 해준다는 이유로 콰이에스(*Quies*)[134]라는

---

132) St. Augustine, 하나님의 도성, "각주", p.244: 폼포니우스는 아마도 원래 애호가에 의하여 연기되는 일종의 광대극인 fabulae Atellanae의 저자인 루키우스 폼포니우스(약 기원후 90년에 활동)일 것으로 추정한다. 이 극은 기원후 1세기에 문한적인 형태를 얻었고, 전통적인 전속 극단 배우들을 보유하며(마치 즉흥 가면희극의 배우들처럼), 직업인들에 의하여 연기되었다.

133) Ibid., "각주", p.245: 무르키아의 제단에 대해서는 리비우스(1,33)에 의하여 언급되었다. 이 여신은 아마도 도금 양과 관계있기 때문에 무르키아, 뮈르키아, 혹은 뮈르테아라는 별칭을 가진 베누스와 동일시되었다 (Ovid (Roman elegiac poet, 43 B.C.-A.D. 18), *Fasti.*, 4,141ff; Plany the Elder(Roman natural historian, A.D. 23-70), *Naturalis Historia* 15,121; Varro(Roman polymath, 116-27 B.C.), *De Lingua Latina,*, 5134).

134) Ibid., "각주", p.245: 콰이에스는 비아 라티카나에 신전을 가지고 있었

이름을 얻은 여신을 인정하면서 콜리나 문 외곽에 그녀의 신전을 세웠음에도 불구하고, 이 신전을 국가적인 제단으로 채택하기를 거절했다. 그것은 그들의 마음이 불안정하다는 증거였거나, 아니면 분명히 신이 아니라 악마 무리를 숭배하겠다고 고집 부리는 자는 어느 누구든지 평안한 삶을 누릴 수 없다는 사실을 의미했을 것이다.[135]

인간이 평화로운 생활을 목적으로 두고, 현실에서의 불안전성에 대한 자신의 존재와 의미를 본격적으로 찾기 시작한 것은 아리스토텔레스와 플라톤으로부터 시작되었다. 그리고 키케로에 이르러서는 고대세계의 가장 큰 불안의 요소였던 전쟁관이 거의 완성되는 듯했다. 그러나 서양문명의 기조가 항상 그런 것처럼 그리스−로마(*Greece − Rome*)적인 전통으로만 해답을 찾을 수 없었다. 히브리(*Hebrew*)사상을 기초로 한 기독교적 질서가 정치적 상황과 공존하게 되면서 전쟁에 대한 기독교도들의 입장 표명이 강력하게 요구되었다.[136]

이전까지만 해도, 소극적이고 평화적인 입장을 견지해온 기독교인들이었지만 콘스탄틴 대제가 공적으로 기독교를 인정함으로써 제국의 정치행위와 교회 간의 공동지향점을 찾게 되었고 그중의 어려운 문제 중 하나가 전쟁을 어떻게 받아들이느냐의 문제였다. 이 같은 시대적 전환기에 처해 있을 때 이 문제에 대하여 조심스러운 해결방향을 모색한 인물이 바로 어거스틴이다. 그러나 그의 견해가 중세기를 대표할 수 있는 것은 결코 아니다. 그 후에도 줄곧 여러 가지 형

다(Liv., 4,41). 콜리나 문 외곽에 있는 제단에 대해서는 다른 곳에 언급되어 있지 않다.

135) *DCD*, 4,16; *N. & P. −N. F.*, vol.2, p.72−73.
136) F. H. Russell, p.12.

태의 전쟁관이 나왔고, 어떤 것은 성격이 전혀 달라지기도 하였다.[137] 그럼에도 불구하고 그의 전쟁관이 중세 전쟁론의 디딤돌이 되었던 것은 사실이다. 더구나 기독교의 평화주의적 입장을 체계적으로 극복한 그의 전쟁론은 영주 간의 갈등, 기사도, 십자군운동, 군주와 교회 간의 갈등과 같은 중세기적 사건을 접근하는 데 있어 그 개념과 본질들을 이해하는 데 도움이 된다.[138]

전쟁에 대한 개념은 평화개념과 밀접히 관련되어 있다. 전쟁은 평화를 깨뜨리는 파괴적 역할을 하지만 동시에 평화를 지키는 수단이라는 배리성(背理性) 때문에 그것에 대한 논의가 양면성을 가진다. 히브리인들에게 평화란 단순히 전쟁이 없는 상태 이상의 의미를 갖고 있었다. 샬롬(Shalom)이란 말은 복지라는 의미를 갖고 있지만 '번영'과 거의 동의어로 쓰였다.[139] "평강이 있고 네 궁중에서 형통이 있을 지어다"[140]라는 내용은 평화와 안전을 나타내 주는 의미로 평화를 상징하고 있다. 바벨론(Babylon)과 대비되는 예루살렘(Jerusalem)은 사라지지 않을 이념적인 성이라는 뜻을 남겼지만, 번영과도 통하는 것이다. 고대인들에게 평화란 대체로 종교적인 태도와 연결되어 있긴 했으나, 유일신을 믿는 히브리인들에게는 이런 성향이 훨씬 강하게 나타나고 있다.[141]

---

137) 이석우, 어거스틴과 전쟁론, p.50: Romanist들의 전쟁관은 중세 전반을 통해서 결코 없어지지 않았고, 항상 로마법의 근거에서 전쟁을 분석하려 했으며, 교황들은 그 나름대로의 변혁을 진행시켰다. 또 아퀴나스 등의 수정된 입장도 등장하였다.

138) Ibid, p.50.

139) R. H. Bainton, p.17.

140) 시 122:7.

그리스인들에게 평화란 협조적인 뜻을 가지고 있는데 질서와 결합의 상태(*State of order and coherence*)를 뜻한다. 로마인들에게는 평화란 전쟁이 없는 상태, 상호간의 계약이 무너지지 않은 상태를 의미한다. 이는 도시국가의 정치형태를 갖고 있는 그들에게 서로 간의 조화가 평화 상태라고 생각되었던 것이다.[142]

어거스틴은 참된 사랑으로 인한 평화를 가져야 한다고 강조하고 있다. "지상적 평화가 천상적 평화와 연결된 이런 평화라야만 이성적 피조물이 가져야 할 참된 평화이다."[143] 이런 평화는 질서를 아주 잘 잡고, 아주 잘 조화된 사회를 구성하며 하나님을 즐기며, 또 그 구성원들이 하나님 안에서 서로 즐거워하는 사회를 구성한다. 이런 나라는 그 근본에 있어서 하나님에 대한 사랑과 이웃에 대한 사랑에 근거하게 된다고 말하고 있다.[144]

그러므로 지상의 도성(*Civitas terrena*)의 불행한 사람들은 이러한 참된 평화(하나님의 도성의 평화)를 즐기지 못하고, 어떠한 종류의 소요나 분쟁도 없는 평온한 질서로부터 분리되어 있다. 이러한 연관성으로 인하여 이들에게 있는 불행은 당연하고도 공정하다고 본 것이다. 불행한 사람들은 행복한 사람들과 결합하지 못하고 질서의 법에 의해서 분리된 것이라고 하면서,[145] 어거스틴은 지상의 도성(*Civitas*

---

141) R. H. Bainton, p.18.

142) John L. Myers, *The Polotical Ideas of the Greeks*(N.Y., The Abingdon Press, 1927), p.42,

143) *DCD*, 21,17: "*eamque terrenam pacem refert ad coelestem pacem, quae uere ita pax est, ut rationalis dumtaxat creaturae sola pax habenda atque decenda est*"

144) *DCD*, 21,17; *N. & P. −N. F.*, vol.2, p.413.

terrena)이 하나님의 도성(*Civ. D.*)의 질서에 따라오는 평화를 가져야 한다고 다음과 같이 말한다.

만일 사물이 자연적 질서와의 조화에서 오는 평화를 가지지 않았다면, 그들은 더 가련할 것이다. 그들이 고통을 받을 때에 그들의 평화는 그만큼 교란되며 그들이 고통을 받지 않으며 그들의 본성이 계속 존재하는 동안은 그들의 평화는 계속된다. 그러므로 모종의 생명이 없으면 고통도 없으며 동시에, 고통이 없는 생명이 있을 수 있는 것과 같이 전쟁이 없는 평화도 있을 수 있다. 그러나 모종의 평화가 없이는 전쟁이 있을 수 없다. 전쟁은 전쟁을 하는 사람들이 있다는 것을 전제하며, 이런 사람들은 일종의 평화가 없이는 존재할 수 없기 때문이다.146)

여기서 보면 그는 단순한 평화주의자가 아니었다. 평화에 대하여 논하면서도 그것을 둘로 나누어 하나님의 도성(*Civ. D.*)의 평화와 지상의 도성(*Civitas terrena*)의 평화를 구분하고 있다. 하나님의 도성의 평화는 영원한 것이지만, 지상의 도성의 평화는 깨어질 수 있는 것으로 보고 있다. 하나님의 도성의 평화가 지상의 평화를 불가피하게 파괴할 수밖에 없다면, 전쟁이라도 수용할 수밖에 없다는 입장이었다.147)

그는 선악관에서 평화론을 찾고자 하고 있다. 악의 그 존재성 자체를 인정하지만, 그것은 절대 악의 실존을 의미하는 것이 아니다. 다

---

145) Ibid., 19,13; p.409.

146) Ibid., 19,13; p.409.

147) St. Augustine, *Contra Faustum Manichaeum*, 22,74; *N. & P. −N. F.,* vol.4, pp.300−301.

만 선의 부재, 또는 선의 부족 현상에서 오는 것에 불과하다는 것이다. 전쟁이 없는 평화란 절대 선의 영역인 동시에 절대 선의 상황으로서 하나님의 도성(*Civ. D.*)에서만 가능하다는 사실을 굳게 신뢰하고 있다. 전쟁이 없는 평화는 소망스러운 목표가 될 수 있지만, 전쟁이라는 절대 선의 부재와 부족의 현상으로 오는 현실을 인정하지 않을 수 없다는 것이다. 어거스틴은 이와 같은 평화론의 근거를 신약에서 찾아내고 있다.[148]

지상의 도성(*Civitas terrena*)에서 인간역사와 인간성에 조금이라도 관심을 기울여보면, 기쁨을 원하지 않는 사람은 평화도 원하지 않는다는 것을 알 수 있다. 지상의 도성에서 전쟁을 하는 사람은 승리를 원할 뿐이며 이러한 승리는 영광스러운 평화를 의미한다. 지상의 도성에서의 승리란 자기에게 반대하는 사람들을 굴복시키는 것에 불과하며, 굴복시킬 때 자신들이 원하는 평화가 주어지기 때문이다. 호전적인 사람이라도 그러한 평화를 원하고 있다. 따라서 전쟁으로써 얻으려는 목표는 평화임에 분명하다.[149] 다음과 같이 어거스틴이 주장하고 있다.

> 모든 사람이 싸움으로 평화를 구하는 것이며, 평화로써 싸움을 구하는 사람은 없다. 평화로운 생활을 전쟁으로 어지럽게 하는 사람들도 평화를 미워하는 것이 아니라 자기 마음에 더 흡족한 평화를 만들고자 하는 것이다. 그러므로 평화를 원하지 않는 것이 아니라, 자기 마음에 드는 평화를 원할 뿐이다. 자기들이 속한 공동

---

148) 이석우, *Augustine*사관에 나타난 두 도시 개념의 성격 연구, p.161.
149) *DCD*, 19,12; *N. & P. −N. F.*, vol.2, p.407.

체에서 떨어져 반란을 일으키는 사람들도 공모자들끼리는 일종의 평화를 유지해야만 원하는 일을 할 수 있다. 그래서 강도들도 다른 사람들의 평화를 더 효과적으로 또 더 안전하게 침범하기 위해서 자기들끼리는 평화를 유지하려고 주의한다.150)

지상의 도성에서 타인과의 협력을 싫어하여 완력으로 약탈과 살인을 범한 시민이 자신의 행위를 알리고 싶지 않은 사람과는 일종의 평화를 지향하게 된다. 자신의 가정에서도 식구들과는 평화롭게 지내고자 한다. 그가 가진 가정에서의 평화는 그의 식구들이 그에게 신속히 복종하는 것이다. 그렇지 않을 경우라면 그는 필요에 따라 완력이라는 폭풍을 일으켜 자기가 원하는 평화를 확보하게 된다. 가정의 모든 식구들은 그에게 순종하지 않고는 평화를 유지할 수 없다는 것을 알고 있기 때문에 그 앞에 복종한다. 지상의 도성에 있는 가정에서도 결국 평화를 원하고 있다는 것을 알게 된다. 여전히 탐욕과 사악이 마음에 가득하면서도 원하는 것은 평화이다.151) 어거스틴은 이러한 인간의 상태를 이렇게 언급한다.

이와 같이 사람은 모두 자기가 마음대로 지배하고자 하는 세력 범위 내에서 평화를 유지하기를 원한다. 싸울 때에도 상대를 굴복시키며, 자신의 평화를 위한 법을 그들에게 강요하고자 하는 것이다.152)

이렇게 지상의 도성에서 하나님의 공의로운 평화를 싫어하는 시민

---

150) Ibid., 19,12; p.407.
151) Donald X. Burt, p.629; *DCD*, 19,12; *N. & P. −N. F.*, vol.2, p.408.
152) *DCD*, 19,12; *N. & P. −N. F.*, vol.2, p.408.

일지라도 평화를 추구할 수밖에 없는 본성을 가졌다고 밝히고 있다. "하나님의 공정한 평화를 싫어하고 자기의 불공평한 평화를 애호하는 것이지만, 어떻든 평화를 애호하지 않을 수 없다. 본성의 가장 희미한 흔적까지도 말소할 정도로 본성과 정반대되는 피조물의 죄악은 없기 때문이다."[153] 그러나 이러한 사람들의 종말에 대하여 어거스틴은 다음과 같이 말함으로써 지상의 도성(Civitas terrana)의 평화에 대한 정의를 내린다.

> 가장 현명한 창조주시며 만유의 가장 공정한 제정자시며, 최대의 장식으로서 인류를 지상에 두신 하나님은 사람들에게 금생, 즉 현세적 평화에 적합한 것을 주셨다. 예컨대, 금생에서 즐길 수 있는 건강과 안전과 인간관계, 그리고 이 평화를 유지하기 위해서 필요한 모든 것, 예컨대 우리의 외면적 감각에 적합한 빛과 밤과 공기와 우리에게 적합한 물, 그리고 신체를 유지하며 보호하며 치유하며 미화할 것들을 주셨다. 그리고 이 모든 것을 주실 때의 조건은 가장 공정한 것이다. 즉 이 죽을 인생의 평화에 적합한 이 모든 이점들을 선용하는 사람들은 모두 더 좋고 더 풍성한 축복인 영생의 평화를 그에 동반하는 영광과 영예, 하나님을 즐기며 하나님 안에서 서로를 즐기기에 합당한 영생을 받을 것이다. 그러나 현재의 축복들을 악용하는 사람은 그것들을 잃어버릴 뿐 아니라 다른 축복도 받지 못할 것이다.[154]

---

153) Ibid., 19,12; p.408.
154) Ibid., 19,13; p.410.

3) 지상의 도성의 종국

어거스틴은 악과 전쟁의 현존 아래에 있는 지상의 도성(*Civitas terrena*)의 종국을 네 가지 측면에서 논하고 있다. 첫째, 지상의 도성에 대한 심판의 확실성에 대하여 말하고 있다. 지상의 도성의 시민들이 심판을 받게 되는 것은, 하나님을 사랑하기보다 자기를 더 사랑한 것이며, 마귀와 교제한 것이 그 이유가 된다. "사람은 자기, 곧 사람을 따라 살기 때문에 마귀와 같이 된 것이고 마귀에게 없는 육체를 따라 살기 때문이 아니다. 마귀도 진리 안에 머무르지 않았을 때에 자기를 따라 살기를 원한 것이다. 그래서 그가 거짓말을 했을 때에, 그것은 하나님으로부터 온 것이 아니라, 거짓말쟁이에 불과한 마귀 자신에게서 온 것이었다."155) 그러므로 사람이 하나님을 따르지 않고 사람을 따라 살 때에는 마귀에게 희생이 되고 이것은 큰 불행이며 결국은 영원한 심판을 받는다는 사실을 말하고 있다.

> 참으로 천사들과의 교제에서는 그들이 죽거나 타락해서 우리를 슬프게 할 염려가 전혀 없다. …… 사탄은 우리를 억제하거나 그저 속이기 위해서 성경에(고후11:14) 있는 것과 같이, 자기를 광명의 천사로 가장하는 때가 있으므로, 선한 천사와 사귀는 줄 알았는데 위장된 마귀들과 교제하는 것을 면하려면, 하나님의 자비를 받을 필요가 절실하다. 악령들은 사람을 잘 해칠 뿐 아니라 교활하고 잘 속이기 때문에 하나님의 자비가 없으면 이런 마귀들의 희생이 된다는 것은 인생의 큰 불행 가운데 하나가 아닌가? 또 신들을 자기들

---

155) Ibid., 14,3; p.264.

의 친구라고 주장한 철학자들은 하나님을 믿지 않는 사회에서 마귀들의 희생이 된 것이 확실하다. 마귀들은 그런 사회를 다스리며, 그 사회가 받을 영벌을 함께 받을 것이다.[156]

어거스틴은 세상 끝에 하나님의 심판이 있으리라는 그리스도의 선언을 언급하면서 지상의 도성에 대한 심판을 암시하였다. 그 심판의 날에 오시는 그리스도는 니느웨에 심판을 선언하였던 요나보다, 지혜로 심판한 솔로몬보다 더 크신 분이라고 소개하면서 다음과 같이 말하고 있다.

주께서 권능을 베푸신 도시들이 믿지 않은 것을 주께서 책망하시며 외국도시들보다 불리한 입장이 되리라고 하시면서, "내가 너희에게 이르노니 심판 날에 두로와 시돈이 너희보다 견디기 쉬우리라"고 친히 말씀하셨다(마11:22). 그리고 조금 뒤에, "내가 너희에게 이르노니 심판 날에 소돔 땅이 너보다 견디기 쉬우리라"고 하셨다(마11:24). 여기서 구주께서는 심판 날이 오리라는 것을 더할 나위 없이 분명히 예언하셨다. 다른 곳에서도, "심판 때에 니느웨 사람들이 일어나 이 세대 사람들을 정죄하리니 이는 그들이 요나의 전도를 듣고 회개하였음이거니와 요나보다 더 큰 이가 여기 있으며 심판 때에 남방 여인이 일어나 이 세대 사람을 정죄하리니 이는 그가 솔로몬의 지혜로운 말을 들으려고 땅 끝에서 왔음이거니와, 솔로몬보다 더 큰 이가 여기 있느니라"고 하셨다(마 12:41, 42). 이 구절에서 우리는 두 가지를 배운다. 심판이 있으리라는 것, 그리고 죽은 자들이 부활할 때에 있으리라는 것이다. 니느웨 사람들과 남방 여왕에 대해서 하신 것은 확실히 죽은 사람들에 대한

156) Ibid., 19,9; p.406.

말씀이었는데, 그들이 심판 날에 일어나리라고 하셨다. "그들이 정죄하리라"는 마치 그들이 직접 심판자가 될 것처럼 말씀하신 것이 아니라, 그들과 비교해서 저 다른 사람들이 공정한 정죄를 받겠기 때문에 그렇게 말씀하신 것이다.157)

이와 같이 불신에 빠져 있는 지상의 도성(Civitas terrena)에 더 큰 심판이 있을 것이라고 언급함으로써 심판의 확실성을 분명히 하고 있다.

둘째, 어거스틴은 현세에도 심판이 있을 것을 말하고 있다. 지상의 도성(Civitas terrena)이 하나님의 도성(Civ. D.)의 더 아름답고 선한 일들을 도외시하고, 현세에 빠져서 지상의 도성에 속한 선을 더 사랑하면 필연적으로 심판자로서 오시는 그리스도로 말미암아 종국에는 마귀와 함께 영원한 형벌을 받게 된다고 한다. 그는 현세에서의 심판인 지상의 도성의 불행에 대해서 아래와 같이 묘사하고 있다.

그러나 지상 도성은 최후 심판으로 벌을 받으면 도성이라 할 수 없게 될 것이며 따라서 영원하지는 못하겠지만, 그렇더라도 이 세상에서는 그 자체의 선한 점이 있으며, 거기서 얻을 수 있는 기쁨을 즐긴다. 그러나 그 선한 것이 시민들의 모든 곤란을 해결할 수는 없으므로 지상 도성은 소송과 전쟁과 분쟁으로 분열되며, 승리를 얻는다고 해도 많은 생명을 희생하며 장구하지도 않다. 대립된 부분들 자체가 죄악에 사로잡혀서 다른 시민들을 이기려고 애쓰기 때문이다. 승리한 자는 교만으로 부풀며, 그 승리는 인명을 희생한 것이다. 우리 인간의 죽을 신세와 인명의 손실을 생각하며, 이미

---

157) Ibid., 20,5; pp.423 – 424.

얻은 성공으로 교만해지지 않고 도리어 앞으로 당할는지 모르는 재난들을 염려한다면, 이런 승리는 차원이 높다고 하겠으나, 그것도 오래가지 못한다. 피정복자들을 영구히 지배할 수는 없기 때문이다.

그러나 이 지상의 도성이 원하는 것들을 악하다고 단정하는 것은 공평하지 않다. 성 자체가 한 공동체로서 모든 인간적인 선보다 나으며, 그것은 지상적인 선을 즐기기 위해서 지상적인 평화를 원하며, 이 평화를 얻기 위해서 전쟁도 하는 것이기 때문이다. 물자가 부족해서 서로 불만인 집단들이 항쟁하다가 어느 한편이 정복한 후에는 대적이 없고 평화를 즐길 수 있다. 이 평화를 얻기 위해서 고생스러운 전쟁을 하며 소위 혁혁한 승리를 얻는다.

그런데 비교적 정당한 주장을 한 편이 승리할 경우에, 그 승리자를 축하하며 그 평화를 환영하기를 누가 주저하겠는가? 이것은 선한 일들이며, 하나님의 선물임에 틀림없다. 그러나 그들이 천상 도성의 더 좋은 일들을—영원한 승리와 영원무궁한 평화로158) 얻는 선들을—등한시하며, 현세의 선을 유일한 선으로 믿어서 과도하게 탐내거나, 더 좋다고 믿는 선보다 더 사랑한다면, 그때에는 필연적으로 불행이 따르며 더욱더 심각하게 될 것이다.159)

여기에서 보면, 지상의 도성(Civitas terrena)은 소송과 전쟁과 분쟁으로 혼란하게 될 수 있으며, 이김과 승리와 연합이 이루어져도 그것이 결코 영원한 것이 아니다. 지상의 도성 시민의 대부분이 하나님의 도성(Civ. D.)의 더 좋은 것을 외면하고 등한시함으로써 필연적으로 교만해져 심판을 피할 수 없게 된다. 지상의 도성은 마귀와 함

---

158) Ibid., 19,17; pp.412-413.
159) Ibid., 15,4; p.286.

께 영원한 심판을 받기로 예정되었는데 이것이 지상의 도성의 종말이다.160)

셋째, 어거스틴은 지상의 도성(*Civitas terrena*)에 대하여 하나님의 최후의 심판이 있을 것임을 시사하고 있다. 우리 주 그리스도로 말미암아 산 자와 죽은 자를 심판하시며, 나아가 두 도성이 종말에 이를 때에 마귀의 나라인 지상의 도성은 영원한 벌을 받을 것이라고 한다.161) 최후의 심판 날에는 하나님의 도성(*Civ. D.*)의 시민인 선인과 지상의 도성(*Civitas terrena*)의 시민이 확실히 분리될 것을 아래에 언급된 주의 말씀을 근거로 주장하며, 심판과 심판 날에 대해서는 세상 끝에는 분명히 있을 것이라고 강조하고 있다. 어거스틴은 다음과 같이 기록하고 있다.

선인과 악인들이 현재 섞여 있으나 장차 분리되리라는 것과 그 분리는 심판 날에 있으리라는 것을 말씀하실 때에, 밭에 심은 밀 이삭과 그 사이에 심을 가라지를 비교하면서, 제자들에게 "좋은 씨를 뿌린 것은 인자요 밭은 세상이요 좋은 씨는 천국의 아들들이요 가라지는 악한 자의 아들들이요 가라지를 심은 원수는 마귀요 추수 때는 세상 끝이요 추수꾼은 천사들이니 그런즉 가라지를 거두어 불에 사르는 것같이 세상 끝에도 그러하리라. 인자가 그 천사들을 보내리니 저희가 그 나라에서 모두 넘어지게 하는 것과 또 불법을 행하는 자들을 거두어 내어 풀무 불에 던져 넣으리니 거기서 울며 이를 갊이 있으리라. 그때에 의인들은 자기 아버지나라에서 해와 같이 빛나리라. 귀 있는 자 들으라"고 설명하셨다(마 13:37-43). 여기

160) Ibid., 15,1; pp.284-285.
161) Ibid., 21,1; p.452.

에 심판과 심판 날에 대한 말씀이 없는 것이 사실이지만, 전후 관계에 대한 설명이 훨씬 더 분명히 심판을 가리키며, 또 그 심판이 세상 끝에 있으리라고 말씀하신다. 또 제자들에게 비슷한 말씀을 하신다. "내가 진실로 너희에게 이르노니 세상이 새롭게 되어 인자가 자기의 영광의 보좌에 앉을 때에 나를 좇는 너희도 열두 보좌에 앉아 이스라엘 열두 지파를 심판하리라"(마 19:28). 여기서 우리는 예수께서 제자들과 함께 심판하시리라는 것을 알게 된다. 그러므로 예수께서는 다른 곳에서 유대인들에게 "내가 바알세불을 힘입어 귀신을 좇아내면, 너희 아들들은 누구를 힘입어 좇아내느냐. 그러므로 저희가 너희 재판관이 되리라"고 하셨다(마 12:27). 또 주님은 여기서 제자들이 열두 보좌에 앉으리라고 하시지만, 열두 사람만이 심판하리라고 생각해서는 안 된다. 열둘은 심판자의 수가 완전하리라는 뜻이다.162)

어거스틴이 강조한 것같이 세상의 종국에 있을 최후 심판은 하나님의 완전하신 심판이며, 분명하고도 확실한 심판이라는 사실이다. 어거스틴은 지상의 도성에 대한 심판을 강조하였고, 원죄로 인하여 단체로 형벌하시면서도 개인의 행위대로도 심판하시며, 현세에 심판을 받는가 하면 내세에서도 받고, 보이게도 받고 은밀하게도 받는다고 하였다. 이와 같은 심판은 산 자와 죽은 자를 심판하실 최후의 심판에 대하여 한 말이다. 또한 어거스틴이 '최후의 심판의 날'163)에 대하여 언급할 때에 '최후'라는 말을 한 것은 심판의 완결을 뜻하는 것인 동시에, 하나님이 처음부터 심판하셨기 때문이라는 뜻을 함께

---

162) Ibid., 20,5; p.424.
163) Ibid., 20,1; p.420: *"The day of His final judgment"*

나타내는 말이다. 처음부터 심판하신 것은 성경의 기록들이 증거하고 있다. 하나님의 명령을 어긴 최초의 사람을 에덴에서 몰아내며 생명나무에 접근하지 못하게 하셨고(창 3:24), 죄를 지은 천사들을 용서하지 않으신 것도 확실히 심판이었다(벤후 2:4)고 한다. 공중의 마귀들과 지상의 도성의 시민들이 불행과 재난과 과오가 가득한 것도,[164] 하나님의 깊고 공정한 심판이 없이 될 수 있는 게 아니다. 반면에 이성적 피조물의 전체가 주님에게 항상 밀착해서 영원한 복락을 유지하는 것은 오직 하나님의 선하고 바른 심판에 의해서만 가능한 것이다.[165]

이러한 심판의 기준은 바로 신구약성경이며, 그리고 사람은 자신의 행위대로 기록된 생명책에 따라 하나님의 권능으로 심판하실 것이며, 여기에 모든 마귀의 세력들, 즉 지상의 도성이 심판받을 것이다.

요한은 마귀와 그가 다스리는 도성이 최후 심판에서 받을 일을 알린다. "또 저희를 미혹하는 마귀가 불과 유황 못에 던지우니 거기는 그 짐승과 거짓 예언자도 있어 세세토록 밤낮 괴로움을 받으리라."(계 20:10) 짐승은 저 악한 도성으로 해석되는 것을 우리는 이미 말했고,[166] 그의 거짓 예언자는 적그리스도든지 또는 같은 곳에서 말한 형상 또는 가짜다. 이다음에 또 계시를 받은 대로 죽은 자들의 둘째 부활 즉 몸의 부활을 말하고 그때에 있을 최후 심판을 간단히 이야기한다. "또 내가 크고 흰 보좌와, 땅과 하늘이 그 앞에서 피하여 간데없었던 자가 그 위에 앉으신 것을 보았노라."

---

164) Ibid., 8,14; p.173.
165) Ibid., 20,1; p.422.
166) Ibid., 20,9; pp.429-431.

(계 20:11) 그는 "내가 크고 흰 보좌와 그 위에 앉은 자를 보니 땅과 하늘이 그 앞에서 피하더라"고 말하지 않는다. 그때에, 즉 산자와 죽은 자들이 심판을 받기 전에는 그렇게 되지 않았기 때문이다. 그가 말하는 것은, 하늘과 땅이 그 앞에서 피한 분 그러나 그후에 피한 분이 보좌 위에 앉아 계신 것을 보았다는 것이다. 심판이 끝난 후에 이 하늘과 땅은 없어지고 새 하늘과 새 땅이 있겠기 때문이다. 그리고 이 세계는 절대적 파괴가 아니라 본질의 변화에 의해서 없어질 것이다. 그러므로 사도 바울도 "이 세상의 형적은 지나감이니라. 너희가 염려 없기를 원하노라"고 한다(고전 7:31 – 32). 그러면 지나가는 것은 형적이고 본성이 아니다.

　하늘과 땅이 그 앞에서 피한 것은 비록 후에 있은 일이지만, 그분이 보좌 위에 앉아 계신 것을 보았노라고 말한 다음에, 요한은 계속 본다. "또 내가 보니 죽은 자들이 무론 대소하고 그 보좌 앞에 섰는데 책들이 펴 있고 또 다른 책이 펴졌으니 곧 사람의 생명책이라 죽은 자들이 자기 행위를 따라 책들에 기록된 대로 심판을 받으니라"(계 20:12). …… "바다가 그 가운데서 죽은 자들을 내어주고 또 사망과 음부도 그 가운데서 죽은 자들을 내어주매"라고 한다(계 20:13).[167]

　넷째, 어거스틴은 지상의 도성(Civitas terrena)에 속한 시민이 지옥의 고통, 즉 영벌에 처하게 될 것을 강조하고 있다. 하나님의 도성에 속하지 않은 인간인 악인들의 종말에 대해서는 생명이신 하나님으로부터 최고의 악이라는 종말에 도달하여 영원한 불행을 상속받고 완전한 심판인 둘째 사망에 처해진다고 본다. 그들에게 임할 계속되는 고통과 괴로움에 대해서 다음과 같이 말하고 있다.

---

167) Ibid., 20,14; p.434.

「하나님의 도성」에 속하지 않은 자들은 영원한 불행을 상속할 것이다. 그들의 영혼은 생명이신 하나님에게서 분리되며, 따라서 살았다고 할 수 없으며, 그들의 몸은 영원한 고통을 받을 것이므로 그들의 상태를 둘째 사망이라고 부른다. 따라서 이 둘째 사망은 죽어서 끝날 것이 아니므로 그만큼 더욱 엄격한 것이다. 행복과 불행, 생명과 사망이 서로 반대되는 것과 같이 평화와 전쟁도 서로 반대되므로, 의인들의 종국을 평화라고 하는 데 대해서 악인들의 종국에 있을 전쟁은 어떤 것이겠느냐고 묻는 것은 당연하다. 이렇게 묻는 사람은 전쟁에서 해치며 파괴하는 것은 무엇인가를 관찰하기만 하며 그것은 대립과 충돌이라는 것을 깨달을 것이다. 그러면 의지와 정욕이 대립 항쟁해서 그 격심한 대립은 어느 쪽이 패배하더라도 결코 끝날 수 없으며, 이 항쟁에서 받는 심한 고통과 신체의 본성과의 충돌도 어느 한쪽이 양보하지 않을 것이라면, 이보다 더 비통한 싸움을 상상할 수 있겠는가? 금생에서는 이 충돌이 있을 때에, 고통이 이겨서 사망이 고통스러운 감각을 쫓아버리든지, 그렇지 않으면 본성이 이겨서 건강이 고통을 쫓아버린다. 그러나 내세에서는 고통은 계속적으로 괴롭히며, 본성도 없어지지 않고 계속적으로 고통을 느낀다. 어느 쪽도 없어지지 않고 따라서 벌도 그치지 않는다.[168]

이같이 지상의 도성의 시민들은 교만하여 하나님과 영원히 격리되어 받는 고통이 영원한 형벌의 종말을 맞이하게 된다.[169] 이 영원한 형벌의 성경에 대하여 "그 벌레가 죽지 아니하며 그 불이 꺼지지 아니하리라"(사66:24)고 언급되어 있다.

---

168) Ibid., 19,28; p.420.
169) H. Orton Wiley, p.95.

데일리(*L. C. Daley*)도 어거스틴이 말한 마귀와 함께 살게 될 지상의 도성(*Civitas terrena*)에 속한 악인들은 육체를 가지고 맹렬한 불속에서 영원토록 살 것이라고 단언하였음을 언급하고 있다.[170] 이는 최후의 심판의 고통이 얼마나 실질적인지를 적나라하게 알려주는 대목으로 보인다. 지상의 도성이 결국 올바르게 설 수 없는 이유를 멀톤(*Thomas Merton*)은 자애와 탐욕의 원리 위에 서 있기 때문이라고 하면서 다음과 같이 말한다.

지상 도성이 서지 못하는 이유는, 첫째로 형이상학적인 것이다. 탐욕은 처음부터 같이 있는 것을 그 참된 질서를 따라 추구하지 못한다. 하나님을 궁극의 목표로 삼고 모든 것을 거기에 표준을 두고 질서를 잡아야 할 것이다. 그리하여 모든 피조물은 다 하나님을 소유하기 위한 방편으로 보아야 할 것이다. 모든 것이 수단이요, 방편이요, 궁극의 목적은 하나님이다. 그러나 탐욕은 그와 같은 가치체계를 가지지 못하며 거짓된 가치체계를 가지고 출발한다. 그것은 피조물을 그 자체로서 목적으로 세운다. 그러나 사실상 피조물들이 그 자체로서 목적이 될 수는 없다. 피조물 그 자체에 목적을 두고 추구하는 영혼은 결국 참목적에로 향하는 도상에 머물게 된다. 즉 참된 가치를 가지지 못하고 거짓된 가치에 머물게 된다. 그리하여 그것이 인간 영혼에 참된 만족과 화평을 주지 못한다.

둘째로 사회학적인 것이다. 하나님을 사랑하는 사람들은 지고의 무한 선을 사랑하는 것이요, 이와 같은 사랑은 아무리 나누어 가지더라도 감소되는 것이 아니요, 오히려 사랑은 나누어 가질수록 더 증대하여 간다. 이와 같이 하여 사랑으로 연합된 도성, 즉 그

---

170) L. C. Daley, p.397.

사회만이 참평화를 가질 수가 있고, 한편 일시적 해소일뿐이며 그
와 같은 질서는 일시적으로 겉만 꾸며 놓은 것에 불과하다.[171]

이와 같이 자애(自愛)와 탐욕(貪慾)의 원리에 서 있는 지상의 도
성(Civitas terrena)은 가증하고 거짓된 가치 위에 머물며 외형적으로
만 화려하게 꾸며 놓았다가 한순간에 발가벗겨져 버리는 것과 같이
이 도성에 대하여 내려지는 최후를 다음과 같이 요약할 수 있다. 지
상의 도성은, 자기를 사랑하며 자신을 추구하며 자신을 자랑하는 자
의 왕국 또는 시민사회 집단이다. 이러한 지상의 도성이 과거에는
바벨론에서부터 시작하여 로마제국으로 뻗어나면서 거대한 악마적
흐름을 이어갔다. 이 지상의 도성은 불법과 전쟁과 혼란 속에서 자
신의 영광만을 추구하고 지상 도성의 지배권을 획책하였다. 지상의
도성은 시대의 평화를 위하지만, 종국에 가서는 하나님의 확실한 심
판으로 인하여 하나님의 도성(Civ. D.)과 분리되어 자신의 도성을 보
존하지 못하고 유지하다 현세에서와 마찬가지로 마귀와 함께 최후라
는 심판을 받아 지옥의 고통, 다시 말하여 영원한 형벌을 받아 최고
악이라는 종말을 맞이하게 된다.

---

171) Thomas Merton, "Introduction" to The City of God, trans. by Marcus
    Dods(Canada: Random House, 1993), ⅰ; 한철하, pp.314-315.

2. 교회를 통한 세상과의 평화의 길

교회를 통한 세상과의 평화의 길은 지상의 도성(*Civitas terrena*)에서 가능하다는 사실을 어거스틴의 「하나님의 도성」을 통해 규명하고자 한다. 어거스틴은 지상의 도성에 머물고 있는 시민들을 위하여 타오르는 소명을 다음과 같이 적고 있다.

> 네가 사랑하는 사람들에게 이것을 말하여 그들로 하여금 눈물의 골짜기에서 울게 하고 그럼으로써 그들을 너와 함께 하나님께로 이끌어 올리어라. 네가 만일 사랑의 불길에 타오르면서 이 말을 한다면 너는 하나님의 영의 인도하심에 따라 그들에게 말한 것이 된다.172)

어거스틴이 주장하고 있는 하나님의 도성(*Civ. D.*)과 지상의 도성(*Civitas terrena*)은 연합될 수 없는 이질적인 상관관계를 가지고 있다.173) 지상의 도성은 하나님의 도성이 커짐에 따라 사라져야 한다. 하나님의 도성을 이룩하는 사람들은 하나님이 구원으로 선택하신 선민들이다. 비록 교회 안에 있다고 해서 모두 선민이 되는 것은 아니지만 보이는 선민은 교회 안에서만 존재한다. "그러므로 지금의 이 교회도 그리스도의 왕국이며 하늘의 천국이다."174) 그래서 오늘의

---

172) *Conf.*, 4,12,19; *N. & P. −N. F.*, vol.1, p.74.

173) P. Tillich, *A History of Christian Thought*, p.167: 아우구스티누스의 사상 체계 중에서도 중요한 핵을 이루는 사상은 그의 역사철학(歷史哲學)이다. 이것은 그에게 있어 '하나님의 나라(*Civ. D.*)'와 '지상의 나라(*Civitas terrena*)'라는 '역사적 이원론'에 입각해서 전개하고 있다.

가시적이며 성직 제도로 조직된 이 교회가 바로 하나님의 도성이며, 이 교회가 점차로 세상을 통치하게 되어야 한다. 이를 이루기 위하여 어거스틴은 교회가 기독교 국가와 밀접한 관계를 맺어야 한다고 보았다.[175] 분명한 것은 교회는 영원한 천국은 아니다. 그러나 그것은 세상에 있어서의 그 기관이며 대리자이다. 초월적인 정신적 질서가 감각세계로 들어가는 지점이며 피조물이 시간에서 영원으로 건너갈 수 있는 하나의 다리이다.[176]

1) 아우구스티누스에게 있어서 교회의 개념

어거스틴이 교회론에 더욱 관심을 가지게 된 것은 지금까지 교회

---

174) Williston Walker, 세계기독교회사, p.131; John Piper. *The Legacy of Sovereign Joy: God's Triumphant Grace in the Lives of Augustine, Luther, and Calvin*(Wheaton: Crossway Books, 2000), p.60: 아우구스티누스는 395년 41세의 나이에 북아프리카 힙포(*Hippo*)의 감독이 된 이래 76세에 세상을 떠나기까지 정통 기독교 교회의 권위를 수호하기 위해 평생 88가지 이단 종파들과 대결하며 전통 교리를 도출해냈다는 점에서 변증 신학자라 할 수 있다.

175) E. Baker, "사회 이론", 김명혁 역, 서양중세사상사론. 지동식 외 3인 편역(서울: 한국신학연구소, 1981), p.200: 당시 교회적 상황에서 동방교회는 국가 교회의 성격을 띠고 있었다. 콘스탄티노플에 있는 황제에게 종교적인 존경심까지 가지기 시작했다. 이에 대하여 서방교회는 훨씬 독립적이었는데, 암브로시우스는 황제 데오도시우스를 견책할 정도의 관계성을 띠고 있었다. 이제는 로마의 교황이 황제의 지휘를 점유할 준비가 갖추어지고 있었다.

176) Christopher H. Dawson, 역사의 원동력(下), 민석홍, 라종일 공역(서울: 삼성문화제단, 1974), pp.352-353.

론이 정립되어 있지 않아서였다. 교회가 지금까지 교회론을 다룰 만한 충분한 논쟁적인 토양을 갖지 못했고, 가톨릭교회시대의 신학자들도 삼위일체론, 기독록, 인간론 등의 문제에 전념했다. 수세기 동안 크리스천들은 교회의 현실적 존재를 잘 알고 있었으므로 교회에 관한 교리적 성찰이 필요 없었기 때문이다.177)

어거스틴은 교회 자체를 조직적인 사고의 대상으로 보았다.178) 그의 저술 「하나님의 도성」을 통하여 하나님의 도성을 구성하고 있는 시민들은 구원에로 선택받은 선민이다. 비록 교회 안에 있다고 해서 다 선민이 되는 것은 아니지만, 보이는 선민은 교회 안에서만 존재한다고 하였다. 그는 교회라는 말을 두 가지 의미로 구별하여 사용하였다.179)

첫째, 교회를 하나님의 도성(Civ. D.)과 같은 의미로 사용했다. 이 때 교회는 인류의 창조 이후로부터 이 세상의 종말까지 그리고 종말 이후의 구원받은 성도들로 구성된 불가시적이며 영적 공동체의 뜻이 있다.

둘째, 역사적으로 또는 제도적인 공동체의 의미로 사용했다. 도나투스파가 완전주의적인 교회관을 주장하는 데 반하여 어거스틴은 현실주의적 교회관을 주장하였다.180) 현세의 교회는 불가항력적으로

---

177) J. L. Neve, p.21.

178) J. F. Bethune－Baker, *An Introduction to the Early History of Christian Doctrine*(London: Mathuen Co. Ltd., 1903), p.368.

179) *DCD*, 21,25; *N. & P.* －*N. F.* vol.2, pp.472－473.

180) 김명혁, 어거스틴의 교회관과 국가관, 신학지남 제43권(1976년 6월), p.30; *DCD*, 18,49; *N. & P.* －*N. F.* vol.2, p.391; 주재용, 어거스틴의 사상 형성 배경과 하나님 나라, p.138: 플라톤적 이원론으로 해석하여 후자

위선자, 악인을 포함할 수밖에 없다고 보았으며, 교회 안에는 두 종류의 사람들이 섞여 있을 수 있다고 주장했다. 이렇게 혼합된 공동체로서의 교회 이해를 돕기 위하여 노아의 방주에 들어간 정결한 짐승과 부정한 짐승들에게서 찾고 있다.[181]

교회를 하나님의 도성과 같은 의미로 보는 어거스틴의 견해에 대한 두 가지의 전통적인 해석을 볼 수 있다.

첫째, 교회가 곧 하나님의 나라이며 하나님의 나라를 대리한다는 것이다.[182] 이러한 견해를 가진 학자들이 주장하는 것들을 살펴보기로 하자. 뽈딸리에(E. Portaliè)는 어거스틴의 교회관을 성례전 공동체로서의 가시적 교회개념으로 이해하였는데, 이러한 교회관은 성례전 공동체를 진정한 교회로 보고, 교회와 이런 성례전적 공동체인 하나님의 도성(Civ. D.)을 동일시하는 주장에서 나타난 것이다.[183] 마샬

인 지상의 나라와 대비된 '하나님의 나라'를 초월적이고 피안적인 것으로만 생각해서는 안 된다. 왜냐하면 그가 말하는 하나님 나라는 교회와 변증법적 관계를 갖는 교회 안에 현존하는 실체적 개념이기 때문이다.

181) DCD, 15,27; N. & P. —N. F. vol.2, pp.307—308.

182) George E. Ladd, A Theology of the New Testament(Wm. B. Eerdmans Pub. Co., 1983), 신약신학, 이창우 역(서울: 성광문화사, 1983), p.130; 이승구, 개혁신학에의 한 탐구(Studies in Reformed Theology)(서울: 웨스트민스터출판부, 1995), p.53; G. R. Beasley—Murray, Jesus and the Kingdom of God(Grand Rapids: Wm B. Eerdmans Pub. Co., 1986), 예수와 하나님 나라, 박문제 역(서울: 크리스챤 다이제스트, 1993), p.43; Martin Buber, Kingship of God, Trans., by Richard Scheimann(New York; Abingdon Press, 1967), p.58: "하나님의 나라"라고 하는 말은 희랍어로 βασιλεισ τού θεοῦ이며, 히브리어로는 מלכות로서 통치, 지배, 혹은 주권 등의 개념을 포함하고 있다(시145:11, 13, 103:19).

183) E. Portaliè, p.234f; R. Seeberg, p.327.

(*R. T. Marshall*)도 어거스틴이 하나님의 도성(*Civ. D.*)과 교회(*Ecclesia*)를 동일시하여 말했다고 해서 놀랄 이유는 없으며, 로마 가톨릭 교회와 하나님의 도성을 동일시하는 것을 조금도 모순된다고 생각하지 않았다.[184] 김명혁은 이들은 어거스틴이 말한 하나님의 도성(*Civ. D.*)의 지상적인 부분이란 말을 악인도 포함하는 것으로 해석하여 교회를 일률적인 제도라는 의미로 사용하였다고 하였다.[185] 워커(*W. Walker*)는 어거스틴이 하나님의 도성(*Civ. D.*)을 이룩하는 사람들은 하나님의 구원에로 선택한 선민들이므로, 비록 교회 안에 있다고 해서 다 선민이 되는 것은 아니지만 보이는 선민은 교회 안에서만 존재한다는 것에 동의한다. 그러므로 지금의 이 교회도 그리스도의 왕국이며 하늘의 왕국이므로 오늘의 가시적이며 성직제도로 조직된 이 교회가 바로 하나님의 도성(*Civ. D.*)이며 점차로 세상을 통치해야 한다고 하였으므로, 교회가 곧 하나님의 도성이라는 것에 동의하고 있다.[186] 벌콥(*L. Berkhof*)도 어거스틴이 교회가 하나님의 나라라고 한 말을 성도가 하나님의 나라를 이룬다는 뜻으로 보면서, 하나님의 나라를 총괄적으로 교회의 지도자들에게도 적용하였다고 하였고 이 나라는 본질적으로 경건한 자와 거룩한 자와 같으나 또한 감독제도로 조직된 교회이기도 하다고 하였다.[187]

---

184) R. T. Marshall, *Studies on the Politikal and Socio Religious Terminology of the De Civitate Dei,* p.87.

185) 김명혁, p.31.

186) Williston Walker, p.131.

187) L. Berkhof, *The History of Christian Doctrine,* 기독교교리사, 김진홍, 김정덕 역(서울: 세종문화사, 1978), p.241f.

어거스틴은 지금도 성도들이 그리스도와 함께 왕 노릇 하고 있기에 교회를 그리스도의 나라라고 언급하고 있으며, 그리스도가 중심적인 교회라면 하나님의 나라를 대리한다는 것이다.[188] 여기에는 하나님 나라가 불가시적 교회와 일치한다는 것과 성례전적 입장에서 동일시한다는 견해가 포함되어 있다.

둘째, 하나님의 나라가 교회와 같은 부분이 있는가 하면 아닌 부분이 있다고 하는 입장이다. 쉬나켄부르그(*Schnackenburg*)는 어거스틴이 하나님의 나라를 구속사적 입장에서 이해하고 가톨릭교회를 통해서만 하나님의 구속 사역이 이루어진다고 하였다. 그는 하나님의 나라에 들어가는 것은 교회에 참여하는 것을 의미한다고 하였으나, 교회에 들어가는 것이 필연적으로 하나님의 나라에 들어가는 것과 같은 뜻을 가지는 것이 아니라고 함으로써 어거스틴 사상에 있어서 하나님의 나라가 교회와 같은 부분이 있는가 하면 아닌 부분도 있다고 하는 견해를 주장하였다.[189] 한철하도 어거스틴은 현재 지상의 도성에 존재하고 있는 교회를 영광스러운 하나님의 도성(*Civ D.*)으로 보아 하나님의 나라와 동일시하면서도 반면에 교회 안에 하나님의 나라에 속하지 않은 부분이 있을 수 있으며, 교회 밖에도 하나님의 나라에 속한 부분이 있을 수 있다고 주장했음을 언급한다.[190] 또한 어거스틴은 교회를 신자와 불신자가 섞여서 구성된 세속적 사회

---

188) *DCD*, 20,9; *N. & P. −N. F.*, vol.2, p.430; St. Augustine, 하나님의 도성, p.978.

189) Rudolf Schnackenburg, *God's Rule and Kingdom*(Herder and Herder, 1963), pp.116, 231.

190) 한철하, p.318.

적인 실재이기에 하나님의 도성과 동일시될 수 없음에도 이미 역사적 교회를 하나님의 도성과 동일시할 수 있었다고 보았다. 그 이유는 종말에 완성될 구속의 사역이 이미 교회 안에서 실현되고 수행되어 가고 있기 때문이라는 것이다. 역사적 교회는 하나님의 도성의 형상일 뿐 아니라, 하나님의 도성으로 '만들어져 가고 있는' 하나님의 도성 자체라고 하였다고 하면서 현재의 역사적 교회와 하나님의 도성 사이에는 유기적인 연속성과 동일성이 존재한다고 주장한다.[191] 노울즈(David Knowles)도 어거스틴이 하나님의 도성을 가톨릭교회와 동일시한 적은 거의 없다고 주장하면서, 「하나님의 도성」에서 '하나님께 속한 교회 즉, 하나님의 교회'라고 언급하였음을 강조하면서 하나님의 도성을 아담으로부터 그리스도 탄생까지의 '하나님의 백성'과 같이 보고 있다.[192] 로마 당국과 제국의 이교도들이 불신자들이듯이, 그리스도의 부활 후에 그를 믿는 사람들, 즉 하나님의 도성은 교회라는 주장에 동의하였다.[193]

어거스틴은 교회에 관한 개념들 가운데 그 특징은 성경적 예표를 사용하고 있다는 것이다. 이것은 그의 교회론이 성경을 근거로 하고 있음을 알 수 있게 해준다.

첫째, 성경적 예표로 들 수 있는 것이 에덴동산이다. 여기에서 낙원인 에덴은 그리스도와 교회로 관련된 예표로 해석된다. 낙원은 교회 자체를 가리키며 낙원의 네 강은 네 복음서, 과수들은 성도들, 그 열매는 성도들의 행위라고 본다. 생명의 나무는 지성소로서 확실

---

191) 김명혁, pp.30–31. p.39.
192) *DCD*, 13,16; *N. & P. —N. F.* vol.2, p.252.
193) Knowles, David, p.62.

히 그리스도 자신이며, 선악을 아는 나무는 자기의 의지에 대한 지배력으로 보고 있다.194)

둘째, 아담과 하와를 언급하고 있다. 하나님께서 아담을 지으시고, 아담을 위하여 돕는 배필로 하와를 지으셨다. 아담의 갈비뼈로 여자를 만들고 연합하여 둘이 한 몸을 이루게 하신 것은 그리스도와 교회를 예표한 것이다.

> 인류의 시초에는 남자가 잠든 사이에 그의 옆구리에서 갈빗대 하나를 취해서 그것으로 여자를 만들었다(창 2:21). 이 사건으로 그리스도와 교회와의 관계를 예표하는 것이 합당했다. 남자가 자고 있었다는 것은 그리스도의 죽으심이요, 그가 십자가 상에서 운명하신 후에 그의 옆구리를 창으로 찔러 피와 물이 흘렀으며, 이 피와 물이 교회를 '세우는' 성례들이다. 성경에도(창 2:22) 여자를 '형성하였다', 또는 '만들었다'는 말을 쓰지 않고, 바로 이 '세운다'는 말을 썼다. 그래서 사도는 그리스도의 몸, 즉 교회를 '세운다'는 말을 한다(엡 4:12). 그러므로 여자도 남자와 똑같이 하나님의 피조물이며, 남자에게서 여자를 창조하심으로써 화합을 권장하신다. 그리고 이미 말한 바와 같이, 여자 창조의 방법은 그리스도와 교회를 예표했다.195)

어거스틴은 인류의 시조인 아담을 그리스도로, 하와를 교회로 본 것이다. 아담에게서 아내인 하와를 창조함으로써 부부가 화합하고 연합하여 일치하듯이 교회와 그리스도가 부부가 된 그리스도의 몸

---

194) *DCD*, 13,21; *N. & P. -N. F.* vol.2, p.256.
195) Ibid., 22,17; p.469.

된, 교회관을 주장하였다.[196)

셋째, 노아의 방주 사건을 들어 그리스도와 교회를 예표적으로 이해하고 있다. 노아에게 방주를 지으라고 명령하신 것은 그리스도와 교회를 상징하며, 하나님의 도성을 상징하고 있는 것으로도 보고 있다.

교회는 하나님과 사람 사이의 중보자이신 인간 그리스도 예수(딤전 2:5)가 달리신 나무로 구원을 받기 때문이다. 방주의 길이와 넓이와 높이까지도 예수께서 예언대로 입고 오신 몸을 나타낸다. 몸의 정수리로부터 발바닥까지의 길이는 한쪽 옆구리로부터 다른 옆구리까지의 넓이의 6배요, 뒷등으로부터 앞가슴까지의 두께의 열 배다. 바꿔 말하면 사람이 반듯이 눕거나 엎드릴 때에, 그의 머리로부터 발까지의 길이는 두 옆구리 사이의 넓이의 여섯 배요, 그 누운 몸의 높이의 열 배다.

그러므로 방주는 길이가 300큐빗에 넓이가 50큐빗, 높이가 30큐빗이었다. 그 문을 옆으로 냈다는 것은 십자가 상의 예수님의 옆구리를 창으로 찔러 상처를 낸 것을(요 19:34) 의미한다. 예수님께로 오는 사람들은 이 상처로 들어가며, 거기서 흘러내린 물과 피는 신자를 믿음에 들여보내는 상징이기 때문이다. 그리고 네모난 재목으로 방주를 만들라고 하신 것은(창 6:14, 70인역) 성도의 생활의 확고부동함을 의미한다. 네모난 재목은 어떻게 굴려도 안정된 위치를 취하기 때문이다. 그 밖에도 방주의 구조에 있는 특색들은 교회의 여러 측면을 상징한다.[197)

---

196) Avery Dulles, *Models of the Church*(New York: Doubleday & Company Inc., 1974), p.54.

197) *DCD*, 15,26; *N. & P. −N. F.* vol.2, p.306.

어거스틴은 "노아는 의인이었고, 당세에 완전한 자라"(창 6:9)고 한 것에 대하여, 그가 완전했다고 하는 것은 하나님의 도성(*Civ. D.*) 시민들이 장차 영생하는 상태에서 천사들과 같이 될 완전성을 말하는 것이 아니라, 지상에 우거하는 동안 도달할 수 있는 정도의 완전성을 가리킨 것으로 보고 있다. 그리고 방주의 구조에서 구속론과 교회의 상징성을 찾았다.

넷째, 어거스틴은 다윗 왕국을 교회의 예표로 언급하고 있다. 사울을 왕에서 폐위시키고 유다지파의 다윗을 왕으로 세운 것과 함께 다윗의 후손으로 하여금 계속해서 왕위가 이어지는 것은 하나님의 도성(*Civ. D.*) 안에 있는 그리스도와 교회의 예표라는 것이다.

사울에게 한 말씀은 "주께서 왕을 버려 이스라엘 왕이 되지 못하게 하셨나이다", "주께서 오늘 이스라엘 나라를 왕의 손에서 떼시리라"는 것이었지만, 사울은 40년 동안 이스라엘을 다스렸고, 이것은 다윗의 재위 햇수와 같았다. 그리고 이 말씀은 사울의 재위 초기에 한 것이었다. 따라서 이 말씀은 사울의 가문에서는 왕이 나지 않으리라는 것을 알리며, 다윗 계통으로 우리의 주의를 돌리기 위한 것이었다. 중보자이신 인간 그리스도 예수는(딤전 2:5) 육신으로는 다윗의 혈통에서 나셨다.

그뿐 아니라, 라틴어 사본들에 있는 "주께서 이스라엘 왕의 손에서 나를 떼었나이다."라는 말씀은 (히브리어) 성경에는 없지만, 그리스어 본문에는 있다. "주께서 이스라엘에서 왕의 손에서 나라를 떼어"라는 표현은 "왕의 손에서"와 "이스라엘에서"가 같은 뜻임을 밝히려는 것이다. 이와 같이, 저 사람은 이스라엘의 상징적 대표였고, 우리 주 그리스도 예수께서 새 언약에 의해서 육신을 따르지 않고 영적으로 다스리게 될 때에, 이스라엘 백성은 권력을 잃기로 정해졌던 것이다. 사울에게 "왕보다 나은 왕의 이웃에게 주실 것"이라고 했을 때에, 이것은 자연적인 친척관계에 대해 언급한 것이다. 그리스도께서는 육신으로는 사울과 같이 이스라엘의 후예였기 때문이다.

그런데 그 다음에 있는 표현, bono super te는 "왕보다 나은"이라고 해석하며 또 그렇게 번역할 수도 있는 것이 사실이지만, "선하며 왕보다 상위에 있는"이라고 해석하는 것이 더 좋다. 즉 "그는 선하므로, 따라서 왕보다 상위에 있으므로"라는 뜻이며, 예언자가 "내가 네 원수로 네 발등상 되게 하기까지"라고 한 말씀과도 일치한다(시 110:1). 이 원수들 가운데 이스라엘도 들어 있었고, 박해자인 그들에게서 그리스도는 나라를 떼시었다. 그러나 "그 속에 간사한 것이 없는"(요 1:47) 이스라엘 사람도 있었다. 많은 왕겨 속에 알곡 하나가 들어 있는 것과 같다. 물론 사도들도 이스라엘 출신이었고, 스데반을 위시해서 많은 순교자들이 그들 가운데서 나타났다. 사도 바울이 개종한 것을 듣고 "나로 인하여 영광을 하나님께 돌리니라" 한 많은 교회들도 이스라엘 사람들이었다(갈 1:24).[198]

하나님의 나라가 여러 시대를 지나는 동안 장차 올 것의 그림자로서 다윗이 처음 지상 예루살렘에서 다스렸음을 강조함으로써,[199] 다윗과 다윗의 왕조가 그리스도와 교회의 예표가 되었음을 보여준다.

다섯째, 유다지파와 레위자손이 그리스도와 교회의 예표로 언급되고 있다.

---

198) Ibid., 17,7; pp.346-347.
199) Ibid., 17,14; pp.352-353.

레위 자손과 유다와 예루살렘은 교회라고 해석해야 하며, 히브리 민족뿐 아니라 다른 민족들도 이 교회에 참여한다. 또 현재의 교회가 아니다. "우리가 죄 없다 하면 스스로 속이고 진리가 우리 속에 있지 아니하니라"(요일 1:8)고 하는 것이 현재의 교회지만, 그때의 교회는 타작마당의 까부는 바람과 같이 최후 심판으로 정화되며, 교회의 지체 중에서 필요한 자들은 불로 깨끗이 되었기 때문에 자기의 죄 때문에 제물을 드리는 사람이 절대로 없을 것이다. 제물을 드리는 사람은 죄가 있기 때문이며, 죄를 용서받고자 제물을 드리며, 받으실 만한 제물을 하나님께 드린 후에 사면을 받고자 하는 것이다.[200]

2) 교회와 지상의 도성과의 상관성

어거스틴의 구원사적 서술의 특징 중 하나는 그 애매한 표현에 있다. 그는 하나님의 도성을 교회와 일치시키려는 생각을 하지 않았고 지상의 도성을 실제 지상의 역사적 국가들과 동일시하지도 않았다. 인간의 입장에서 판단하는 한 이것은 불가시적 사회적 존재들이다. 그러나 「하나님의 도성」 제22권의 후반부에 중점적으로 다루어지는 두 도성들은 매우 불분명한 상징적 개념으로 사용되어 후기 사상가들에게 하나님의 도성(*Civ. D.*)을 교회와 일치시키는 것을 가능하게 했다. 그 결과로 교회와 중세교황의 위치를 부상시켰다. 이 같은 오류적 해석을 통해서 로마교황청의 정치적 권력을 확대시키는 데 기여하는 결과를 낳기도 했다.[201]

---

200) Ibid., 20,25; pp.445-446.

어거스틴은 381년 콘스탄티노플 공의회에서 결의한 '교회는 하나(una)'이며, '거룩(sancta)'해야 하며, '보편적(catholica)'이고, '사도적(apostolica)'이어야 한다는 것을 그대로 받아들이고 있다. 이러한 교회론은 종교개혁시대를 거쳐서 지금도 그대로 유지되고 있다. 이와 같은 교회론적 입장에서 교회와 지상의 도성은 두 가지 관계를 갖고 있다고 볼 수 있다.

첫째, 경쟁적 관계이다. 어거스틴은 하나님의 예지 안에서 태초에 창조된 그 처음 사람과 함께 인류 사이에 두 도시 또는 두 사회가 나타났다고 한다.[202] 이것은 교회와 지상의 도성의 관계가 경쟁적인 긴장관계에 있음을 암시한 것이라 할 수 있다.

특히 어거스틴은 가인과 아벨의 관계에서 교회와 지상의 도성의 경쟁의 관계를 적나라하게 보여주고 있다.

지상 도성의 건설자는 자기 아우를 죽였다. 그는 시기심에 사로잡혀, 영원한 도성의 시민이며 지상의 나그네인 자기 아우를 죽인 것이다. 그래서 범죄의 이 처음 표본이―그리스어의 아르케튀포스(archetypos, 원형)―오랜 후에 로마시가 건설되었을 때에 비슷한 범죄로 나타난 것을 보고 우리는 놀라지 않는다. 로마시는 결국 많은 민족을 지배하며, 우리가 말하는 지상 도성의 머리가 되었지만, 그들 가운데 한 시인이 말한 것과 같이, 그 도성의 "처음 성벽에서는 아우의 피가 흘렀다."[203]

---

201) E. H. Harbison, *Christianity and History*(New Jersey: Princeton University Press 1964), pp.55－56.

202) *DCD*, 12,28; *N. & P.－N. F.* vol.2, p.244.

203) Ibid., 15,5; p.286; cf. Lucan (Roman epic poet, AD. 39－65), *Pharsalia*,

이 경쟁 관계의 동인은 시기와 미움이며, 이러한 것이 인간을 죽이는 끔찍한 비극을 지상의 도성에 가져오게 된 것이다.

이와 같이 교회와 지상의 도성의 경쟁적인 관계는 불가항력적임을 어거스틴은 다음과 같이 말한다.

로물루스와 레무스의 다툼은 지상 도성의 내부 분열을 보여주며, 가인과 아벨 사이의 사건은 하나님의 도성과 지상의 도성 사이에 있는 적대관계를 설명한다. 악인이 악인과 싸우며 선인도 악인과 싸운다. 그러나 선인과 선인 적어도 완전한 선인들이 서로 싸울 수는 없다. 다만 완전한 선인이 되려고 노력하는 도중에서 자기와 싸우는 문제들에 관해서는 선인은 다른 사람들과도 싸운다. 모든 개인의 생활에서 "육체의 소욕은 성령을 거스르고 성령의 소욕은 육체를 거스르므로"(갈 5:17), 이 성령의 소욕이 다른 사람의 육체의 소욕과 싸울 수 있다. 또 육체의 소욕이 다른 사람의 성령의 소욕과 싸워서, 선인과 악인의 싸움이 될 수 있다. 또는 악인과 악인이 싸우는 것과 같이, 아직 불완전한 두 선인의 육체의 소욕이 싸우는 것은 더 확실한 일이다. 이런 일들은 하나님의 은혜로 치료를 받는 사람들의 건강이 최후 승리를 얻을 때까지 계속된다.204)

어거스틴은 교회와 지상의 도성의 경쟁적인 모습을 사라와 하갈의 경우에서도 다음과 같이 보여주고 있다.

빛이 오면 그림자가 사라지기로 되어 있었으며, 사라는 자유로운 도시를 상징하고, 그림자인 하갈은 나름대로 그 도시를 상징했

1, 95.
204) Ibid., 15,5; p.287.

다. 그래서 사라는 "계집종과 그 아들을 내어 쫓으라 계집종의 아들이 내 아들 이삭과 함께(또는 사도가 말한 대로, '자유 하는 여자의 아들과 함께') 유업을 얻지 못하리라[205]

어거스틴은 지상의 도성의 시민들은 죄로 더럽혀진 본성으로 낳으며, 교회인 하나님의 도성의 시민들은 본성을 죄에서 해방하는 은혜가 낳는다고 하면서, 전자는 '진노의 그릇'이라고 하고 후자는 '긍휼의 그릇'이라고 부른다(롬 9:22-23).[206] 어거스틴에 의하면 이와 같은 경쟁의 관계는 역사가 이어지는 동안 계속된다.

둘째, 신뢰적인 관계이다. 어거스틴은 교회와 지상의 도성과는 서로 보완적인 신뢰성을 가지고 있다고 보았다. 이 천상의 도성인 교회가 지상의 도성에서 나그네로 있는 동안은 모든 민족들과 국가들 사이에서 시민을 모집하며, 모든 족속들의 언어를 사용하는 순례자 사회를 형성한다는 것이다. 그리고 지상평화를 확보하고 유지하는 데 필요하다면, 그 어떠한 풍속이나, 법률이나, 제도일지라도 문제시하지 않고 받아들인다. 이런 것이 아무리 다르다 할지라도 모두 지상평화라는 한 목적에 이바지한다는 것을 인정한다는 것이다. 그러므로 이런 차이점들을 제거하거나 폐지하기는 고사하고, 유일하시며 진실하신 하나님을 경배하는 데 방해만 되지 않으면, 오히려 보존하며 채용할 수 있다고 본다. 천상 도성인 교회도 순례 도중에 있는 동안에는 지상평화를 이용하게 된다. 신앙과 경건에 해롭게 하지 않으면 생활필수품을 얻는 문제에서도 할 수 있는 대로 세상 사람들과

---

205) Ibid., 15,2; p.285.
206) Ibid., 15,2; p.285.

합의하고자 한다. 그리고 지상평화도 천상평화에 이바지하게 된다는 것이다.207)

어거스틴은 이와 같이 평안한 생활을 위한 신뢰관계임을 다음과 같이 강조하고 있다.

> 육신의 생명은 영혼인 것과 같이 사람의 복된 생명은 하나님이 시다. 이 하나님에 대해서 히브리 백성의 성경에 "주를 자기 하나 님으로 삼는 백성은 복이 있도다"라고 했다(시 144:15). 그러므로 하나님에게서 멀어진 백성은 불행하다. 그러나 이런 백성에게도 소 홀히 볼 수 없는 독특한 평화가 있다. 다만 그들은 종말이 오기 전에 그 평화를 선용하지 않으므로 결국 그것을 즐기지 못할 것이 다. 그러나 그들이 이 세상에 있는 동안에 이 평화를 즐기는 것이 우리에게 유리하다. 두 도성이 섞여 있는 동안 우리도 바빌론의 평화를 즐기기 때문이다. 하나님의 백성은 순례하는 동안 바빌론과 함께 지내면서 거기서 해방되는 것이다. 그러므로 사도는 왕들과 그 외의 높은 지위에 있는 사람들을 위해서 기도하라고 교회에 권 고하면서, 그 이유로서 "이는 우리가 모든 경건과 단정한 중에 고 요하고 평안한 생활을 하려 함이라"고 했다(딤전 2:2). 고대의 하 나님 백성이 포로 생활을 하게 될 것을 예레미야가 예언했을 때에, 순종하는 마음으로 바빌론으로 가라는 하나님의 명령을 전달하며 바빌론을 위해서 기도를 하라고 충고하면서, "이는 그 성이 평안하 므로 너희도 평안할 것임이니라"고 했다(렘 29:7). 선한 자들과 악 한 자들이 함께 즐기는 현세적 평화를 의미한 것이다.208)

---

207) Ibid., 19,17; pp.412−413.
208) Ibid., 19,26; p.419.

3) 지상의 도성의 평화를 향한 교회의 역할

지상의 도성(*Civitas terrena*)에 머물고 있는 하나님의 도성의 시민은 사회적인 생활을 하고 있다. 어거스틴은 "하나님의 도성이나 성도들의 생활이 사회적인 것이 아니면 어떻게 출발하거나 발전하거나 목표에 도달할 수 있겠는가?"라면서 반문한다.[209] 어거스틴은 하나님의 도성의 시민과 지상의 도성의 시민이 함께 공존하고 있는 이 사회에서 하나님과 평화할 수 있는 방법을 세 가지로 보고 있다. 이것은 바로 '선', '정의', 그리고 '행복'이다. 이 세 가지는 하나님과 관련된 개념들이다. 하나님으로 인한 선, 하나님으로 인한 정의, 하나님으로 인한 행복이다. 이것이 어거스틴이 가지고 있는 지상의 도성에서 교회의 역할인 것이다. 앞에서 어거스틴은 지상의 도성의 현존을 '악', '전쟁' 그리고 지상적 차원의 '평화'로 규정하였다. 어거스틴은 이에 반하여 지상의 도성의 평화를 위한 방편으로 이 세 가지를 강조한 것이다.

첫째, 역할인 '선'에 대하여 알아보자. 어거스틴은 '선'의 제1원인은 '하나님의 선하심'이라고 하면서, 이러한 제1원인인 하나님의 선하심을 인정하지 않는 이단자들이 있다고 언급한다. 이들은 바로 마니교도들이다.

어거스틴은 하나님에 대하여 이렇게 강조한다. 하나님은 유일하게 순전하시기에 오직 변하지 않는 유일한 선(善)이시다. 이 유일한 선이신 하나님께서 창조하신 모든 것은 선하게 창조되었지만, 창조된

---

209) Ibid., 19,5; p.403.

피조물은 순전하지 않다. 그러므로 그것들은 변할 수 있는 것이다.[210]

　반면에 신들이 모두가 선하며 또 선하다고 불리는 사람들보다 훨씬 우수하다고 주장하는 사람들은 그들 스스로 부인할 수 없는 마귀들의 행동에 의하여 당연하게도 혼란을 느끼기 때문에, 그들이 선하다고 주장하는 신들에 의해서는 그런 일들이 행해질 수 없다고 생각하고 있다. 그래서 그들은 신들과 마귀들 사이에 차이가 있다고 가정하고 있다. 그런 사람들은 보이지 않는 영들이 능력을 과시하게 되는 행동이나 감정에서 무례한 어떤 요소를 보게 되는 경우에 그 원인이 신들이 아니라 마귀들에게 있다고 믿고 있다. 동시에 그들은 어떠한 신도 인간들과 직접 교제할 수 없기 때문에[211] 이들 마귀들이 기도를 가지고 올라가며 선물을 가지고 돌아오는 중재자의 위치를 차지하고 있다고 믿는다.[212]

　어거스틴은 이러한 잘못된 신관을 가진 사람들 중에는 가장 유명한 플라톤주의자들의 견해가 이와 같다고 한다. 어거스틴은 수많은 신들에 대한 숭배행위가 미래의 삶에서 복을 얻는 데 어떤 도움이 되는가라는 문제를 논의할 상대로 플라톤주의자들을 선택하였다. 어거스틴은 사람들이 싫어하고 혐오하는 일들과 신성모독적이며 부도덕한 허구와 마술의 사악하고 범죄적인 폭력의 즐거움을 가지고 있는 마귀들이 어떻게 인간들보다 신들에게 더 가까이 있으며 더 우호적이

---

210) Ibid., 11,10; p.210.

211) Apuleius(philosophical writer, ad novelist, fl. c. A.D. 150), *De Deo Socratis*, 4(Plato, *Symposium*, 203 A 참조).

212) *DCD*, 9,1; *N. & P. −N. F.*, vol.2, p.166.

며, 선한 인간들과 선한 신들 사이에 중재할 수 있는지 논쟁하였다고 밝힌다. 이런 일은 절대로 불가능하다는 사실을 입증했다고 한다.213)

선하신 하나님이 지으신 세계의 일부를 옳지 않다고 보는 데 대하여 어거스틴은 다음과 같이 반론을 제기한다.

> 지금 벌을 받고 있는(창 3:17–19) 빈약하고 죽을 운명인, 우리의 육체에 대하여, 불과 서리와 들짐승과 그 밖에 유익하기보다 유해한 것들이 많다는 것을 이단자들은 안다. 그들은 이런 것들이 그 자체의 자리에서, 또 그 본성으로 얼마나 훌륭하며, 피조 세계에 얼마나 잘 적응하며, 한 공동체를 대하듯, 세계에 대해서 얼마나 많은 공헌을 하는가 하는 것은 고찰하지 않는다. 그것들에게 고유한 적응 방법을 알고 사용할 때에는 우리에게도 유익하다는 것을 그들은 생각하지 않는다.214)

어거스틴은 독약은 잘못 쓰면 치명적으로 해롭지만 그 속성대로 쓰면 양약이 된다고 하면서, 선하신 하나님이 만드신 인간의 식물인 음식과 태양의 빛 같은 것도 과도하게 섭취하거나 계절을 잘못 택하면 도리어 몸에 해롭다고 한다. 이와 같이 어거스틴은 하나님의 섭리를 통해서 만들어 놓으신 피조물들을 어리석은 소치로 비난하지 말고, 도리어 혜택을 입을 방법을 신중히 탐구하라고 경고한다.215)

어거스틴은 분명하게 피조물의 존재성에 대하여 아래와 같이 주장하고 있다.

---

213) Ibid., 9,1; p.166.
214) Ibid., 11,22; p.217.
215) Ibid., 11,22; p.217.

진실로 모든 피조물은 당신의 차고 넘치는 선(좋음)으로부터 존재를 받아 가지게 되었으니 창조된 것은 다 좋은 것이옵니다. 그러나 창조된 그 좋음(선)은 당신의 본체에서 나온 것이 아니요, 당신의 좋으심(선)과 동등한 것도 아니니 당신에게는 별 도움이 되지 못합니다. 그럴지라도 그것은 좋으신 당신께서 창조하신 것이니 존재하는 것이요, 또한 좋은(선) 것이옵니다.216)

또한 다음과 같이 선하신 하나님이 지으신 선한 피조물의 본성에 대한 정의를 내린다.

우리의 지력(知力)이 연약하고 부족할 때에는, 거기에 이용가치가 숨어 있다는 것을 믿어야 한다. 우리는 유용한 발견들도 실패할 뻔했다는 것을 경험으로 알기 때문이다. 이용가치가 숨어 있다는 것은 우리의 겸손을 북돋우며 자부심을 깎아 내리는 데 도움이 된다. 본성이 악한 존재는 없기 때문이다. 악이라고 부르는 것은 선이 없다는 뜻에 불과하다.217)

어거스틴은 선하신 하나님이 지으신 선한 피조물들도 상하의 차이가 있다고 한다. 이러한 피조물은 평등하지 않기 때문에 모두 존재할 수 있다고 강조한다. 이와 같은 차이가 있을지라도 어거스틴은 저급의 선한 피조물을 만드신 하나님이 저급의 하나님이 아니라고 강조하고 있다. 작은 것이나 저급한 것을 큰 것이나 상급의 것으로 평가할 것이 아니라, 이러한 것을 만드신 분의 기술을 표준으로 삼

---

216) *Conf.*, 13,2,2; *N. & P. −N. F.*, vol.1, p.190.
217) *DCD*, 11,22; *N. & P. −N. F.*, vol.2, p.217.

아야 한다고 주장한다. 어거스틴은 사람의 신체를 예를 들면서 설명한다. 사람의 한쪽 눈썹을 깎아버리면, 그의 몸에서 제거한 것은 거의 없다고 하겠지만, 그 몸의 미(美)를 생각할 때에는 큰 손실이 된다. 미(美)는 부피에 달린 것이 아니라, 부분들 사이의 균형과 비례에 달렸기 때문이라고 한다.[218]

어거스틴은 지상의 도성의 사람들이 선하신 하나님이 만드신 선한 세계를 만드셨다는 것을 전제로 하고, 일종의 독자적 반대 원리가 악한 본성을 생산하며 번식시킨다고 생각하는 것은 무리가 아니라고 한다. 이들의 사상에 대하여 어거스틴은 다음과 같이 표현하고 있다.

> 하나님이 그 악한 반대 세력을 격퇴할 필요가 절실했기 때문에, 할 수 없이 창조 사역을 시작하신 것이라고 그들은 믿는다. 그래서 하나님은 악한 세력을 억제하고, 정복하기 위해서 악한 본성과 자신의 선한 본성을 섞으셨다고 하며, 이러한 수치스러운 오염과 잔혹한 압박하에 잡혀 있게 된 자기의 본성을 정화하며 구출하려고 노력하시지만, 그 모든 수고로도 완전한 성공은 거두지 못한다고 한다. 그러나 오염을 씻어버릴 수 없는 부분은 정복된 원수를 가두는 감옥과 결박하는 사슬이 된다고 한다.[219]

어거스틴은 마니교도들이 이와 같은 사상을 가지고 있다고 언급하면서 이들에 대하여 다음과 같이 논박하고 있다.

> 마니교도들도 하나님의 본성은 변하거나 부패하는 일이 절

---

218) Ibid., 11,22; p.217.
219) Ibid., 11,22; p.217.

대로 없으며, 손상을 받는 일도 없다는 것을 믿는다면, 이런 어리석은, 아니 미친 생각을 하지 않을 것이다. 또 그들은 영혼에 대해서도 그리스도교의 침착한 생각을 본받아야 한다. 영혼은 그 의지 때문에 악화되었으며, 죄로 인해서 부패했으며, 따라서 영원한 진리의 광명을 빼앗겼으며, 이런 영혼은 하나님의 일부이거나 하나님과 동일한 본성을 가진 것이 아니라, 하나님으로부터 창조되었으며, 창조주보다 훨씬 낮다는 것을 그들은 믿지 않는다.[220]

어거스틴은 지상의 도성에 머물고 있는 사람들에게 하나님과의 평화의 길을 추구하는 데 있어서 인간의 본분을 다음과 같이 강조하고 있다.

마귀들의 상상적인 중재를 통하여 신들, 아니 선한 천사들의 호의나 자신을 얻어내려고 추구해서는 결코 안 되며, 우리가 그런 것들에 접근할 수 있는 것은 오직 선한 의지를 소유한다는 점에서 그들을 닮음으로써 그들과 함께 있으며 그들과 함께 살며 비록 우리 육신의 눈으로 그들을 보지 못한다고 할지라도 그들과 함께 동일한 하나님께 경배드려야 한다.[221]

지상의 도성에 머물고 있는 인간은 하나님의 선하심을 따라 살아야 하는 것을 어거스틴은 다음에서와 같이 주장한다.

---

220) Ibid., 11,22; p.217.
221) Ibid., 8,25; p.163.

영혼은 선하게 살 때에 하나님으로부터 생명을 받는다. 하나님이 영혼 안에서 선을 행하시지 않으면 선한 생활을 할 수가 없기 때문이다. 그러나 영혼이 몸 안에 있으면, 영혼이 하나님으로부터 생명을 얻든 얻지 못하든 간에 몸은 영혼에서 생명을 얻는다. 불경건한 사람들의 몸에 있는 생명은 그 영혼에서 오는 것이 아니라 그 몸에서 온다. 영혼은 죽은 때에도, 곧 하나님으로부터 버림을 받은 때에도 그들의 몸에 생명을 줄 수 있다. …… 그러나 최후의 심판으로 벌을 받고 있는 존재는 생명이라기보다 사망이라고 하는 것이 좋을 것이다.222)

이와 같이 어거스틴은 '선'을 통하여 하나님과 평화할 수 있음을 분명하게 밝히고 있다.

둘째, 어거스틴은 지상의 도성의 평화를 위한 역할로 '정의'를 주장한다. 그는 '정의'를 곧 '의로우신 하나님'과 관련시키고,223) 또한 이 정의를 하나님의 자비로우심에 관련시키면서 다음과 같이 주장하고 있다.

어떤 사람들은 "그렇다면 하나님의 자비는 왜 심지어 하나님을 모르며 감사치 않는 자들에게까지 미치는가?"라고 질문할는지 모른다. 이에 대한 유일한 설명은 그것이 "그 해를 악인과 선인에게 비춰게 하시며 비를 의로운 자와 불의한 자에게 내리우시는"(마 5:45) 분의 자비라는 것이다. 어떤 악인들은 이런 사실을 생각함으로써 회개하고 자기들의 불경건을 고치지만, 그 사도224)의 말대로

---

222) Ibid., 13,2; p.345.
223) *Conf.*, 1,4,4; *N. & P. -N. F.*, vol.1, p.46.

다른 악인들은 "하나님의 인자하심과 용납하심과 길이 참으심의 풍성함을 멸시하며 각각 사람에게 행한 대로 보응하시는 하나님의 의로우신 판단이 나타나는 진노의 날에 임할 진노를 쌓고 있다." (롬 2:4-5)[225]

어거스틴은 하나님이 축복과 불행에 대하여서 선인에게나 악인에게나 공정한 정의로 대하심을 증언하고 있다.

하나님의 채찍이 선인들을 참을성 있게 인내하도록 훈련시키는 것과 마찬가지로, 오래 참으시는 하나님은 아직도 악인들이 회개하도록 초대하신다. 악인들을 징벌하기 위하여 하나님의 엄격함이 완화되듯이, 선인들을 소중히 하기 위하여 하나님의 자비가 그들을 감싼다. 하나님은 섭리로써 의인들을 위해서는 불의한 자가 누리지 못할 장래의 축복을, 또 악인들을 위해서는 선인이 당하지 않을 슬픔을 예비하기로 결정하셨다. 그러나 그분은 현세의 좋은 일들과 나쁜 일들을 선인과 악인에게 동시에 임하도록 의도하셨다. 그래서 악인들도 동일하게 향유하는 모습을 보이는 어떤 것들을 우리가 지나치게 탐하지 않게 하고, 또한 심지어 선인들도 종종 겪는 해악으로부터 지나친 두려움을 가지고 움츠러들지 않도록 하셨다.[226]

어거스틴은 하나님은 흔히 행운을 베풀거나 불운을 안겨줄 때조차 그분의 정의로우심을 강조하고 있다. 이 세상에서의 모든 악행에 대

---

224) St. Augustine, 하나님의 도성, "각주", p.91: 초대교부들의 저작 속에서 "그 사도"라 할 때 이 말은 항상 사도 바울을 지칭한다.

225) *DCD*, 1,8; *N. & P. -N. F.*, vol.2, p.5.

226) Ibid., 1,8; p.5.

하여 확실하게 벌이 가해진다면, 마지막 심판을 위하여 남겨질 것이 하나도 없게 되리라고 생각될 수 있다. 반면에 하나님의 능력이 현세에 저질러지는 어떠한 죄악에도 공개적으로 징벌하지 않는다면, 하나님의 섭리가 결코 존재하지 않는다는 결론이 제기될 수 있다. 현세에서의 행운에 관해서도 마찬가지이다. 하나님이 간구하는 사람들에게 눈에 보일 정도로 관대하게 행운을 부여하지 않는다면, 이런 현세적인 축복이 그분의 소관사항이 아니라고 말할 수 있다. 반면에 구하기만 하면 번영을 베풀어주시는 경우에는, 하나님이 단지 그런 보상을 위해서만 섬김을 받을 수 있다고 생각하게 된다. 그럼으로 그분의 정의로 이 모든 것을 섭리하고 계신다.[227]

어거스틴은 계속해서 선인과 악인이 함께 고통당하며 또 그들이 당하는 고통에 아무런 차이가 없음으로써 하나님이 정의롭지 못하다고 할지라도 결코 그렇지 않다는 사실을 다음과 같이 설명하고 있다.

> 고통이 비록 같다고 할지라도 고통받는 사람들은 여전히 다른 채로 남아 있다. 덕과 악덕은 비록 같은 괴로움을 겪는다고 할지라도 동일하지 않다. 금을 빛나게 만드는 그 동일한 불은 왕겨가 연기를 내도록 만들기도 한다. 하나의 도리깨가 쭉정이를 떨어져 나가게 만드는 동시에 알곡을 걸러내기도 한다. 같은 압착기에 눌린다고 하여서 기름이 찌꺼기와 혼동되어서는 안 된다. 마찬가지로 선인들을 검증하고 정결케 하고 순수하게 하기 위하여 엄습하는 난폭한 일이 악인들을 저주하고 파멸시키고 근절시키도록 작용하기도 한다. 그러므로 똑같은 고난을 당할 때에 선인들은 기도하고 찬양하는 반면에, 악인들은 하나님을 증오하며 모독한다.[228]

---

227) Ibid., 1,8; p.5.

이와 같이 주장하는 어거스틴은 고난당하는 자의 본성이 중요하지, 고난의 본성이 문제가 되지 않는다는 것이다. 그러면서 어거스틴은 "구정물통을 흔들어 보아라. 그러면 더러운 악취가 풍길 것이다. 이제 향료를 흔들어 보아라. 똑같은 동작이지만, 이때에는 향기로운 내음이 솟아오를 것이다."라고 하면서 정의로우신 하나님을 증거하고 있다.[229]

이에 대하여 어거스틴은 불의한 우상숭배자들은 건전한 교육도 받지 못했으며 우상숭배행위를 하는 동안 온갖 종류의 불의한 행동을 저질렀다고 주장하면서, 이 불의한 거짓 신들은 도덕성의 타락을 방지하기 위하여 왜 아무런 조치도 취하지 않았는지를 묻고 있다.[230]

우상숭배자들은 인간의 악행이 개인의 자유의사에 달렸다고 한다. 그렇지만, 사람들의 인도자인 신들은 자기들을 숭배하는 사람들에게서 좋은 삶을 살아가는 가르침을 숨기지 말아야 하는 의무를 가지고 있어야 한다. 그리고 이러한 가르침을 명백하게 제시하며 공포해야 한다고 어거스틴은 강조한다. 어거스틴은 바른 가르침을 어긴 죄인들에게 그들의 신들은 예언자를 보내어 책망하기도 하고, 악을 행하는 자들에게는 징벌을 내리고, 올바른 삶을 살아가는 사람들에게는 보상을 약속해야 되지 않느냐고 주장하고 있다. 그러나 이러한 적은 한 번도 없었다고 강조하고 있다.[231]

'정의'가 없는 왕국은 강도떼와 다를 바 없다고 어거스틴은 주장

---

228) Ibid., 1,8; p.5－6.

229) Ibid., 1,8; p.6.

230) Ibid., 2,4; p.24.

231) Ibid., 2,4; p.25.

하고 있다.232) 어거스틴은 이 의로우신 하나님을 알지 못하는 도성은 결코 올바른 정의를 실현할 수 없음을 강조하고 있는 것이다. 그러나 어거스틴은 올바른 정의가 실현되지 못하는 도성의 통치라도 그 통치권한은 하나님으로부터 부여된다는 것을 다음과 같이 주장하고 있다.

> 우리는 왕국과 제국에 부여되는 권력의 원인을 오직 참된 하나님에게만 돌려야 한다. 그분은 하늘 왕국에서는 경건한 자들에게만 행복을 주시지만, 세상의 왕권은 결코 불의할 수 없는 기뻐하심에 따라 경건한 자들에게나 불경건한 자들에게나 주신다. …… 그러므로 참된 한 분 하나님이자 정당한 판단과 도움 없이는 결코 사람들을 버리지 않는 그분은, 원하실 때, 그리고 원하는 만큼의 크기로 로마인들에게 왕국을 부여했다. …… 왕국으로 있는 동안 한 분 하나님을 경배했던 히브리인들은 차치하고라도 아시리아인들과, 심지어 그들 자신의 책이 증언하기를 선신과 악신이라는 두 신233)만 숭배했던 페르시아인들조차도 하나님으로부터 왕국을 부여받았다.

232) Ibid., 4,4; p.66; St. Augustine, 하나님의 도성, p.227: 아우구스티누스는 이와 같은 경우를 알렉산더 대왕에게서 찾는다. 어떤 해적이 알렉산더 대왕에게 사로잡혔다. 대왕이 사로잡은 해적에게 무슨 의도로 바다에서 남을 괴롭히는 짓을 하느냐고 물었을 때, 이 해적이 알렉산더 대왕에게 거침없이 다음과 같은 대답을 했다. "그것은 당신이 온 세상을 괴롭히는 의도와 같습니다. 단지 저는 작은 배를 가지고 그런 짓을 하므로 해적이라고 불리고, 당신은 큰 함대를 가지고 그런 짓을 하므로 황제라고 불리는 차이가 있을 따름입니다."

233) St. Augustine, 하나님의 도성, "각주", p.310: 두 신, 젠드아베스타에 나오는 조로아스터(기원전 6세기)의 가르침에는 광명의 신인 오르무즈드(아후라 마즈다)와 흑암의 신인 아리만이다.

페르시아인들이 세게티아를 숭배하지 않았다고 할지라도 곡물을 부여받았고, 또 그들이 로마인들에 의하여 그들 각각에 특수한 기능을 숭배하지 않았다고 할지라도 지상의 다른 선물들을 받게 하신 분은, 바로 하나님이었다. 즉 페르시아인들은 로마인들이 자기들의 제국건설에 빚겼다고 믿었던 신들 중 어느 누구도 숭배하지 않았지만, 하나님이 그들에게 영역을 주셨던 것이다.[234]

어거스틴은 하나님이 부여하시는 권한에 대하여서 국가뿐 아니라, 개인에게도 똑같이 적용된다고 강조하고 있다.[235] 어거스틴은 지상의 도성에서 하나님과 평화할 수 있는 길을 바로 이 '정의'를 실현하는 것이라고 주장하고 있다.

셋째, 지상의 도성을 위한 역할로 어거스틴은 '행복'과 관련시키고 있다. 어거스틴은 악(惡)에 둘러싸인 인생은 원래 행복하다고 할 수 없다고 주장하면서, 인생이 행복하다고 하던 사람들이 자살할 때에는 불행에 항복한 것이며, 또한 이 악에 정복을 당한 것이라고 「하나님의 도성」에서 강조하고 있다.[236] 어거스틴은 이 행복은 소망의 구원을 이루는 것임을 강조한다. 소망으로 구원을 받은 것같이 소망으로 행복하게 된다. 그리고 현재의 구원을 가진 것이 아니라 미래의 구원을 기다리고 있는 것과 같이 행복에 대해서도 마찬가지라고 어거스틴은 주장한다. 현재 지상의 도성에서 여러 가지 악에 둘러싸였기 때문에, 순수한 선을 즐기게 될 때까지 악에 대하여 참고 견뎌야 한다고

---

234) *DCD*, 5,21; *N. & P. -N. F.*, vol.2, p.103.

235) Ibid., 5,21; p.103.

236) Ibid., 19,4; p.403.

강조한다. 그리고 내세에 받을 구원이 궁극적 행복이라고 하였다.[237)

지상의 도성에서 행복한 생활을 누리려면 바르게 살아야 한다고 하면서 어거스틴은 바른 생활은 모든 감정을 바르게 느끼며, 그릇된 생활은 그릇된 모양으로 느낀다고 강조하고 있다. 그리고 어거스틴은 행복하고 영원한 생명은 바를 뿐 아니라 확고한 사랑과 기쁨을 알 것이지만, 두려움이나 고통은 전혀 없을 것임을 강조하고 있다.[238) 어거스틴은 지상의 도성의 순례의 길에서 이러한 행복한 생활을 누리고자 한다면 그것은 육을 따르지 않고 영을 따르는 생활을 해야 하며, 사람이 아니라 하나님을 따르는 생활을 해야 함을[239) 다음과 같이 주장하고 있다.

> 내가 당신을 섬기고 예배함은 당신이 그것을 필요로 해서가 아닙니다. 당신을 섬기고 예배함은 당신으로 말미암아 내가 행복하게 되기 위함입니다. 내가 당신으로 말미암아 존재하게 되었으니 당신으로 말미암아 행복하게 됨은 당연한 일이옵니다.[240)

행복의 출처에 대하여서 어거스틴은 분명하게 밝히고 있다. "어디서 그 행복이 오느냐고 물으면, 하나님이 그 즐거움이라고 대답한다"라고 하면서 삼위일체 하나님 안에 거룩한 하늘(갈 4:26) 도성의 근원과 광명과 행복이 있다고 증언하고 있다.[241)

---

237) Ibid., 19,4; p.403.
238) Donald X. Burt, p.630.
239) *DCD*, 14,9; *N. & P. −N. F.*, vol.2, p.270.
240) *Conf.*, 13,1,1; *N. & P. −N. F.*, vol.1, p.190.
241) *DCD*, 11,24; *N. & P. −N. F.*, vol.2, p.219.

어거스틴에 의한
하나님과의 평화의 길

어거스틴에게 있어서 하나님과의 평화는 결국 한 인간이 하나님 안에서 구원을 얻는 데서 시작된다.

1. 하나님의 인간에 대한 사랑을 통한 평화
: 구원론의 관점

인간의 구원은 하나님의 의로 이루어지며 이 하나님의 의는 구원의 근원이 된다. 인간이 하나님의 의로 거룩하게 된다는 것을 뜻한다. 이것은 복음을 믿는 믿음 안에서만 가능하다.[1] 그러므로 하나님의 의는 믿음에서만 이루어진다.[2] 하나님께서는 인간의 자력으로 구원받는 것을 원치 않으시고 밖에서 오는 의와 지혜를 통해서 구원받기 원하신다. 그러므로 밖으로부터 온, 전혀 이질적인 의(*alien righteousness*)에 대하여 수동적으로 받아들일 뿐이다.[3] 결국 밖에서부터 온 의가 바로 인간에 대한 하나님의 사랑인 것이다. 이 사랑으로 인하여 인간의 구원이 이루어진다.

어거스틴은 구원론적 관점에서 하나님의 인간에 대한 사랑을 통한 평화를 주장하고 있는 것이다. 어거스틴은 하나님을 신플라톤주의적

---

1) Martin Luther, 루터 저작선, adit., John Dillenberger, 이형기 역(크리스챤 다이제스트, 1999), p.133.

2) Martin Luther, 루터의 신학, adit., Paul Althaus, 이형기 역(크리스챤 다이제스트, 2001), p.259.

3) Ibid., p.257.

요소로 받아들여 이것을 윤리적, 인격적 사유와 결부시켰다. 그것을 결합시키는 힘이 사랑이다. 그에게 하나님은 시공을 포함한 일체의 범주의 제약을 초월한 지고의 존재(*summa essentia*)이다. 하나님은 모든 구별을 초월하는 존재로서 주관-객관의 구별도 초월한다. 하나님의 사랑에 있어서 하나님은 스스로를 사랑하고 있다. 어거스틴에게 신적인 존재 근거가 사랑이며, 사랑에는 주체와 객체의 구별이 없다는 것을 의미한다. 그래서 우리가 자기 자신을 포함해서 사물을 올바로 사랑한다면 우리는 신적인 존재 근거를 사랑하는 것이다. 하나님 안에서의 사랑의 교제는 인간들 사이에서처럼 서로 상이한 본질 사이의 교제가 아니라 한 본질 안에서의 교제이다. 어거스틴은 인간을 향한 하나님의 사랑이 그리스도에게 이루어졌다고 한다. 어거스틴은 하나님께서 다윗에게 주신 약속은 솔로몬에게서 조금도 실현되지 않고 그리스도에게서 풍성하게 실현되었다고 주장하고 있다. 어거스틴은 이 약속이 솔로몬에게서 실현되었다고 생각한다면 그것은 큰 잘못이라고 한다.[4]

1) 인간의 자유의지

어거스틴은 로마에 체제하고 있던 387-388년 겨울에 「자유 의지론」을 쓰기 시작하여 미완성으로 두었다가 북아프리카로 돌아온 후에 제2권과 제3권을 집필하기 시작하여 감독이 되기 전인 395년에 완성하였다.[5]

---

4) *DCD*, 17,8; *N. & P. -N. F.*, vol.2, pp.348-349.

어거스틴의 악의 기원이 인간의 자유의지에서 발생한다는 것이 「자유 의지론」(De libero arbitrio)의 전체 주제이다.[6] 그리고 이 책은 마니교를 반박하기 위한 목적을 함께 가지고 있었다.[7] 후기 펠라기우스 논쟁에서는 의지의 실제적인 능력의 유무에 대하여 논하였지만, 마니교의 운명론에 대항해서 의지에 관한 자유선택의 존재 여부를 묻는 저술로 집필하였다. 이러한 이유로 어거스틴은 여기에서 의지의 실제적인 자유가 존재한다고 가르칠 수밖에 없었던 것이다. 펠라기우스 논쟁이 일어난 직후에 「성찰록」에서 이를 완화시키려는 노력으로 언급하기는 했지만, 「자유 의지론」에서 인간에게는 '자유 의지'가 있다고 주장하였다.[8]

어거스틴은 "인간이 의지 없이 살수 없다"[9]고 하였다. 그리고 의

---

5) St. Augustine, *Retractationes*, 1,8,1: 우리가 아직 로마에 지체되어 있을 때, 우리는 악의 기원에 대한 문제를 토론하기로 결정하였다. …… 세심한 논구를 거친 후에 우리는 "악이란 의지의 자유로운 선택 외에 다른 기원을 가지지 않는다"(*nisi propriae voluntati ulla ulterior peccatorum causa quaerenda.*)는 것에 동의하였다. 이 중에서 제2권과 제3권은 아프리카에 있을 때 내가 히포 레기우스에서 사제로 안수받은 후, 그 당시 내가 요청할 수 있었던 그 기회를 이용하여 완성하였다. M. Bogan, The Fathers of the Church, vol.60(Washington: The Catholic University of America Press, 1968), p.32.

6) St. Augustine, *De libero arbitrio*, 1,1,1; St. Augustine, 자유의지론, p.71.

7) *Conf.*, 3,7,12; *N. & P. –N. F.* vol.1, p.64.

8) St. Augustine, *Retractationes*, 1,8,4; M. Bogan, The Fathers of the Church, vol.60, 36.

9) St. Augustine, *De libero arbitrio*, trans, Anna S. Benjamin and L. H. Hackstaff, *On Free Choice of the Will*, The library of liberal arts(New York–London, 1964), 2,1,5.

지는 좋은 것이라고 하였다. 왜냐하면 모든 좋은 것은 하나님에게서 오기 때문이다. 인간이 자유의지로서 바르고 명예롭게 살 수 있는 것은 좋은 것이다. 그래서 자유의지는 선한 것이다. 자유의지 없이는 그 누구도 올바르게 살 수 없다. 자유의지는 인간 자신의 통제에 달려 있기 때문이다. 인간의 자유는 그의 정의의 잠재력인 법칙 안에 놓여 있다. 돌이나 나무는 올바르게 또는 그릇되게 행위를 할 수 없다. 그러나 인간은 할 수 있다. 인간이 할 수 있는 것은 오로지 선함의 자유선택을 할 수 있는 힘을 지니고 있기 때문이다.[10]

어거스틴은 이 자유의지에 대하여 펠라기우스와의 논쟁에서 변화를 가져온다. 펠라기우스와의 논쟁의 근본적인 주제는 인간의 의지력과 신의 행위의 적절한 상호관계로 정의된다.

펠라기우스의 견해[11]는 매우 인간적이어서 설득력이 있었다. 그러

---

10) G. R. Evans, *Augustine on Evil*(Cambridge,1982), 5,1,116 – 117.

11) Paul Lehmann, *The Anti –Pelagian Writings*, edited. R. W. Battenhouse. *A Companion to the Study of St. Augustine*(Grand Rapids: Baker Book House, 1979), pp.211 – 212: 펠라기우스는 의지에 대한 자신의 입장을 확고하게 하기 위해 세 가지 주장을 펼친다. 첫째, 의지함(willing)의 본성은 선택의 힘과 가능성에 관련되어야만 한다는 것이다. 창조자 하나님께서 인간의 본성 안에 의지를 부여하셨다. 따라서 창조자의 목적(곧 완전함)과 부합하게 행동하기 위하여 의지를 사용하는 가능성이 인간에게 열려 있다. 또한 반대되는 방향으로 의지를 사용하는 가능성도 마찬가지라는 것이다. 둘째, 의지의 자유라는 관점에서는 하나님의 은총과 그리스도의 구원의 은총이 거부되지 않았다. 이런 종류의 의지의 기능을 가진 인간의 창조는 그 자체가 은총의 행위이다. 셋째, 논증은, 자신의 입장에서만이 하나님께서 인간들과 관계 맺는 방식을 충분히 이해할 수 있다는 것이다. 그가 신의 본성과 행동의 신비를 허용하지 않은 것은 아니었다.

나 어거스틴은 여기에 반발한다. 어거스틴은 펠라기우스가 의지의 자유에 대한 견해와 하나님의 은총이 어떻게 의지의 자유와 관련되는지에 대해 잘못 설명하고 있다고 주장한다.

그러나 인간 의지의 단순한 힘은 하나님의 도우심이 없어도 스스로 의로움을 완수할 수도 있고 어떤 경로로든 의로움을 향해 나아갈 수도 있다고 생각하는 사람들에게는 최대한 빠르고 강하게 저항해야만 한다. 그리고 하나님의 도움 없이 그런 결과에 도달할 수 있다는 주장에 있어서 그들이 자신들의 가정에 대하여 심하게 압박받기 시작할 때, 그들은 자신들을 억제한다. …… 인간을 창조하시되 인간이 그 자신의 의지를 자유롭게 선택하게 만드셨고, 인간에게 자신의 계명을 줌으로써 직접 인간을 가르치시고 계시는 것과, 그리고 그가 무엇을 피해야 하고 그의 행동에서 무엇을 원해야 하는지에 관한 지식으로 인간을 교육하심으로써 인간이 그의 무지를 벗도록 그를 도우신다는 것을 아는 것은 하나님의 도우심이 없이는 가능하지 않다고 그들은 단언한다.[12]

---

12) St. Augustine, *De Spiritu et Littera*, 4; St. Augustine, 성령과 문자, 공성철 역(한들출판사, 2000), pp.36-39: 펠라기우스는 인간이 완전하게 살기 위해서는 하나님의 은총이 필요하다는 것을 부인하지 않았다. 그러나 아우구스티누스가 볼 때 바로 이 본문에서 그가 그리스도의 은총을 꼭 필요한 것이 안 되도록 만드는 것이다. 하나님이 계명을 주셨기 때문에 인간은 완전해질 수 있고, 그리스도가 오기 전에도 완전한 자가 있을 수 있다. 그리고 그것은 하나님의 은총의 힘이라는 것이다. 자유의지를 말하면서 펠라기우스는 은총을 반대하는 것이 아니다. 바로 이 선천적으로 받은 의지가 하나님의 은총이라는 것이다. 418년에 과거 펠라기우스주의를 긍정적으로 보았던 415년 Diospolis회의와 417년 로마회의를 뒤집어서 이단이라는 판정이 나왔다(A. Harnack, *Lehrbuch der Dogmengeschichte*, vol.III, 174-183).

어거스틴은 하나님의 자유로운 은총을 인간의지의 무능력(*impotence*)과—능력(*power*)이 아니라—직접적으로 관련하여 그리스도 안에 두었다고 강조한다.[13]

어거스틴은 펠라기우스가 은혜를 사용하는 데 있어서와 의지를 분석하는 데 있어서의 애매한 점들을 철저히 부수려는 최종의 시도를 하면서,[14] 그는 논쟁 전체를 끝낼 수 있는 주장을 다음과 같이 한다.

> 반복해서 말하건대, 만일 의지와 행위가 하나님에 의해 도움을 받으며, 그래서 우리가 그런 도움 없이는 어떤 선한 것도 의지할 수도 행할 수도 없다는 데 그가 우리와 함께 동의한다면, 또한 이 것이 그분(그리스도)의 의로우심을 통해 우리를 의롭게 하시는 우리의 주 예수 그리스도를 통하여 오는 하나님의 바로 그 은혜이지 우리 자신의 것이 아님을 믿는다면……, 내가 판단컨대, 우리가 하나님의 은혜로부터 얻는 그 도움에 관한 한 우리 사이에 더 이상의 논쟁은 없을 것이다.[15]

인간은 의지의 존재이다.[16] 어거스틴은 인간이 악을 범한 이유에

---

13) Ibid., 53; pp.174-175: 이제 우리가 먼저 '우리 자신의 능력(*power*)'이 의미하는 바를 주의 깊게 연구한다면, 이 의문이 더 쉬워 보일 것이다. 두 가지 기능—의지의 작용과 능력의 작용—이 있다. 의지를 지닌 어떤 사람도 그 능력을 함께 갖지 못하며 그 능력을 소유한 어떤 사람도 의지를 즉각적으로 통제할 수 없다. 왜냐하면 우리가 때때로 우리가 할 수 없는 것을 의지하는 동시에, 우리는 우리가 의지하지 않는 것을 할 수 있기 때문이다.

14) Paul Lehmann, p.220.

15) St. Augustine, *De gratia Christi et peccato originali*, 1,52; *N. & P. -N. F.*, vol.5, pp.218-219.

대하여 의지가 이성을 욕망의 동반자로 만든 때문으로 보았다.[17] 인간이 의지를 통해서 영원법으로 주어진 이성적인 법을 따라서 최고의 지혜를 향하여 사는 것이 선한 삶이며, 의지를 통해서 이 질서를 역행하면 악한 삶을 살게 된다고 강조하였다.[18] "우리의 논의가 가르쳐 주는 바는 영혼 그 자체의 의지와 자유로운 선택 말고는 아무것도 영혼으로 하여금 욕망의 동반자가 되게 할 수 없다는 것이다."[19] 이처럼 어거스틴은 영혼이 욕망에 굴복하는 것은 창조된 본성을 따르는 것이 아니라, 인간 자신이 스스로의 의지와 자유로운 선택에 의한 것이라고 결론을 내렸다.

그리고 "하나님은 왜 인간들에게 의지의 자유선택을 부여하셨는지"[20]가 문제가 된다. 즉 자유를 주신 분이 하나님이시니 의지가 죄를 범하는 원인이 된다면 의지를 창조하신 분인 하나님도 책임이 있다는 논리이다. 이에 대하여 어거스틴은 하나님이 진리 자체이시며[21] 이 진리를 향유하는 것이 바로 행복임을 전개해 나간다.[22] 모든 선한

---

16) St. Augustine, *De libero arbitrio*, 2,19,50. 2,19,52. 3,5,16. 3,9,24; 자유의지론, pp.257, 261, 303, 321: 아우구스티누스는 인간에게 주어진 의지가 본질적으로 중간선이라고 정의를 내리고, 인간이 이 중간선을 통해서 선을 행하기도 하고 악을 행하기도 한다고 하였다. 이 뜻은 근본적으로 인간이 상대가 되는 대상과 어떠한 관계를 맺고 있는가가 곧 가치를 결정하는 것을 뜻한다.

17) Ibid., 1,11,22; p.117.

18) Ibid., 1,12,15; p.123.

19) Ibid., 1,11,21; p.117.

20) Ibid., 2,1,1; p.149.

21) Ibid., 2,6,14; p.183.

22) Ibid., 2,3,35; p.225: 아우구스티누스의 사상의 기초에는 진리를 향유하는

것들이 하나님께로부터 말미암았기에 선한 것이라고 논증했다.[23] 그리고 의지도 하나님으로부터 말미암은 것이기에 선한 것이라고 주장하였다. 그렇다고 한다면 의지가 죄를 범하는 이유는 무엇인가라는 질문에 어거스틴은 의지가 '중간선'(*bonum medium*)[24]으로서 악용될 여지가 있는 선이라고 하였다.[25] 이처럼 선하게 창조되었던 의지가 열등한 선으로 전향될 수 있는 이유는 그것이 무로부터(*ex nihilo*) 창조되었기 때문이라고 하였다. 무로부터의 경향성이 악한 의지의 원인이라는 것이다.[26] 여기에서도 하나의 난제가 생겨난다. 이것은 비록 불완전한 피조물이라고 할지라도 이 피조물의 운동도 역시 하나님의 책임이 아닌가 하는 점이다. 본성적으로 불완전하게 만들어놓고 이를 탓한다는 것은 정당하지 못한 것이기 때문이다.[27] 이에 대하여 어거스틴은 불완전한 의지의 운동이 '허무'이므로 알 수 없다고 단정적으로 결론을 내린다.[28] 그리하면서도 그는 곧바로 "그 어느 자연본성도

것이 '행복'이라는 스토아 사상이 뿌리 깊이 자리 잡고 있다. 그러나 스토아주의에서는 지혜의 소유를 말하는 반면에, 아우구스티누스는 지혜뿐만 아니라 하나님을 향유함에 있다고 하는 면에서 차이를 가진다.

23) Ibid., 2,16,42. - 2,17,45; pp.239 - 250.

24) Ibid., 2,19,51; p.259; 이양호, "아우구스티누스의 삼위일체론", 현대와 신학, 제13집(연세대 연합신학대학원, 1990), p.87: 특히 이 구분은 인간의 구성요소를 말하기도 하지만, 후에 삼위일체론을 논증할 때, 인간이 하나님으로부터 받은 흔적으로서 제시되기도 한다.

25) 아우구스티누스는 이즈음에 '의지'(*voluntas*)와 '의지의 자유선택'(*liberum voluntatis arbitrium*)을 구분함으로써, 문제를 해결하려고 했다.

26) St. Augustine, *De libero arbitrio*, 2,20,54; 자유의지론, p.263.

27) Ibid., 2,1,3; p.153.

28) Ibid., 2,20,54; p.263.

하나님으로부터 유래하지 않은 것이 없다"고 강조한다.[29] 그리고 어거스틴은 의지의 결과를 다음과 같이 언급하고 있다.

그 도성에서는 모든 시민에게 한결같은 자유의지가 있을 것이며 아무도 그 자유의지가 분열되지 않고 모든 악에서 해방되어 모든 선으로 충만하며 영원한 기쁨을 끊임없이 즐기며, 과거의 죄와 벌을 잊되, 해방된 것과 해방해 주신 분에 대한 감사를 잊지 않을 것이다. 그때에 영혼은 과거의 악을 지식적으로 기억하고 있겠지만, 감각적 경험으로서는 아주 잊어버릴 것이다.[30]

어거스틴의 「자유 의지론」을 통하여 나타내고자 한 그의 주된 관심사는 인간의 구원론에 초점이 맞추어져 있었다. 인간은 의지를 소유하고 있으며, 인간이 된다는 것은 곧 의지를 가지고 욕구하는 것임을 강하게 주장하였다.[31] 인간에게 이러한 의지가 있다 하더라도 하나님과의 올바른 관계를 통해서만이 진정한 구원을 누릴 수 있는 존재임을 그의 논증을 통해서 알 수 있게 되었다.[32] 본성의 창조주

---

29) Ibid., 2,20,54; p.265.

30) *DCD,* 22,30; *N. & P. −N. F.,* vol.2, p.511.

31) R. Meagher, *An Introduction to Augustine*(New York University Press, 1978), p.7.

32) E. Stump, *"Augustine on free will"*, edited by Eleonore Stump and Norman Kretzmann. *The Cambridge Companion to Augustine*(Cambridge: Cambridge University Press, 2001), pp.134−135: 아우구스티누스는 은총이 신앙에 대한 유일한 근원이라고 주장하기는 했지만, 하나님이 은총을 구하는 사람의 지성과 의지에 은총을 주심으로써 그들이 지켜야 할 율법을 알게 하시고 이 율법을 행함에 있어서 하나님의 도움을 구할

이시면서도 악의 창조주는 아니심이 분명한 하나님은 사람을 의롭게 창조하셨다. 그러나 자기의 의지 때문에 타락하여 마땅히 정죄를 받았던 사람은 타락하고 정죄를 받은 후손을 낳았다고 어거스틴은 강조하게 된다.[33] 그리고 어거스틴은 타락한 사람은 악을 행하는 자유의지를 가졌다고 분명하게 밝힌다. 그러나 어거스틴은 자유의 회복에 대해서도 구원론적인 입장에서 주장하고 있다.

> 따라서 허물과 죄의 노예가 아닌 때라야 의지는 참으로 자유로운 결정을 할 수 있다. 하나님이 처음으로 의지를 주셨을 때에는 의지에 그런 자유가 있었지만, 자기의 허물로 그런 자유를 잃었으므로, 자유를 회복하려면 원래 그것을 주실 수 있는 분에게 가는 수밖에 없다. 이 점에 대해서 진리이신 분이, "아들이 너희를 자유케 하면 너희가 참으로 자유하리라"(요 8:36)고 말씀하셨다. 이것은 "아들이 너희를 구원하면 그때에 너희는 참으로 구원을 받으리라"고 하신 것과 같다. 구원하는 분이 곧 해방하는 분인 것이다.[34]

2) 예정

어거스틴은 예정으로 구원이 완성되는 것을 강조하고 있다. "하나님의 친절하신 예지(*foreknowledge*)와 준비, 이것이 바로 성도의 예

수 있었다는 것이다. 즉 자유의지의 절대적인 능력은 없지만 이성의 조명을 통해서, 은총의 도움을 구함으로써 자유의지의 올바른 사용이 가능하다고 주장하였다.

33) *DCD*, 13,14; *N. & P. −N. F.*, vol.2, p.251.
34) *Ibid.*, 14,11; p.272.

정이다. 이로써 그들은 가장 확실하게 구원받으며, 구원받는 그들은 누구든지 그렇다."[35]

어거스틴은 예정론이 인간의 죄된 실존적인 상황을 전제하고서야 이해될 수 있는 것이라고 하였다. 즉 예정론은 인류가 원죄로 인하여 파멸할 수밖에 없는 상황에서 하나님은 구원하시기로 한 사람들을 구원하시기로 작정하셨다는 것을 의미하는 것이다. 하나님께서 타락한 인류 중에서 선택한 몇 사람만을 구원한다고 해서 그것이 정의롭지 못한 것은 아니라는 것이다.[36]

어거스틴은 에보디우스(Evodius)로부터 하나님의 예지와 인간의 자유가 어떻게 공존할 수 있는지[37]에 대하여 질문을 받는다.[38] 에보디우스는 하나님의 예지는 필연적이기 때문에, 이 예지의 문제는 곧 인간의 자유의 제한으로 이해하였다. 이에 대하여 어거스틴은 하나님의 예지가 결코 인간의 의지를 강요하지 않는다고 하였다.[39] 비록 하나님께서 인간이 죄를 범한다는 것을 안다고 해도, 하나님이 인간에게 죄를 범하라고 강요하지 않는다.[40] 그러므로 하나님의 예지와

---

35) St. Augustine, *De dono perseverantiae*, 35; N. & P.−N. F., vol.5, p.539.

36) Ibid., p.395: 인류 중에 선택된 소수가 구원을 받는다고 해서 다른 사람들이 유기되기로 예정되어 있다고 하는 것은 아니다. 이것은 단지 하나님이 타락한 전체 인류 가운데서 몇몇을 선택하셨다는 것을 의미하는 것이다. 아우구스티누스는 오직 구원으로의 예정만을 말했다.

37) St. Augustine, *De libero arbitrio*, 3,2,4; 자유의지론, 277.

38) E. Portalie, p.177: Portalie는 구원에 있어서 하나님의 역할인 은총과 인간의 역할인 의지가 서로 충돌하지 않는 형태를 제시한 사람이 바로 아우구스티누스라고 하였다.

39) St. Augustine, *De libero arbitrio*, 3,4,10; 자유의지론, p.291.

40) Ibid., 3,4,11; p.293.

인간의 의지 사이에는 인과관계가 성립되는 것으로 보기 어렵다고 반박한 것이다.

하나님이 예지하시더라도 여전히 우리는 의지한다고 주장할 수 있다.[41] 이 때문에 하나님은 인간이 죄를 범함에 대하여 아무런 책임을 가지지 않는다. 어거스틴은 에보디우스의 질문에 대하여 오히려 죄의 직접적인 원인을 의지라고 강조한다. 바로 이 부정한 '의지'가 모든 악의 원인이 되는 것이다. 존재하는 모든 것은 존재하기를 원하므로 악의 본성으로 선택될 수는 없다.[42] 그러나 이 본성에 반하여 의지를 통해서 선택하는 것이 바로 악으로 이해된다. 이러한 이유로 죄는 의지적인 것이며, 형벌은 죄벌이 되는 것이다.[43] 그는 의지적으로 범하는 죄와 '무지와 곤란'으로 인하여 선을 행하기 어려운 것을 구별하였다. 여기서 '곤란'은 인간이 죄벌로 단죄당한 이후에 나타난 본성이지, 그것이 창조된 원초적인 인간의 상황은 아니라고 하였다.[44] 어거스틴은 인간의 자유의지를 옹호하면서도, 하나님의 예지(foreknowledge)를 통한 관계에서 이를 다시 재조정함으로써, 일차적으로 하나님의 신성을 옹호하여 당시에 가장 큰 이단이었던 마니교의 이원론적 사상을 반박하였고, 나아가 인간의 의지 또한 자유롭다는 사실을 논증함으로써 숙명론을 효과적으로 극복한 것이다.[45]

---

41) Ibid., 3,3,8; p.287.
42) Ibid., 3,8,22., 3,13,38; pp.317, 351: 선한 본성으로 악을 행한다고 할지라도 선한 본성을 주신 하나님은 칭송받으셔야 한다고 했다.
43) Ibid., 3,9,26; p.327.
44) Ibid., 3,18,52; p.379.
45) A. E. McGrath, p.372: 아우구스티누스는 그의 전 생애를 통해서 바로 이 하나님의 통치권과 인간의 자유의지의 문제로 투쟁하였다. 그 투쟁

하나님은 전지전능하신 분이라는 의미에서, 예정론의 근본적인 의미가 구원될 자들을 미리 아시는 것과 함께 유기될 사람들을 그 어떠한 지시도 없이 죄의 상황에 방치되는 것, 이 두 가지 모두를 의미하는 것이라는 사실은 변함이 없다.[46]

어거스틴은 그의 예정론을 이미 '심플리키아누스의 질문'(396/7)에서 야곱의 선택과 에서의 유기와 관련하여 이미 양택설(*double predestination*)을 전개하고 있다. 이것은 아직도 펠라기우스의 존재조차 알려지기 전의 일이었다. 그러나 그의 교리는 펠라기우스주의의 논쟁을 통하여 더욱 강하게 견지되며 확실한 교리로서 결정되는 것을 볼 수 있다. 본래 은총이 우리의 의지나 결정에 선행하여 하나님께서 먼저 보이시고 불가항력적으로 역사하신다면 이것은 곧 예정적 은총과 다름이 없음을 볼 수 있다. "너희가 나를 택한 것이 아니라 내가 너희를 택하였노라"고 하시는 말씀은 구약에 아브라함을 불러내시는 일부터 신약 전체를 관통하고 있는 진리이다. 하나님의 은총이 은총되기 위하여서는 예정적 은총이 되지 않을 수 없다.[47]

> 그러므로 누구든지 하나님의 가장 합당하신 섭리의 질서 속에서 미리 아신 바 되고, 예정되고, 부르심을 받고, 의롭다 하심을 받고 영화롭게 하심을 받은 사람은 누구나, 아직도 중생하였다고까지는 할 수 없으나, 아직도 출생하지 않았을지라도 이미 하나님의 자녀

의 대상은 하나님의 통치권을 인정하기는 했지만, 인간의 자유는 부인하였던 마니교였고, 다른 하나는 인간의지의 총체적인 자유를 주장하면서 하나님의 통치권을 부인하였던 펠라기우스주의였다.

46) G. Bonner, p.388.
47) 한철하, p.301.

들이요, 따라서 결코 멸망하지 아니한다.[48]

어거스틴은 삶의 현실들에서, 이 현실은 신실한 사람들의 예정에서와 마찬가지로 유아의 경우와 신비롭게도 다양한 성인들의 경우 공로(*merit*)의 개념, 즉 인간 의지가 지닌 선택의 자유라는 말로 삶의 현실을 해석하는 시도를 확실히 해결한다. 현실에서의 예정을 목적이 있는 은혜의 신비로 간주하는 것이 낫겠다고 한다.[49]

일부 유아들은 중생하지 못하고 현세로부터 영원한 죽음으로 들어가게 되며, 중생한 나머지는 영원한 생명으로 들어간다. 그리고 중생한 자들 중 일부는 끝까지 견인하고서 죽고, 일부는 그들이 타락하기 직전까지 이런 삶을 유지하나 만일 그들이 타락 이전에 죽었다면 멸망하지 않는 것이 확실하다. 그리고 또 다른 일부는 회복되기까지 이런 삶에서 벗어나지 않고서 타락하는데, 만일 그들이 회복 이전에 죽는다면 그들이 멸망할 것이 확실하다. …… 충분히 명백하게 드러난 이 모든 것으로부터 볼 때, 하나님의 은혜는 사람의 신앙을 시작하게 하고 끝날까지 그것을 견디게 할 수 있는 바, 우리의 공로에 대해서 주어지는 것이 아니다. 그것은 하나님 자신의 가장 큰 신비를 따라 주어지는 동시에 최고의 의, 지혜 그리고 자비로운 뜻을 따라 주어진다. 왜냐하면 하나님은 그가 예정하신 사람들, 바로 그들을 부르시기 때문이다.[50]

---

48) St. Augustine, *De Correptione et Gratia*, 9,23; Reinhold, Seeberg, *Text — book of the History of Doctrines*, tr. by Charles E. Hay, vol. I, 352; *N. & P. —N. F.*, vol.5, pp.480 — 481; 한철하, p.301.

49) Paul Lehmann, p.229.

50) St. Augustine, *De dono perseverantiae*, 32 — 33; *N. & P. —N. F.*, vol.5,

그러나 동시에 예정되지 않은 자들은 어떤 경우에도 멸망 가운데 떨어지게 될 것이다.

누구에게 신앙을 허락할 것인지 하나님께서 미리 알지 못하시었다고 누가 감히 말하겠는가? 그가 누구에게 신앙을 허락하실지 예지하시었다면, 우리를 구원하실 그의 자비도 또한 분명히 예지하셨을 것이다. 이것이 바로 성도들의 예정인 것이다. 즉 하나님의 자비에 대한 예지와 작정이다. 이로써 성도들은 확실히 구원받는다.

나머지 사람들은 하나님의 의로우신 심판을 따라 옛날에 두로와 시돈 사람들이 유기(遺棄)되었던 것과 같이 버림받은 것으로밖에 달리 어떻게 생각할 수 있는가? 저들은 그리스도의 놀라운 이적들을 보기만 하였으면 다 믿었을 것이다. 그러나 저들에게는 믿는 일이 허락되지 않았으므로, 신앙의 수단도 허락되지 않았다.

한편 유대인도 동일한 무리 속에 유기되었다. 왜냐하면 저들의 경우는 그 능하신 일들을 눈으로 보면서도 믿을 수가 없었기 때문이다. 곧 "저희 눈을 멀게 하시고 저희 마음을 완고하게 하셨으니 이는 저희로 하여금 눈으로 보고 마음으로 깨닫고 돌이켜 내게 고침을 받지 못하게 하려 함이니라"고 하심과 같다. 두로와 시돈 사람들의 눈은 그리 가리지 않았었고, 저들의 마음은 그리 굳어지지 않았었다. 왜냐하면 저들이 만일 유대인들이 본 것과 같은 능한 역사를 보았더라면 저들은 믿었을 것이기 때문이다. 그러나 저들의 믿을 수 있는 능력이 아무 소용이 없었다. 왜냐하면 저들은 그와 같이 예정되지를 않았기 때문이다. 참으로 그의 판단은 헤아릴 수 없으며 그의 길은 찾을 수가 없다.[51]

---

pp.537-538.

51) Ibid., 35; p.539.

어거스틴은 하나님의 유기에 대하여 말할 때마다 '더 높은 하나님이 판단을 따라' 하시는 일로 보며, 우리는 다 헤아릴 수 없으나 하나님의 의로운 심판을 따라 그와 같이 하시는 것으로 말한다. 그리하여 저들이 선택 가운데 들지 아니하였다고 할지라도 하나님께 대하여 허물할 것이 아니고, "넘어지는 자는 자기 스스로의 원대로 넘어지는 것이요, 서는 자는 하나님의 뜻대로 서는 것이다."[52] 유기의 예정에 있어서, 즉 '영원한 죽음에로의 예정'[53]에 있어서 하나님께서는 그의 의로우심을 나타내시고 선택의 예정에 있어서 하나님께서는 그의 자비로우심을 나타내신다.[54] 왜 어떤 이에게는 이렇게 또 어떤 이에게는 저렇게 하시는가의 물음에 대하여 그것이 '하나님의 뜻'이라는 대답[55] 이외에 다른 대답이 없으며 피조물은 다만 창조주 앞

---

52) Ibid., 8,19; Reinhold, Seeberg, *Text —book of the History of Doctrines*, tr. by Charles E. Hay, vol. I, 352; 한철하, p.302.

53) *DCD*, 15,1; *N. & P. —N. F.*, vol.2, p.284.

54) St, Augustine, *De dono Persverantiae*, 8,19; Reinhold, Seeberg, tr. by Charles E. Hay, vol. I, p.352; cf. 한철하, p.302.

55) J. M. Rist, Augustine: *Ancient thought baptized*(Cambridge: Cambridge University Press, 1994), 282: 리스트는 인간의 타락이 불가피한 것처럼 보인다고 하더라도 그것이 인간의 유죄를 감소하지 못한다고 주장한다. 오히려 인간의 타락을 예지하셨으며, 마찬가지로 그의 구원도 예지하셨다는 것이다. 그것이 바로 성육신을 통한 인류의 구원이었다. 김균진, "헤겔과 바르트"(대한기독교출판사, 1983), 310: 바르트는 하나님의 예정을 인간의 구원에 대한 예정이면서, 또한 하나님의 존재규정이라고 했다. 즉 세계가 창조되기 전에 영원 전부터 계신 하나님은 자신의 존재와는 상관없는 절대적인 결정을 내리는 분이 아니라, 예수 그리스도 안에서 성육신하시고, 죄인 된 인간을 선택하시기로 결정하신 분이이라는 것이다.

에 겸손히 엎드려 경배할 뿐이다.[56)]

어거스틴의 예정의 교리는 철학적이기보다는 종교적이다. 이것은 개인적 회심의 경험에서 오는 것이요, 그 자신의 무력함에 대한 느낌과 하나님을 의지하는 마음에서 온 것이다. 그러므로 펠라기우스의 도덕적 주장이 소용이 없는 것이다.[57)]

3) 은총

어거스틴은 구원론적 입장에서 은총을 분명하게 직시하고 있다.[58)] 어거스틴은 「견인의 은총에 대하여」(*De dono persevernatiae*)에서 인간의 의지가 하나님의 선물이라고 주장한 후에, 신앙의 의지를 소유하는 것이 온전한 은총에 의한 것이라면, 어떻게 하나님이 신앙의 의지를 가진 자는 구하시고 다른 이들은 심판하시는지에 대하여 문제를 제기하였다.[59)] 어거스틴은 427년에 저술한 「은총과 자유의지에 대하여」(*De gratia et libero arbitrio*)[60)]에서 인간의 모든 선한 사상과 행동을 할 수 있는 것에 대한 하나님의 은총의 절대적 필요성을 강

---

56) St, Augustine, *De dono Persverantiae*, 8,17; Reinhold, Seeberg, *Text-book of the History of Doctrines*, tr. by Charles E. Hay, vol. I, 352; 한철하, p.302.

57) 한철하, p.302.

58) St. Augustine, *Enarrationes in Psalmos*, 118; St. Augustine, 명상록, p.39.

59) E. Stump, p.139.

60) St. Augustine, *De Correptione et Gratia(On Rebuke and Grace), N. & P. -N. F.*, vol 5. pp.435-491.

조하였다.61) 어거스틴은 이와 같은 은총론이나 예정론은 학문이 될
수 없는 것으로 생각하였다. 그러나 그는 개인적으로 여기에 대하여
꾸준히 신학의 이면을 공부하여 오다가 심플리키아누스가 로마서 7
장 7-25절과 9장 10-29절의 문제를 제기할 때 이에 대한 대답을
위하여 바울의 은총론을 그대로 다루게 되었으며, 펠라기우스와의
논쟁을 통하여 그의 은총론과 예정론을 크게 완성시켰다.62)

「심플리키아누스의 질문」(*Questione of Simplicianus*)은 그의 바울
이해의 최종적 단계의 작품으로 알려져 있다. 이 작품은 그가 히포
의 감독의 자리에 오를 무렵에 쓰인 것으로 그는 그의 「성찰록」
(*Retractationes*)의 제2권 첫머리에 이 작품을 놓고 있다. 또한 어거
스틴은 이 주석이 자기의 바울 이해에 있어서 중요한 한 단계가 되
었다고 스스로 말하고 있다.63)

심플리키아누스의 질문은 로마서 7장 7-25절에 관련된 질문과 로
마서 9장 10-29절에 관련된 질문에 대한 어거스틴의 대답이다. 첫
번째 문제는 로마서 7장 7-25절에서 본래 율법은 나쁜 것이란 인상
을 준다는 것이다. "전에 법을 깨닫지 못할 때에는 내가 살았더니
계명이 이르매 죄는 살아나고 나는 죽었도다. 생명에 이르게 할 그
계명이 내게 대하여 도리어 사망에 이르게 하는 것이 되었도다. 죄
가 기회를 타서 계명으로 말미암아 나를 속이고 그것으로 나를 죽였

---

61) G. Bonner, p.213.

62) Ibid., p.278.

63) St. Augustine, *De Praedestinatione Sanctorum(On The Predestination of
The saints)*, 4,8; *N. & P. -N. F.,* vol.5, 501-502; St. Augustine, *De
Dono Perseverantiae(On the Gift of Perseverance)*, xx, 52; *N. & P. -N.
F.,* vol.5, 547.

는지라." 본래 "율법도 거룩하며 계명도 거룩하며 의로우며 선한" 것이다. 그러면 어떻게 같은 율법이 좋은 것, 즉 생명을 주는 것도 될수 있고 또한 죽게 만드는 것도 되는가? 어거스틴은 이 문제를 계기로 은총론의 핵심이 되는 하나님의 은총없이는 율법을 성취할 수 없고, 우리에게 사망을 가져오는 것뿐이란 사실을 가르치고 있다.[64]

율법은 사람들이 연약함 때문에 하나님의 은총에로 향하지 않고서는 성취할 수 없는 것을 명하고 있다. …… 율법을 받은 사람은 은총으로 말미암아 저들이 그 명하는 것을 행할 수 있는 능력을 얻지 않고서는 그 사람은 그 율법을 범할 수밖에 없다 그러므로 율법은 은총 아래 있는 사람을 주장하지 못하며 사랑으로 이것을 이룬다. 그러나 저들이 율법의 공포하에 있을 때에는 저들은 정죄를 받는다.[65]

같은 율법이라도 은총 아래 있는 사람에게는 좋은 것이며 '생명에 이르게 하는 것'이지만, 은총 아래 있지 않는 사람에게는 '죽음에로 이끄는 직분'(the ministration of death), 고후 3:7)를 행하게 된다.

그러므로 같은 명령이 그것을 두려워하는 자들에게는 율법이 되며 그것을 사랑하는 자들에게는 은혜가 된다. 그리하여 복음에 말씀하시기를 "율법은 모세로 말미암아 주신 바 되었고 은혜와 진리는 예수 그리스도로 말미암아 이르렀느니라"[66]고 하였다. 즉 모세

---

64) 한철하, p.279.
65) St. Augustine, *Retractatione*, 2,1,1: *"Questione of Simplicianus"*, 15; *The Library of Christian Classics,* vol. Ⅵ, 383, Editor by Cyril C. Richardson (Westminster Press, 1953): 이하 LCC; p.279.

를 통하여 두려움을 위하여 주어진 바 되었던 그 같은 율법이 예수 그리스도로 말미암아 은혜와 진리가 되었고 이와 같이 하여 율법은 성취되었다.[67]

두 번째 문제는 로마서 9장 10 - 29절과 관련된 것으로서 하나님께서 리브가의 태 안에 있어 아직 나기도 전에 "큰 자가 어린 자를 섬기리라" 하셨고 "내가 야곱을 사랑하고 에서는 미워하였다"고 하신 말씀을 따라 은총론과 예정론을 전개하고 있다. 즉 "그 자식들이 아직 나지도 아니하고 무슨 선이나 악을 행하지 아니한 때에 택하심을 따라 되는 하나님의 뜻이 행위로 말미암지 않고 오직 부르시는 이로 말미암아 서게 하려 하심이니라"고 기록되어 있는 대로 어거스틴은 예정론을 전개하고 있다. 즉 에서와 야곱이 아직도 태에 있어 아무 선이나 악을 행할 기회가 없었을 때 하나님께서 큰 자가 어린 자를 섬기도록 하시고, 야곱은 사랑하시고 에서는 미워하신 것은 하나님의 은혜는 인간의 선행에 대한 상급으로서 주는 조건적인 것이 아니고 무조건적인 은혜임을 나타내 보이기 위함이라고 보는 것이다. 즉 하나님의 은혜의 예정이 앞서는 것이요 선악 간의 행위가 앞서는 것이 아니다.[68]

이것은 아무 사람도 공적(功績)을 자랑하지 못하게 하기 위함이다. …… 유대인들은 복음적 은총(evangelical grace)이 그 본성상 선

---

66) 요 1:17.

67) St. Augustine, *Retractatione*, 2,1,1: *"Questione of Simplicianus"*, 17; *LCC*, VI, 385.

68) 한철하, p.280.

행에 대한 마땅한 상급으로 주어지는 것이 아니란 것을 깨닫지 못하였다. 만일 그렇다면 은혜는 은혜가 아니다. 여러 구절에 있어서 사도 바울은 신앙의 은총(the grace of faith)을 행함 앞에 놓음으로써 자주 이것을 가르치고자 하였다. 이것은 그가 선행을 금하려는 것이 아니었다. 다만 믿음을 통하여 은혜를 받지 않고서는 선행을 할 수가 없었기 때문이었다.[69]

어거스틴은 이와 같이 하시는 것은 하나님의 은혜를 감사할 줄 모르는 자들의 교만을 꺾고, 은총으로 하여금 참으로 은총 되게 하기 위함이라고 말한다. 하나님께서 야곱을 택하시고 에서를 버리시는 것은 야곱의 선행이나 에서의 악행을 보신 후에 하신 것이 아니다.[70]

은총은 부르시는 자로 말미암고, 그 결과 일어나는 선행은 그 은총을 받는 이로 말미암은 것이다. 선행이 은총을 산출하는 것이 아니고, 은총이 오히려 선행을 산출한다. 불을 태우기 위하여 뜨거운 것이 아니고, 타고 있으니까 뜨거운 것이다. 바퀴는 둥글게 되기 위하여 구르는 것이 아니다. 오히려 그것이 둥글므로 구르는 것이다. 이와 같이 아무도 은혜를 받기 위하여 선행을 하는 것이 아니다. 오히려 은혜를 받음으로써 그는 선을 행할 수가 있는 것이다.[71]

그렇다면 하나님께서는 왜 그와 같은 은총을 야곱에게는 보이시고

---

69) St. Augustine, *Retractatione*, 2,1,2: "*Second Question of Simplicianus*", 2; *LCC*, Ⅵ, 386.

70) 한철하, p.280.

71) St. Augustine, *Retractatione*, 2: "*Second Question of Simplicianus*", 3; *LCC*, Ⅵ, 388.

에서에게는 허락지 아니하셨는가? 하는 점이다. 이에 대하여 어거스틴은 예지(豫知)[72]에 근거하여 그와 같이 하시었다는 입장을 배격한다. 즉, 하나님께서는 미리 야곱에게는 신앙과 선행을, 에서에게는 악행을 예지하시었기 때문에 야곱은 선택하시고 에서는 버리신 것이 아니냐는 것은 다시 공로를 앞세울 근거가 될 수 있다. 어거스틴은 선악 간에 예지에 근거하여 예정하셨다는 입장을 배격하고 있다. 어거스틴은 신앙을 보시고(예지하시고) 예정하셨다는 입장에 반대한다. 신앙까지도 하나님께서 주시는 것이란 사실을 분명히 한다.[73]

> 만일 누구든지 자기의 신앙 때문에 하나님의 자비를 입었다고 자랑한다면, 그는 그 신앙도 하나님께서 주신 것이란 것을 알아야 한다. 하나님께서는 아직도 불신자로 있는 자에게 그의 자비를 베푸시기 위하여 부르심을 허락하시고 이로써 마음속에 신앙을 불러 일으키신다.[74]

이와 같이 하여 하나님의 자비는 그의 신앙보다도, 하나님의 부르심보다도 앞선다. 어거스틴에 있어서 부르심은 신앙보다 앞서고, 자

---

72) C. Kirwan, *Augustine*(London: Routlidge, 1989), p.103: 창조자이신 하나님이 모든 것들의 원인이 된다면, 하나님을 통하지 않고는 그 누구도 예견할 수 없다. 그래서 오직 신적인 원인과 병존할 수 있을 때만 인간 활동의 자유는 신적인 지식과 병존할 수 있는 것이다. 인간의 의지에 대한 하나님의 예지는 반드시 인간의 자유를 손상하지 않는 방법으로 작용된다.

73) 한철하, p.281.

74) St. Augustine, *Retractatione*, 2: "*Second Question of Simplicianus*", 9; *LCC*, Ⅵ, 393.

비는 부르심보다 앞선다. 그렇다면 왜 에서에게는 자비를 베풀지 아니하셨나? 하는 문제가 있다. 이에 대하여 어거스틴은 다음과 같이 세 가지로 대답한다.

첫째, 빚 준 사람이 어떤 사람에게는 빚을 탕감하여 주고 어떤 사람에게는 탕감하여 주지 않는다. 여기서 불의한 것은 없다. 온 인류가 죄의 덩어리(massa peccati)로 있을 때 그중에 한 부분을 존귀하게 하시고 다른 부분을 버리시기로 했다고 해서 하나님께 불의는 없으시다. 둘째, 토기장이가 어떤 그릇은 귀히 쓰기 위하여 만들고, 어떤 그릇은 천히 쓰기 위하여 만드시었다고 그릇이 그 만든 주인에게 왜 이렇게 만드느냐고 말할 수가 있겠는가? 셋째, 하나님이 하시는 일은 우리 인간의 생각을 넘어 있어서 그 깊으신 의도가 어디 있는지 다 알기 어렵다. 그러므로 하나님 예정 선택은 인간으로서는 알 수 없는 그의 의로우신 판단 가운데 행하시는 것이다.[75]

그의 판단은 측량치 못할 것이며 그의 길은 찾지 못할 것이로다 (롬 11:33). 그가 죄인들의 허물을 찾으시는 것은 마땅하시다. 왜냐하면 그가 저들을 죄짓도록 강요하시는 것이 아니기 때문이다. 또한 그가 어떤 이들에게는 자비를 베푸시어 그의 부르심을 허락하시고 죄인들의 허물을 문책하실 때 회개의 마음을 가지고 그의 자비에로 돌아오게 하시는 일 또한 마땅하다. 그러므로 하나님은 허물을 물으실 때에 동시에 의롭게 또한 자비롭게 하시는 것이다.[76]

---

75) 한철하, p.281.

76) St. Augustine, *Retractatione*, 2: "*Second Question of Simplicianus*", 16; *LCC*, Ⅵ, 398.

이와 같이 하여 하나님께서 자비를 베푸시든 혹은 어떤 이는 버리시기로 예정하시든 간에 모두 그의 의롭고 깊으신 뜻 가운데 하시는 일로써 모두 다 찬양을 받으시기에 합당하다. 어거스틴은 다음과 같은 말로써 끝맺는다.

진실로 하나님이 원하시는 자를 벌하시고, 또한 원하시는 자의 벌을 면하시는 하나님께 아무 불의함도 없으시다. 그는 벌하여서는 안 될 것을 벌하시는 일이 없으시며 또한 벌하지 않을 일을 용서하시는 일도 없으시다. "그러면 하나님께서는 불의하시뇨? 결코 그럴 수 없느니라" 그런데 왜 그는 이 사람은 이렇게 대하시고 저 사람은 그렇게 대하시는가? "오 사람아 너는 누구인가?" 네가 빚졌음에도 불구하고 갚지 않아도 된다면 너는 감사할 뿐이며 만일 네가 그것을 갚아야 한다고 하여도 불평할 것은 아무것도 없다. 만일 우리가 알지 못한다면 다만 믿을 뿐이다. 그는 영적인 것이나 물질적인 모든 것을 만드셨고, 각기 모양을 주시고, 만물의 수와 무게와 비중을 처리하신다. 그러나 그의 판단은 측량치 못할 것이며 그의 길은 찾지 못할 것이다. 우리는 할렐루야를 말하고 노래로써 함께 그를 찬양하자. 우리는 이것이 무엇이냐? 저것이 왜 저러냐를 말할 것이 아니다. 모든 것은 다 각기 자기의 때에 창조된 것뿐이다.[77]

하나님의 인간의 대한 사랑으로 인한 구원에 대한 은총에 대해서 어거스틴은 다음과 같이 고백하고 있다.

나는 당신의 크신 자비 이외에 아무 소망도 없나이다. 당신이

---

77) Ibid., 2: *"Second Question of Simplicianus"*, 22; LCC, Ⅵ, 406.

명하시는 것을 허락하옵소서. 그리고 당신이 원하시는 것을 명하옵소서. 당신은 우리에게 절제(*continence*)를 명하시나이다. 그리고 하나님께서 이것을 주시지 않는다면 아무도 절제할 수 없다는 것을 알 때에, 절제가 누구의 은사인지 아는 것도 하나의 지혜임을 깨달았나이다.

절제로서 우리는 붙들려 매임을 받고, 이로써 전에 여럿으로 흩어져 나갔던 우리가 함께 얽혀 한 분에게로 돌아가나이다. 왜냐하면 당신과 함께 다른 것을 겸하여 사랑하는 자는 당신을 너무나 적게 사랑하나이다. 오, 사랑이시여, 당신은 사랑으로 영원히 불타며 결코 꺼짐이 없나이다. 오 사랑이시여, 오 나의 하나님, 나에게 불을 일으키소서. 당신은 절제를 명하시나이다. 당신이 명하시는 것을 주소서. 그리고 당신이 원하시는 것을 명하시옵소서.[78]

어거스틴의 이 고백은 그의 은총의 교리의 근원이다. 이것은 하나님 앞에서의 자기 실존의 표현이다. 이것은 하나님 앞에 선 인간의 자기 근원적 죄악 상태의 고백이요, 자기 무력의 토로요, 하나님의 은총을 갈급하는 간구이다. 여기에 가능성과 의지 선택과 실현에 대한 구별의 여지가 없다.

'심플리키아누스의 질문'에서 본 대로 율법이나 자유의지가 다 자연인에게는, 즉 은총 이전의 사람에게는 죽음을 결과라는 사자들에 불과하다. 은총 이전의 인간의 자유의지는 다만 죄를 범할 뿐이며 율법은 그런 자연인을 정죄하고 사망으로 던져 넣을 뿐이다. 그러나 은총으로 변화를 받음으로써만 인간은 성령의 열매를 맺게 된다.[79]

---

78) *Conf.*, 10,29,40; *N. & P. −N. F.,* vol.1, p.153.
79) St. Augustine, *De Spiritu et Littera*, 3,5; *N. & P. −N. F.,* vol.5, pp.84 −

어거스틴에게 있어서 은총은 선행(善行)을 할 수 있는 자유의지보다 선행한다. 어거스틴에게 있어서 구원의 질서는 신앙이 제일 먼저 오며, 다음에 병든 영혼을 고치는 은총이 오며 다음에 자유의지가, 다음에 율법을 성취하는 바 의(義)에 대한 사랑이 온다. 여기서 은총 이전에 자유의지가 전혀 없다는 것이 아니다. 다만, 그리스도인의 자유가 은총에 뒤따른다는 것이다.[80]

어거스틴의 불가항력적 은총(irresistible grace)의 교리와 성도의 견인(perseverance of the saints)의 교리, 그리고 철저한 예정론 등은 418년 이후 유사 펠라기우스주의(Semi-pelagian) 논쟁을 통하여 쓰인 책들에 나타나 있다.[81] 하나님의 은총은 인간 의지에 결정적으로 역사하여 불가항력적으로 선에 머물게 한다. 어거스틴은 하나님의 도움을 두 가지 종류로 나누고 있다. 즉, '그 도움 없이는 어떤 상태가 성립되지 않는'(sine quo non fit) 그런 도움과 '그 도움은 그 상태를 성립시키는'(quo fit) 그런 도움이다. 가령 첫 시조 아담은 의롭고 선한 상태에 창조되었고, 무죄의 가능성, 불사(不死)의 가능성으로 창조되었다. 그러므로 이 첫 시조의 경우에는 그 도움 없이는 원창조의 상태에 머물러 있을 수 없는 그런 도움이다.[82]

85; St. Augustine, 성령과 문자, 공성철 역(한들출판사, 2000), p.41.

80) Ibid., 30,52; p.106.

81) St. Augustine, *De Gratia et Libro Arbitrio*(On grace and Free Will). 426.
De Correptione et Gratia(On Admonition and Grace). 427.
Ep. ad Vitalis, 427.
De Praedestinatione Sanctorum(On the Predestination of the Saints). 428.
De Dono Perseverantiae(On the Gift of Perseverance). 428.

82) 한철하, p.299.

하나님의 은총으로 말미암아 하나님의 나라에로 예정된 성도들에게는 그들에게 주신 바 견인의 도움은 첫 사람에게 주신 것과는 다르고, 실제로 견인의 은사를 주신다. 이 은사로 말미암아 성도들은 견인할 수밖에 없다.[83]

어거스틴은 '그 도움 없이는 이루어지지 않는'(*sine quo non fit*) 그런 도움과 '그 도움으로 실지로 이루어지는'(*quo fit*) 그런 도움을 구별하여, 전자는 아직도 가능성만 주시는 것이 아니라 실제로 일어나게 하는 것으로서 결정적인 도움이 되는 것이라고 하였다. 하나님의 성도들에 대한 은총의 역사는 그와 같이 불가항력적(*irresistible*)이요, 이로 인한 성도들의 선의 상태에 머물러 있는 지구성(*perseverance*)도 결정적이다. 만일에 성도들의 견인이 저들의 의지에만 의존한다면 사실상 저들의 의지의 연약함으로 인하여 반드시 실패하고 견인에서 떨어질 것이다.[84]

2. 하나님에 대한 인식을 통한 평화
   : 삼위일체론의 관점

어거스틴은 삶의 목적을 하나님에게서 찾을 수 있고 하나님 품에서 안식할 때만이 인간이 진정한 평화를 누릴 수 있다고 하였다.[85]

---

83) St. Augustine, *De Correptione et Gratia*, 12,34; *N. & P. ―N. F.,* vol.5, pp.485―486.
84) 한철하, p.300.

어거스틴에게 있어서 참된 행복과 구원은 하나님을 사랑하는 그 자체에 있는 것이며, 하나님을 사랑하려면 하나님을 알아야 하는 것과 더불어 하나님께서 잠재해 있다는 우리 영혼도 알아야만 하는 것이다. 그러기 위해서 하나님에 대한 인식을 통한 평화, 즉 삼위일체론의 관점에서 논증되어야 한다.

어거스틴의 주요 관심은 '하나님'과 우리의 '영혼'의 문제이다. 하나님에 대한 내용을 가장 분명하게 인식할 수 있는 신학적 논거가 삼위일체이다. 어거스틴의 인식론에서 지식은 이성적 활동의 산물로 본다. 그래서 이성적 활동의 산물인 지성적 대상에 대한 인식만이 유일한 지식이 된다. 이러한 지식은 하나님의 계시를 통해서 주어지는, 모든 사물에 있어서 진리의 원천이신 하나님을 인식하는 것이 참지식이 되는 것이다. 그것은 하나님의 계시를 통해서 가능한 것이다. 어거스틴의 인식론은 삼위일체이신 하나님을 인식하는 것이 목표가 되는 동시에 방법이 된다. "나는 하나님과 영혼을 알고 싶다. 그 밖에는 아무것도 없는가? 그 밖에는 아무것도 알고 싶지 않다."[86]

하나님은 다른 대상과 함께 존재하는 대상이나 객체가 아니며 주관(主觀)과 객관(客觀)의 분리 이전에 인간의 내면에 존재하고 있다. 하나님은 언제나 우리에게 선험적인(*apriori*) 존재이며, 그 존엄성과 실재성, 그리고 논리적인 진리성에 있어서 우리를 앞지른 대전제이다. 인간에게는 주관과 객관이 분리되어 있지만, 하나님에게는 주관의 분리가 극복되어 있고 그분에게로 돌아가야만 인간은 진정한 인

---

85) *Conf.*, 1,1,1; *N. & P. −N. F.,* vol.1, p.45.

86) St. Augustine, *Solilogia,* 1,2; *N. & P. −N. F.,* vol.7, p.537: *"deum et animam scire cupio. nihilne plus? omnino."*

식이 가능한 것이다. 어거스틴에게 있어서 인식의 대전제는 하나님이다. 하나님은 만물이 존재하게 되는 근원이며, 올바른 인식의 원리인 동시에, 인간에 대해서 최고선(最高善), 지고선(至高善)으로 절대적인 규범이 된다.[87]

어거스틴의 삼위일체론(De Trinitate)의 저작 시기에 대해서는 학자들마다 견해의 차이가 있다.[88]

---

87) 최낙헌, *A Study on Ethics of Augustine*(Dissertation, Sanfrancisco Christian University & Seminary, 2002), p.19.

88) St. Augustin, *De Trinitate; N. & P. −N. F.*, vol.3, p.4: 셰드(*William G.T. Shedd*)는 아우구스티누스가 거의 30년(AD 400−428년)을 이 저작을 기록하였다고 했다. Roy W. Battenhouse, p.50: 배튼하우스(*Roy W. Battenhouse*)는 아우구스티누스가 「고백록」을 끝내던 AD 400년경에서 쓰기 시작하여 20년 후에 완성되었다고 하였다. Cyril C. Richardson, *"The Enigma of the Trinity"*, *A Companion to the Study of St. Augustine,* edited by Roy W. Battenhouse(Grand Rapids, Michigan: Baker Book House, 1979), p.236: 리차드슨(Cyril C. Richardson)은 약 45세에 이 글을 쓰기 시작해서 주위의 압력에 의해서 AD 419년쯤에 최종적으로 출판하여 약 20년의 기간이 걸렸다고 하였다. Hans F. von Campenhausen, 라틴 교부 연구: 동방교부들의 생애와 사상, 김광식 역(서울: 대한기독교출판사, 1979), p.295: 캄펜하우젠(*Hans Frhr. von Campenhausen*)은 아우구스티누스가 AD 399년에 '젊은 사람'으로서 이 책을 쓰기 시작하여, 20년 후 '백발'이 되어서야 끝냈다고 하였다. Berthold Altaner, *Patrology*, trans. Hilda C. Graef (West Germany: Herder, 1960), p.506: 알타너(*Berthold Altaner*)도 아우구스티누스의 주요 교리서인 삼위일체론이 AD 399−419년에 저술되었다고 했다. Hubertus R. Drobner, 교부학, 하성수 역(칠곡: 분도출판사, 2001), p.553: 드롭너(*Hubertus R. Drobner*)도 역시 아우구스티누스가 이 작품을 14년(AD 399−412년) 동안의 노고 끝에 12권으로 저술했으나, 결과가 만족스럽지 않아 출판을 보류하다가 동료들의 간절한 요청으로 420년까지 3권을 덧붙이면서 전체를 다시 개작하였다고 서술했다. 결국 처음 이

어거스틴의 삼위일체론은 두 부분으로 나눌 수 있다. 첫째 부분의 7권까지는 성경에 근거하여 삼위일체 교리를 설명하고, 나머지 15권까지는 사변적인 이론으로 교리를 변호하면서, 자연계와 인간의 정신을 통한 흔적으로 삼위일체를 설명한다. 그중 첫 부분은 삼위일체의 본질에 도움을 얻을 수 있는 유비들을 전개시킨다. 인간이 하나님의 형상인 삼위일체의 형상으로 창조되었다는 사실을 기초로 하여 인간의 본성에 하나님의 흔적을 드러내고자 서술하고 있다.

1) 삼위일체의 유비

어거스틴은 모든 삼위일체적 신학이 겸손한 가운데 훈련된 마음과 생각에서 우러나온 것이어야 함을 강조하면서, 이러한 태도로 삼위일체의 삼위성 속에서의 일체성, 삼위일체의 일체성 속에서의 삼위성을 분명히 설명하고자 유비를 사용한다.[89]

어거스틴이 전개하고 있는 일련의 유비들은 삼위일체의 본성에 대한 연구에서 시작하였는데, 이 유비들은 인간이 하나님의 형상, 즉 삼위일체의 형상으로 창조되었다는 사실에 기초하고 있다. 하나님의 형상으로 지어진 인간의 정신 구조를 삼위일체의 흔적(*vestigium trinitatis*)으로 보기에 가능하나, 하나님의 형상의 전체가 아니다. 하

저작을 쓰기 시작한 때부터 마지막 15권이 완성되어 출간된 시기까지 보는 것이 타당하기에, 위에서 검토한 학자들의 주장을 토대로 해서 볼 때, 삼위일체론의 저술 기간은 약 20년(AD 399년-419년/420년)으로 본다.

89) 심광섭, 어거스틴의 삼위일체론, 오늘의 어거스틴: 어거스틴의 사상연구 (서울: 대한기독교서회, 1997), pp.76-77.

나님의 흔적을 가장 밀접히 반영하는 인간 최고의 능력인 정신은 어느 정도로는 형상이지만, 여전히 불충분한 것으로 흐릿하게만 보는 수수께끼(*in aenigmate*)이다.[90]

어거스틴은 하나님의 형상에서 일종의 특별한 삼위일체를 찾되, 자신의 형상대로 만드신 분의 도움을 구하지 않으면 이 문제를 건전하게 탐구하거나 그분에게서 오는 지혜에 합당한 결과를 얻지 못할 것이라고 한다.[91]

어거스틴은 삼위일체의 흔적을 인간의 내면적인 부분과 외면적인 부분으로 구분한다. 내면적으로는 인간의 정신을 통해 설명하고, 외면적으로는 감각을 통해 외부 대상에서 정신 속으로 끌어들인 현상을 통해 삼위일체를 설명하고 있다.[92] 즉, 삼위일체 하나님의 존재를 증명하기 위해 어거스틴은 자연에서 삼위일체의 유비를 발견하고, 인간의 외면적인 부분에서 흔적을 발견하며, 인간의 내면적인 부분에서 형상을 발견했다.

자연계에서는 하나 됨과 종류와 질서를, 학문으로서는 물리학, 논리학, 윤리학을, 실천 면에서는 자연, 교리, 실용을 가지고 있다.

인간의 내면적인 부분에서 어거스틴은 인간의 정신(*mens*)과 사랑(*amor*)과 지식(*notitia*)을 통해서 삼위일체의 흔적을 설명한다. "이 셋은 하나이며 서로 동등한 것으로 실체적으로 존재하며, 관계적으로 서술된다. 그래서 이 셋은 분리할 수 없으며, 부분들인 것과 같이 결합되거나 혼합되지 않으며, 하나의 본질적 존재이며, 서로 관계적

---

90) St. Augustine, *De Trinitate*, 15,9,16; *N. & P. —N. F.*, vol.3. pp.207－208.
91) Ibid., 14,4,6; pp.185－186.
92) Ibid., 14,8,11; pp.189－190.

인 존재이다."93) "이 셋은 각각 따로 있으면서도, 서로 모든 것 안에 있다."94)

이와 같은 맥락에서 어거스틴은 계속해서 기억(*memoria*)과 이해 (*intelligentia*)와 의지(*voluntas*)를 통해서 삼위일체의 유비를 찾아 나간다. "기억과 이해와 의지 이 셋은 세 생명이 아니고 한 생명이며, 세 정신이 아니라 한 정신이다. 따라서 이것들은 세 실체가 아니라 하나의 실체이다."95)

어거스틴은 자신의 이해와 자신의 의지 전체를 기억하며, 자신이 이해할 수 있는 것 가운데서 기억하며 원하는 것은 자신이 모두 이해한다는 것이다.96) "결국 이 하나하나가 서로 완전한 전체들을 함께 포함하므로, 하나하나가 전체로서 서로 동등하며 동시에 셋 전체와 동등하며 셋이 하나의 생명이며 하나의 정신, 그리고 하나의 본질적 존재이다."97) 정신과 사랑과 지식을 통한 삼위일체 설명에서는

---

93) St. Augustine, *De Trinitate*, 9,4,4: *"Tria unum et aequalia, mens ipsa, et amor, et notitia eius. Tria eadem substantialiter esse, ac relative dici. Tria eadem esse inseparabilia. Tria eadem non partium instar iuncta et commixta esse; sed esse unius essentiae, ac relativa"*.

94) Ibid., 9,5,8: *Ea tria esse singula in se ipsis, et invicem tota in totis.*

95) Ibid., 10,11,18: *Haec igitur tria, memoria, intelligentia, voluntas, quoniam non sunt tres vitae, sed una vita; nec tres mentes, sed una mens: consequenter utique nec tres substantiae sunt, sed una substantia.*

96) St. Augustine, *De Trinitate*, 10,11,18; *N. & P. −N. F.*, vol.3, pp.142−143.

97) St. Augustine, *De Trinitate*, 10,11,18: *Quapropter quando invicem a singulis et tota omnia capiuntur, aequalia sunt tota singula totis singulis, et tota singula simul omnibus totis; et haec tria unum, una vita, una mens, una essentia.*

정신만이 하나의 실체가 되므로 삼일현상으로서는 결함이 있으나, 기억과 이해와 의지를 통한 설명에는 동등한 실체성이 있기에 훨씬 적합하다.[98]

어거스틴은 인간의 외부적인 감각을 통해서 외부 대상들에서 정신 속으로 끌어들인 삼위일체 현상들을 설명한다. 시각을 통해서 설명할 때 우리가 보는 대상 자체, 우리의 보는 행위, 그리고 정신의 집중이 그것이다.[99] 즉 보이는 대상의 형태가 있고, 그 형태가 감각기관에 인상이 주어져 보이고, 영혼의 의지가 감각기관을 대상으로 향하게 하여 거기에 집중하게 만든다.[100] 결국 이 셋은 같은 의지의 의도가 기억에 있는 대상과 보인 것을 결합해서, 본성이 서로 다른 이 셋에서 한 통일체가 나타나게 된다는 것이다.[101]

삼위일체 하나님은 정신이 그 자신을 기억하고 이해하고 사랑하고 있다는 사실에서 발견되지 않고, 정신이 하나님을 기억하고 이해하고 사랑할 때 참된 지혜를 발견하게 되고 자신을 이해하게 된다고 설명한다.[102]

어거스틴이 삼위일체론에서 인간의 내면적인 부분에 하나님의 형상이 분명히 있다고 한 심리학적 분석은 탁월하다. 어거스틴은 세 가지 측면을 하나로 묶어서 사람의 내면의 한 부분으로 이해하는 세 쌍으로 언급했다. 즉 존재(*esse*)와 지식(*nosse*)과 의욕(*velle*), 정신(*mens*)과

---

98) St. Augustine, *De Trinitate*, 10,12,19; *N. & P. −N. F.*, vol.3. p.143.

99) Ibid., 11,2,2; p.145.

100) Ibid., 11,2,5; pp.146−147.

101) Ibid., 11,4,7; p.148.

102) Ibid., 14,12,15; 14,14,18; pp.191−19, 192−193.

사랑(*amor*)과 지식(*notitia*), 기억(*memoria*)과 이해(*intelligentia*)와 의지(*voluntas*)이다. 그는 이렇게 분석하면서 세계의 모든 존재와 사고구조 안에서 삼위일체의 흔적과 형상이 있다고 강조하지만, 그것이 곧 삼위일체 하나님을 말하는 것이 아니라 유사할 뿐이라고 했다.103)

어거스틴은 인간을 나약하지만 성경을 통해서 하나님을 찾고 그 신비를 가능한 한 알아들으려고 애쓰는 존재라고 하였으나104) 한편으로 인간은 무력한 존재라고 언급하고 있다.105) "누가 전능하신 삼위일체의 신비를 이해할 수 있겠습니까? 삼위일체의 본질에 대하여 말하기가 어려워도 사람들은 그것에 대하여 말을 합니다."106) 그리고 인간의 본질을 삼위일체의 시각으로 찾아간다.

> 사람들이 자기 자신들 안에 있는 이 세 가지를 생각해보았으면 합니다. 물론 이 세 가지는 삼위일체와는 전혀 다른 것입니다만 사람들로 하여금 자신들과 삼위일체가 되신 하나님과 얼마나 다른가를 생각해보고, 이해하고, 느끼도록 하기 위하여 내가 말하는 것 뿐입니다. 이 세 가지란 인간의 존재(*esse*)와 시식(*nosse*)과 의지(*velle*)입니다. 나는 무엇을 알고(지식) 뜻(의지)을 펴며 존재하고 있습니다. 나는 내가 존재하며, 뜻을 펴고 있음을 알고 있습니다. 또한 나는 내가 존재하고, 알기를 뜻(의지)하고 있습니다. 이 세 가지의 기능, 즉 존재하고, 인식하고, 뜻하는 것 속에서 나눌 수 없는 하나의 생명—하나의 생명, 하나의 정신, 하나의 본질—이 살

---

103) Ibid., 15,28,51; pp.227－228.
104) Ibid., 2,2,서문; p.37.
105) Ibid., 4,15,20－4,16,21; pp.79－80.
106) *Conf.*, 13,11,12; *N. & P. －N. F.*, vol.1, p.193.

아 움직임을 사람들로 하여금 알게 하소서. 그러므로 이 세 가지
는 서로 구별이 되지만 분리하여 있는 것이 아님을 사람들은 알아
야 합니다."107)

어거스틴은 인간의 요소 중에서 '아니무스'(*animus*)에 대하여 먼저
언급하고 '아니마'(*anima*)를 소개하고 있다.

> 우리가 끈질기게 알고자 하는 것은 영혼(*animus*)이다. 그 이유는
> 우리 역시 영혼을 가졌기 때문이다. 나는 내가 존재하고 있음을
> 아는 것, 모든 것을 앎으로써 영혼을 아는 것 그 이상을 알지 못
> 한다. …… 살아 있는 몸이 움직일 때 우리 눈은 보이지 않는 영혼
> 의 비전을 꿰뚫지 못한다. 그러나 우리 몸 안에는 생명과 혼을 움
> 직이게 하는 뭔가가 있음을 안다. 이것은 지성이나 이성이 아니다.
> …… 우리는 영혼을 인식할 뿐만 아니라 영혼을 아는 우리 영혼을
> 생각하게 한다. 우리는 영혼을 가졌기 때문이다.108)

어거스틴의 「삼위일체론」(*De Trinitate*)에 나오는 삼위일체의 하나
님의 모습으로 인간을 세 측면에서 분류하면, 첫째, 하나님의 모습으
로 만들어짐으로써 인간이 있게 된 것(*Quo Constate*)109)이다. 둘째,
인간은 하나님의 형상이로되110) 참으로 그 모습을 나타내는 영역이
있으며,111) 인간의 영혼은 바로 하나님의 형상이라 할 수 있는 고유

---

107) Ibid., 13,11,12; pp.193 − 194.
108) St. Augustine, *De Trinitate*, 8,6,9; *N. & P. −N. F.*, vol.3, pp.120 − 122.
109) Ibid., 7,6,12; pp.113 − 114.
110) Ibid., 7,6,12; pp.113 − 114.

한 그 무엇이다.[112] 셋째, 이 같은 모습은 어디까지나 하나님의 모습에 대한 참여적인 모습일 뿐이며,[113] 기억, 지성, 의지라는 세 가지 기능의 내재성과 상호성은 삼위일체이신 하나님의 내재적 상호관계를 반영하는 것이다.[114] 이것이 삼위일체의 하나님과의 관계에서 주어진 인간으로서 기타의 존재들과 서로 분별하게 하는 것(*Quo dis-cirnitus*)이다.

한번 창조된 이후에는 그 본성으로서 불멸성을 타고난 것 이것은 가장 좋은 본성이다. 창조된 영혼의 본성에는 영혼이 창조자의 모습으로 만들어졌던 것보다 더 귀중한 그 무엇이 있을까? 그것은 영원히 지속하지 않는 믿음의 보유, 관상, 사랑에 있지 않고 영원히 존재할 것에 있다. 영원히 존재하는 것 그 안에 하나님 모습으로 창조된 사람이란 이름에 어울리는 하나님의 모습을 발견할 수 있다.[115]

어거스틴은 플라톤주의자들의 설에 의거하여 영혼의 영원성에 대하여 언급하였다.[116] 인간에게 있어서 자신이 영생을 인식하고 사는 것이 얼마나 소중한가에 대하여 틸리히(*Paul Tillich*)는 "영원한 현재"에서 다음과 같이 기록하고 있다.

---

111) Ibid., 8,4,7; pp.118-119.
112) Ibid., 9,12,18; p.133.
113) Ibid., 8,3,5; pp.117-118.
114) Ibid., 10,11,17; p.142.
115) Ibid., 14,3,5; p.185.
116) *DCD*, 10,31; *N. & P. -N. F.*, vol.2, pp.201-202.

자신에게 주어진 유일한 시간인 현재를 헛되이 흘려보낸다. 그러나 직선적인 시간의 흐름을 초월하여 영원을 확신하는 사람은 현재가 곧 영원이라는 것을 감지하기 때문에 현재를 충실히 살고자 노력하는 것이다.[117]

어거스틴은 인간의 정신능력이 하나님의 모습이라는 점을 설명한다.

우리는 영혼 안에 있는 추리하는 영성과 알아듣는 영성 안에서 창조주의 모습을 발견해야 한다. 우리는 그 영혼이 가진 불멸성에 대해서만 이야기할 수 있다. …… 비록 어떤 때는 합리성과 타당성이 전혀 없어 보이거나, 혹은 점점 없어지거나 크게 부각될 때라도 인간의 영혼은 이성적이며 지성적이다. 하나님의 형상대로 만들어진 영혼이 이성과 지성의 도움으로 하나님을 이해하고 뵐 수 있다는 점에서…… 영혼은 밝고 아름다울 수 있다. …… 인간의 본성은 위대하다. 그러나 그것은 최고의 실체가 아니므로 타락할 수 있다. 최고의 실체가 아니어서 타락에 열린 상태지만 인간의 본성은 최고의 실체를 위한 역량을 가지고 있으므로 여전히 최고이다.[118]

야스퍼스(*Karl Jaspers*)는 이러한 어거스틴에 대하여, 하나님과 하나님의 가장 깊은 생각들을 인간의 표현에 담으려고 하는 일체의 시도를 하나님에 대한 침투와 하나의 억지라고 비판하기도 했다.[119]

---

117) Paul Tillich, *The Eternal New*(New York Charles Scribner's Sons, 1963), p.131.
118) St. Augustine, *De Trinitate*, 14,4,6; *N. & P. −N. F.,* vol.3, pp.185 − 186.
119) Karl Jaspers, 어거스틴의 생애와 사상, 김쾌상 역(서울: 희망사, 1981), pp.59 − 60.

모든 유비는 실체를 끌어내는 데 적절한 것이다. 유비는 자신이 나타내지 못하는 진리에 대하여 오로지 암시할 수밖에 없지만, 인간의 그 본성상 삼위일체를 닮지 않았을 것 같으면서도 닮았을 뿐만 아니라, 인간은 죄성, 곧 그 자신의 잘못에 의해서 그가 가졌던 유사성을 발견하는 데 크게 유익한 것이다.[120]

그러나 어거스틴은 삼위일체 하나님은 사유될 수 없고 언어로 표현될 수 없다는 점을 결코 망각한 적이 없었고, 그리고 이 점을 계속해서 강조하고 있다. 어거스틴은 삼위일체 하나님을 인식하려고 노력하고 사유하려고 갈망하였다.

2) 삼위일체의 구조

어거스틴은 삼위일체의 구조에 대한 대전제로 이렇게 말하고 있다. "삼위 하나님은 분리할 수 없으며, 분리되지 않은 채 역사하신다."[121] 어거스틴은 이러한 대전제 아래 성경 전체를 주석했을 때, 성경의 주어로서의 하나님을 삼위일체 자체에 관한 것으로만 하지 않고, 위격의 상호관계에 관해서도 말하고 있다. 즉 성경에서 하나님은 자체에 관한 것만이 아니고, 관계에 대해서도 말하고 있는 것이다. 이것이 성경 해석의 중요한 원칙과 틀이 된다. 삼위일체의 어느 한 위격을 지명할 때에는 다른 위격들도 거기 함께 계신 것으로 해

---

120) St. Augustine, *De Trinitate*, 15,20,39; *N. & P. −N. F.*, vol.3, pp.220−221.

121) Ibid., 1,4,7; p.20: *pater et filius et spiritus sanctus sicut inseparabiles sunt, ita inseparabiliter operentur.*

석한다. 삼위일체는 분리할 수 없고 분리되지 않는다는 사실과, 삼위의 위격의 상호관계를 평화의 완전한 원리와 근거로 볼 수 있다.

어거스틴은 삼위일체의 동등성을 주장하고 있다. 어거스틴은 성자의 신성에 대한 설명을 위해 아리우스주의자들이 성부와 성자의 동등성을 부인하려고 사용한 성경 본문들에 대해 먼저 고찰하면서, 성자가 성부와 동일한 의미에서 하나님의 형체와 아버지보다 못하다는 의미의 종의 형체를 구분해야 함을 주장한다. "내 아버지는 나보다 더 크시다"(요 14:28)와 "나와 아버지는 하나이다"(요 10:30)의 모순을 제기한 데 대하여 해답을 내놓는다.[122] 즉 전자는 아들의 본질적인 본성으로 본 것이 아니라 성육신에 대한 언급으로 보고 있다. 위의 본문에서 성자를 성부보다 못하거나 성부와 동일한 분으로 언급하지 않고 성자가 성부에게 속해 있다는 것을 암시하기에, 어거스틴은 아버지로부터 아들의 출생과 아들이 보냄을 받았다는 의미를 숙고한다.[123] 보냄을 받았다는 것이 아리우스주의자들의 주장처럼 아버지에 대한 아들의 종속 상태를 의미하는 것이 아님을 보여주면서, 파송은 그 안에서 삼위일체의 세 위격들이 모두 관련된 단일한 작용임을 보여준다.[124] 아버지 역시 신의 현현 속에서 나타나지만 성부는 보냄을 받았다고 표현되지 않는다.

아리우스주의자들의 주장은 구약의 족장들에게 나타난 분은 아버지가 아니라 로고스이기에, 아들은 아버지보다 하급의 존재이며 본성적으로 보일 수 있다는 결론을 내린 것이다. 이에 대해 어거스틴

---

122) Ibid., 1,11,22; pp.29－30.
123) Ibid., 2,1,2－3; pp.37－39.
124) Ibid., 2,5,9－10; pp.41－42.

은 창세기 18장에서 아브라함에 나타난 세 사람이 "한 분이시면서 세 위격 안에 있는 동일한 실체이신 삼위일체의 동등성을 보이는 피조물로 가시적으로 암시했다"고 주장하고 있다.125)

하나님의 본성을 인간이 볼 수 없기에 신의 현현 사건이 천사들의 대리를 통해 일어났다고 했는데, 그것은 본질에 있어서 하나님은 변할 수 없으시기 때문이다.126) 아들의 파송은 아들의 존재가 인간의 눈에 보이기 위함을 말함으로 아들의 출생이 종속을 뜻하지 않음을 주장한다. 아들은 영원한 빛의 광채이며, 전능자로부터의 유출이기에 스스로 전능한 존재이다.127)

어거스틴은 성자의 출생에 대해서도 삼위일체론으로 이해하고 있다. 어거스틴은 성자가 성부에게서 시간과 관계없이 출생하셨다는 것을 강조한다.128) 성부께서 자기 속에 생명이 있음같이, 성자에게도 생명을 주신 것으로 생각하는 것이 아니라, 성부는 성자를 시간과 관계없이 출생하시고, 출생하심으로써 성자에게 주신 생명은 성부와 함께 동등하게 영원한 것임을 이해해야 한다고 주장한 것이다.129) 인간의 말은 형성되기 전에 형식화할 수 있는 반면에, 그분의 말씀은 하나님의 형식 속에 있기에 형성되기 이전에는 형식화할 수 없

---

125) St. Augustine, *De Trinitate*, 2,11,20: *cur non hic accipiamus visibiliter insinuatam per creaturam visibilem Trinitatis aequalitatem, atque in tribus personis unam eamdemque substantiam?*

126) St. Augustine, *De Trinitate*, 3,10,21−3,11,22; *N. & P. −N. F.,* vol.3, pp.64−65.

127) Ibid., 4,20,27; pp.83−84.

128) Ibid., 15,26,47; pp.225.

129) Ibid., 15,26,47; pp.225.

다. 즉 인간의 말은 순환하고 망각될 수 있는 사상이지만, 그분의 말씀은 그렇지 않다.[130)

어거스틴은 성령의 발출에 대해서도 삼위일체론적으로 이해하고 있다. 어거스틴은 성령께서 성부뿐만 아니라 성자에게서도 발출하신 다고 생각했다.[131)] 이 견해는 세 위격이 본질상 완전히 일치한다는 견해에서 나온 것이며, 성자께서 성령을 보내신다고 말하는 몇몇 성 구들로 뒷받침되었다(요 15:26; 요 20:22).

그리고 성령에 대한 설명에서 성령께서 무슨 까닭에 출생하지 않 으며, 어떻게 성부와 성자에게서 발출하시는가의 문제는 우리가 천 국에 이르렀을 때에 이해할 수 있다고 전제한다.[132)] 특히 성령이 출 생한 분이라면 성부의 아들과 성자의 아들로 불리는 모순이 생기기 에 두 분에게서 발출한다고 설명한다.

> 성령을 두 분의 아들이라고 부르는 것은 가장 어리석은 것이 아 니겠는가? 성자는 성부에게서 출생하심으로 성부의 본성에 아무 변함도 없이 또 시간적 출발점도 없이 본질적 존재를 받는 것같이, 성령은 두 분에게서 발출하심으로써 두 분의 본성에 아무 변화도 없이 또 시간적인 시초도 없이 본질적 존재를 받으신다.[133)]

---

130) Ibid., 15,15,25; pp.214.

131) Philip Schaff, *History of Christian Church*, 8 vols; Grand Rapids-(Michigan: Wm. B. Eerdmans Publishing Company, 1950), vol.3, p.601: 동 방교회는 성부의 위엄과 주권을 신성의 유일한 근원과 뿌리로 간주한 다. 반면에 서방교회는 성부와 동일한 본질을 지닌 성자의 위엄에 관심 을 가지며, 이중의 보냄 받으심으로부터 이중 발출을 추론한다.

132) St. Augustine, *De Trinitate*, 15,23,44; *N. & P. —N. F.*, vol.3, pp.222—223.

어거스틴에게 있어서 성령은 사랑이 기억과 그것의 출생된 단어를 결합시키는 것처럼, 아버지와 아들의 일종의 동질적 교제이며, 아버지와 아들 양자로부터 나온다. 생각이 바라보는 바와 욕망하는 바가 같지 않듯이, 그 발출은 출생이나 태어남과는 다르다. 셋은 관계를 의미한다. 즉 출생하는 자, 출생된 자, 발출된 자로서 하나님의 신성은 영원 전부터 그러한 관계를 가지고 존재했다. 이와 같이 아버지와 아들과 영은 언제든지 다른 두 위와의 관계하에 존재한다. 성령도 본질적인 본성을 지녔기에, 삼위일체의 위격들 사이의 관계는 정도나 순서의 관계가 아니라 인과성의 관계이다.[134] 성령의 이중 발출 역시 아버지와 아들의 동등성을 표현하는 하나의 방법이었으며, 아버지와 아들을 하나 되게 한 연합의 띠를 표현하는 방법이었다. 어거스틴은 성령을 성부와 성자 간의 사랑의 결속으로 독특하게 이해한다. 그는 삼위일체 하나님 내에서의 관계에 대한 개념을 발전시키고, 삼위일체의 신적 인격은 삼위의 상호간의 관계에 의해 정의된다고 주장한다. 그리하여 어거스틴은 성령은 성부와 성자 간의 사랑과 교제의 관계로 보아야 하며, 요한복음이 성부와 성자의 의지와 목적의 연합에 관해 제시하는 것들의 기초가 되는 것이 바로 이 관계라고 믿었다.[135]

---

133) St. Augustine, *De Trinitate*, 15,26,47: *Quomodo ergo non absurdissime filius diceretur amborum, cum sicut Filio praestat essentiam sine initio temporis, sine ulla mutabilitate naturae de Patre generatio; ita Spiritui sancto praestet essentiam sine ullo initio temporis, sine ulla mutabilitate naturae de utroque processio?*

134) Ibid., 4,20,29; *N. & P. −N. F.*, vol.3, pp.84−85.

135) Alister E. McGrath, p.269.

어거스틴은 성부, 성자, 성령이라는 명칭들이 서로 다른 존재의 이름이 아니라 관계들의 이름이라는 사상을 더욱 발전시켰다.[136] 하나님의 위격들은 단일한 본질(*ουσία*)의 구별되는 실현이 아니라 오히려 단지 한 분 하나님께서 영원하게 스스로 관계하시는 실질적인 방식들이라는 것이다.

이런 관계 속에서 인간이 하나님의 형상대로 창조되었다는 교리에 호소하여 인간의 자아가 그 자신의 자기관계성 안에서 그리고 자기관계성을 통해 존재한다는 주장을 발전시켰다고 워커(*Williston Walker*)는 평가한다.[137]

군턴(*Colin Gunton*)은 어거스틴이 그 이전 교부들의 삼위일체 신학을 너무 신플라톤주의적 시각으로 해석하여 삼위일체의 관계를 존재론적인 서술로서보다는 논리적 서술로 보는 실수를 했다고 주장하지만,[138] 어거스틴이 사용한 관계는 일반적인 개념에서의 단일한 본질이 아니기에 논리적인 서술이 아닌, 삼위의 분명한 존재론적인 서술로 봐야 한다. 하나님의 본질은 하나이고 관계에서는 셋이기에 어거스틴은 관계들을 칭하는 '위격'(*persona*)을 사용하고,[139] '위체'(*ὑπόστασις*)라는 개념 대신 '본질'(*essentia*)을 사용함으로써 삼위일체의 위격들이 동일하면서도 일반적이지 않은 하나의 본질을 가

---

136) Williston Walker, 기독교회사, 송인설 역(고양: 크리스챤 다이제스트, 1993), p.235.
137) Ibid., p.235.
138) Colin E. Gunton, *The Promise of Trinitarian Theology*(Edinburgh: T.&T. Clark, 1991), pp.38-43.
139) St. Augustine, *De Trinitate*, 7,6,12; *N. & P. -N. F.*, vol.3, pp.113-114.

지고 있음을 표현한 것이다.

어거스틴은 관계가 본질에 귀속된다고 보았으나, 관계 자체가 실체적이라고 말하지는 않았다. 그래서 어거스틴은 시초(*principium*)란 말을 위격에 관해서만 쓰고, 본질에 관해서는 쓰지 않는다. 어거스틴은 '성부를 신성 전체의 시초'[140)라고 하면서, '성부를 성자의 시초'[141)라고 부르며, '성부와 성자를 성령의 시초'[142)라고 부른다. 어거스틴은 성자의 출생과 성령의 이중 발출을 통해 삼위일체 하나님의 동등성을 부인하지 않으면서도, 존재나 본질에 있어서의 종속이 아닌 관계적 삼위일체론을 보여준다. 어거스틴은 이렇게 고백하고 있다. "오, 나의 하나님, 이제 내 마음에 삼위일체가 되신 당신의 신비가 떠오릅니다."[143)

　　성부가 말씀, 곧 지혜를 낳으셨고, 이 말씀이 만물을 지으셨다고 우리는 믿으며 주장하며 충실히 전파한다. 말씀은 독생자시며, 성부와 같이 한 분이시며, 성부와 같이 영원하시며, 성부와 같이 더할 나위 없이 선하시다. 또 성령은 성부의 영이신 것과 같이, 또한 성자의 영이시며, 성부 및 성자와 같은 본질이시며, 그분들과 같이 영원하시다고 믿는다. 그리고 이 전체는 그 위격들의 개성 때문에 삼위일체시며, 그 불가분의 신적 본질 때문에 한 하나님이시며, 그 불가분의 전능 때문에 한 전능자시다.[144)

---

140) St. Augustine, *De Trinitate*, 4,20,29: *videlicet ostendens quod totius divinitatis, vel si melius dicitur, deitatis, principium Pater es.*

141) Ibid., 5,14,15: *Pater ad Filium principium est.*

142) Ibid., 5,14,15: *fatendum est Patrem et Filium principium esse Spiritus sancti, non duo principia.*

143) *Conf.*, 13,5,6; *N. & P. −N. F.*, vol.1, p.191.

3. 하나님과의 궁극적인 평화의 실제
: 하나님의 도성(Civitas Dei)

어거스틴은 하나님의 도성(Civ. D.)에서만이 하나님의 평화가 궁극적으로 이루어지는 것으로 본다.[145] 어거스틴은 "천상의 평화만이 참으로 이성적 피조물의 평화라고 부르며 존중할 수 있기 때문이다"[146]라고 했다. 이러한 평화를 실제적인 상황으로 다음과 같이 묘사하고 있다.

그것은 완전한 질서와 조화를 유지하면서 하나님을 즐기며, 하나님 안에서 서로를 즐기는 것이다. 우리가 그 평화에 다다른 때에는 이 죽을 생명은 영원한 생명에 자리를 양보하고, 우리의 신체는 물질적인 것이 아니라 영적인 것이 된다. 물질적인 몸은 썩기 때문에 영혼을 내리누르지만, 영적인 몸은 아무 결핍도 느끼지 않으며, 그 지체는 모두 의지에 복종할 것이다.[147]

1) 하나님의 도성의 개념

어거스틴은 하나님의 도성의 개념을 다섯 가지로 보고 있다. 첫째,

---

144) *DCD*, 11,24; *N. & P. −N. F.*, vol.2, p.218.

145) R. T. Marshall, 신국과 교회의 일치론, 이석우 역, 서양 중세 사상사론, 김규형 외 편역(서울: 한국신학연구소, 1981), p.129.

146) *DCD*, 19,17; *N. & P. −N. F.*, vol.2, p.413.

147) Ibid., 19,17; p.413.

하나님의 도성의 시민은 하나님께 대한 사랑의 고백을 드리는 사람들이다. 어거스틴은 다음과 같이 말하고 있다.

> 자기를 멸시하면서 하나님을 사랑하는 사랑이 천상 도성을 만들었다. 따라서 …… 천상도성은 주를 자랑한다(고후 10:17). 지상 도성은 사람들에게서 영광 받기를 원하고, 천상 도성은 우리의 양심을 보시는 하나님을 최대의 영광으로 여긴다. 지상 도성은 자기의 영광으로 머리를 높이 들며, 천상 도성은 그 하나님께 "주는 나의 영광이시오 나의 머리를 드시는 자니이다"(시 3:3)라고 한다. 지상 도성에서는 지배욕이 자체 속의 귀인들과 피정복 민족들 위에 군림하고, 천상 도성에서는 지도자와 피지도자들이 사랑으로 서로 섬기되, 지도자는 그 지혜로 피지도자는 복종으로 섬긴다. 지상 도성은 그 권력자들이 나타내듯이 자체의 권력을 사랑하며, 천상 도성은 하나님께 "나의 힘이 되신 주여 내가 주를 사랑하나이다"(시 18:1)라고 한다.[148]

어거스틴은 하나님의 도성의 시민이 천사들과 성도의 무리로 구성된 무리에 참여하여 "하나님이 만유의 주로서 믿음 안에 계시려"(고전 15:28) 하는 이 목표를 상으로 받기를 원하는 경건과 지혜를 가지고 있다고 하였다.[149]

데일리(L. C. Daley)도 어거스틴이 주장한 하나님의 도성은 아벨에게서 발견되듯이 하나님을 향한 사람으로 가득 차 있고 이기적인 사랑은 찾을 수 없다고 하면서, 전적으로 자기를 부인하고 하나님을 사랑함만 있다고 하였다.[150] 어거스틴은 여기서 하나님의 도성은 이

---

148) Ibid., 14,28; pp.282-283.
149) Ibid., 14,28; p.283.

지상 도성 안에서 원수와의 충돌도 있고, 거스르는 정욕과 싸워서 이기며, 원수가 없는 평화로운 나라가 될 것으로 보고 있다.[151]

어거스틴은 이러한 하나님의 도성을 그리스도가 건설하였다고 주장한다. 이것은 가인에 의해서 피살된 아벨의 부활을 상징한 것으로 보는 셋에서 태어난 에노스에게서 찾아볼 수 있다고 하였다.[152]

둘째, 하나님의 도성이 지상에 거하는 동안에 지성과 이성을 통하여 확신된 성경적인 믿음을 강조한다. 신아카데미파의 회의론과는 다르게 하나님의 도성은 믿음의 공동체이다. 어거스틴은 하나님의 도성이 회의의 흔들림이 없이 지성과 이성으로 인식하는 것에 대해서 절대적으로 확신한다고 하였다. 다만 "우리는 부분적으로 안다"(고전 13:9)고 한 것과 같이 지식적으로 한계가 있다는 것을 인정하고 있다. 그리고 하나님의 도성은 지성의 감각으로 얻는 증거를 신뢰하며, 감각을 결코 믿지 않겠다고 하는 사람에 대해서 도리어 가련한 사람이라고 어거스틴은 말한다.[153]

어거스틴은 하나님의 도성의 시민은 의심해도 무방한 것도 있다고 하였다.

의인은 그 믿음으로 살며(합 2:4), 우리도 주와 따로 있는 동안(고후 5:6) 그 믿음으로 살아가는 것이다. 이 믿음이 침범되지 않고 견고히 서 있기만 하면, 우리는 어떤 일들에 대해서는 의심을

---

150) L. C. Daley, p.390.
151) *DCD*, 20,8; *N. & P. -N. F.*, vol.2, pp.428-429.
152) Ibid., 15,21; p.302
153) Ibid., 19,18; p.413.

품더라도 비난을 받지 않는다. 즉 우리의 감각이나 이성으로 인식한 일이 없으며, 정경에서 계시된 일이 없으며, 의심하는 것이 도리어 어리석을 만한 증인들을 통해서 알게 된 것도 아닌 일들에 대해서는 우리는 의심해도 무방하다.154)

어거스틴은 "하나님의 도성의 안전은 믿음으로 지키며, 아니 믿음으로 얻는다. 만일 믿음을 저버린다면 아무도 이 도성에 다다를 수 없다. 견인불발의 용기로 이렇게 생각했기 때문에 고귀한 순교자들이 많이 난 것이다"155)라고 하였다. 이같이 하나님의 도성은 그리스도를 사랑하며, 신구약성경을 믿음의 기초로 삼고 있으며, 오직 믿음으로 살아가는 경건한 공동체이다.

데일리(L. C. Daley)도 어거스틴의 하나님의 도성에 대한 지식은 사람의 이성으로는 알 수가 없고 오직 그리스도와 성경의 권위에 대한 믿음으로만 가능하다156)고 하였다. 어거스틴은 이러한 믿음을 가진 하나님의 도성과 지상의 도성의 결국에 대해서 다음과 같이 말한다. "두 도성이 다 세상에서는 복도 누리고 화도 입는다. 다만 믿음이 다르며 소망이 다르며 사랑이 다르다. 그리고 마지막에는 최후심판에서 분리되어 각자의 종국을 맞으며, 거기는 끝이 없다."157)

셋째, 하나님의 도성은 지상에 있는 동안에 순례자로서 지상의 평화를 사용하면서158) 하늘나라의 평화를 사모하는 공동체이다.

---

154) Ibid., 19,18; p.413.
155) Ibid., 22,6; p.484.
156) L. C. Daley, p.382.
157) *DCD*, 18,54; *N. & P. −N. F.*, vol.2, p.396.
158) Donald X. Burt, p.630.

믿음으로 사는 가정들은 약속된 영원한 축복들을 바라보면서 지상에서는 순례자로서 현세적 지상적인 유익들 중 그들을 매혹하여 하나님을 떠나게 하지 않는 것들만을 사용한다. 즉 썩을 육신이 영혼을 내리누르는 그 짐을(잠 9:15) 더 쉽게 견디도록, 또 그 짐의 수효를 감하는 데 도움이 되는 그런 유익들만을 이용한다.159)

이러한 반면에 어거스틴은 악한 존재가 사람들을 속이고 미혹하기 위해서 온갖 노력을 다 기울이므로 지상의 나라는 그 어느 곳에도 평화를 찾을 수 없다고 주장한다.160)

그러할지라도 어거스틴은 하나님의 도성의 시민들과 지상의 도성의 시민들의 관계를 다음과 같이 말한다.

믿음으로 사는 의인, 「하나님의 도성」을 향하여 순례하는 도중인 사람의 가정에서는 다스리는 사람이 그 명령하는 것 같은 상대자들을 섬긴다. 그들이 다스리는 것은 권세욕 때문이 아니라 타인에 대한 의무감에서 하는 일이기 때문이다. 권위를 자랑하기 때문이 아니라 자비를 사랑하기 때문이다.161)

하나님의 도성의 시민들은 지상의 도성에 거하는 사람들을 위한 아름다운 섬김의 의식을 가져야 한다. 하나님의 도성의 시민들은 사람에 대한 사랑이 충만하여 지상의 도성에 거하는 사람들을 위한 평화의식을 가져야 한다.162) 어거스틴은 하나님의 도성의 시민들이 생활에서

---

159) *DCD*, 19,17; *N. & P. -N. F.,* vol.2, p.412.

160) L. C. Daley, p.395.

161) *DCD*, 19,14; *N. & P. -N. F.,* vol.2, p.411.

어떻게 행해야 하는지를 구체적으로 다음과 같이 강조하고 있다.

그리스도인의 의복과 습관에 대해서는 믿음으로 하나님께 오는
사람이 하나님의 계명대로 따라 살기만 하면, 그의 옷이나 생활습
관은 하나님의 도성에서 전혀 문제가 되지 않는다. 세 가지 생활
양식 즉 명상적, 활동적, 양자를 결합한 생활양식에 관해서는 진리
와 의무가 요구하는 것을 무시하지만 않으면, 어느 생활양식을 채
용하더라도 영생을 얻는 데는 지장이 되지 않는다. 그러나 진리와
의무가 요구하는 일은 결코 무시할 수 없다. 명상 생활을 한다고
해서 이웃을 섬기는 것을 잊어버리고 안일하게 있을 권리가 있는
것이 아니다. 그리고 활동생활에 파묻힌 사람에게 하나님께 대한
명상을 게을리 할 권리가 있는 것도 아니다. …… 해 아래 있는 것
이 모두 헛되므로(전 1:14) 활동생활에서도 우리가 구할 것은 금생
의 명예나 권력이어서는 안 되며, 만일 정직하게 얻은 지위나 세
력이 있다면, 그것을 우리 아래 있는 사람들의 복지를 위한 목표
로 삼아야 한다.163)

넷째, 어거스틴은 하나님의 도성에 속한 자는 지상 도성에서의 삶
에 질서 있는 조화와 성령의 보증 가운데서 살아가면서 지상의 도성
의 법에 복종할 수 있어야 함도 강조하고 있다.

믿음으로 살지 않는 지상적 도성은 금생에 도움이 되는 것들을
얻기 위해서 인간들의 의지를 결합한 것인데, 지상적 평화를 구하
며, 시민 생활에서의 복종과 지배 사이의 질서 있는 조화를 목표

---

162) Donald X. Burt, p.629.
163) *DCD*, 19,19; *N. & P. −N. F.*, vol.2, p.413.

로 삼는다. 천상 도성 또는 지상에서 믿음으로 사는 그 일부는 부득이 이 평화를 이용해서, 그렇게 만드는 죽을 처지가 사라질 때까지 계속한다. 따라서 지상 도성에 포로나 외인같이 살고 있는 동안은, 비록 이미 구속의 약속과 그 담보로서의 성령을 받았지만, 지상 도성의 법에 복종하는 것을 주저하지 않는다. 그 법이 이 죽을 인생을 유지하는 데에 필요한 것들을 관리하기 때문이다. 그래서 금생이 두 도성에 공통된 것과 같이, 금생에 속한 것에 관해서도 양자 간에 일종의 조화가 있다.[164]

이와 같이 하나님의 도성에는 이미 구원의 약속이 주어졌고 그 보증으로 성령의 은사가 주어졌으므로 도덕적인 삶을 유지하기 위하여 공헌하는 지상 도성의 모든 법적인 질서에 조화를 이루어야 함을 어거스틴은 강조하고 있다.

다섯째, 어거스틴은 하나님의 도성에 속한 자들이 그리스도에게 소망을 둔 지상적 예루살렘을 통하여 천상적 예루살렘인 하나님의 도성을 바라볼 수 있음을 말하고 있다.

하나님의 도성의 건설자로서 그리스도가 영원한 하나님의 도성의 건설자이며, 이 예루살렘은 하나님이신 그리스도를 믿음의 기초로 삼고 그 위에서 건설과 헌납을 추진했다. 예루살렘은 그리스도를 하나님이라고 믿었고, 그래서 그를 사랑했으며, 참된 것을 바르게 믿을 수 있었다. 이 나라는 아직 지상에서 손님이지만, 셀 수 없이 많은 시민을 가졌고, 그러면서도 금세에서의 안정을 얻기 위해서 불경건한 박해자들을 상대로 싸우지 아니하였으며, 전쟁을 거

---

164) Ibid., 19,17; p.412.

부함으로써 영원한 구원을 얻는 편을 택하였다.165)

2) 하나님의 도성의 현존

어거스틴은 성경에 나오는 족보에 헌납이라는 이름을 가진 사람이 있다고 하면서, 그리스도를 통하여 헌납된 하나님의 도성의 현존을 다음과 같이 강조한다.

셋의 후손 가운데도 아담으로부터 일곱째 되는 세대에 '헌납'이 라는 뜻을 지닌 이름이 있다. 아담까지 포함하여 일곱째 세대인 에녹이다. 그는 하나님을 기쁘시게 하여 옮겨진 사람인데(창 5:24, 70인역; 히 11:5), 족보에서 특별한 위치를 차지했다. 아담으로부터 일곱째로서 안식일을 성별한 수다. 그러나 가인의 후손과 갈라진 셋의 계열에서는 셋으로부터 여섯째이며, 하나님이 창조 사역의 완 성으로서 사람을 지으신 때가 여섯째 날이었다. 그런데 이 에녹이 옮겨진 것은 우리 자신의 헌납이 연기된 것을 예시한다. 이 헌납 은 우리의 머리이신 그리스도에게서 이미 실현되었다. 그리스도께 서는 이미 부활하셔서 다시 죽지 않으시며, 이미 옮겨지셨다. 그러 나 그를 토대로 모신(엡 2:20) 집 전체의 헌납은 아직 남아 있으 며, 모든 사람이 부활해서 다시 죽지 않게 될 종말까지 연기되었 다. 헌납될 것이 하나님의 집이라고 하든지, 하나님의 성전이라고 하든지, 또는 하나님의 도성이라고 하든지 다 같은 뜻이며 라틴어 의 관례와도 다르지 않다.166)

---

165) Ibid., 22,6; p.457.
166) Ibid., 15,19; pp.299－300.

이 하나님의 도성의 중심은 그리스도이다. 어거스틴은 그리스도가 세운 하나님의 도성으로서의 예루살렘을 다음과 같이 말한다. "예언자들의 말씀에는 3중의 의미가 있다는 것을 알게 된다. 어떤 말씀은 지상적 예루살렘을 의미하며, 어떤 말씀은 천상적 예루살렘을, 그리고 또 어떤 말씀은 양쪽을 함께 의미한다." 그리고 어거스틴은 계속해서 "예루살렘을 하나님의 도성이라고 부르는 예언과 하나님의 미래의 성전을 말하고 있다"고 하면서, "이런 예언은 솔로몬 왕이 심히 웅장한 성전을 건축했을 때에 성취된 것을 우리는 알지만, 이것은 지상적 예루살렘에서 있었던 한 역사적 사실이며, 동시에 천상적 예루살렘의 한 상징"으로 본다고 하였다.[167] 이와 같은 것을 어거스틴은 다시 한번 강조함으로써 확증하고 있다.

이 위대한 약속에 대한 지극히 확고한 보장이 있은 다음에, 이 약속이 솔로몬에게서 실현되었다고 생각하지 않도록 기대했으나 그렇게 되지 않았다는 듯이, "그러나 주께서 그를 버리셨고 멸시하셨나이다"라고 한다. 확실히 솔로몬의 나라는 그 후손들 때에 이렇게 되었고, 그 나라의 수도였던 지상 예루살렘이 멸망하며, 특히 솔로몬이 지은 성전이 파괴되었다. 그러나 하나님이 약속을 어기셨다고 생각하지 않도록 곧 덧붙인다. "주께서 주의 기름부음을 받은 자를 지연시키셨나이다"(시89:38, 70인역) ('기름부음 받은 이'라고 번역된 말은 원래 한 단어로서(요 1:41; 4:25) 히브리어로 '메시야', 그리스어로 '그리스도'라고 한다. 만일 왕의 기름부음을 받은 자 곧 그리스도가 지연되었다면 그는 솔로몬이나 다윗이 아니다. 신비적인 기름을 부어 성별된 왕들은 다윗 왕 때뿐 아니라 그 후에도

---

167) Ibid., 17,3; pp.338−339.

모두 주의 '기름부음을 받은 자', '그리스도'라고 불렀고, 이스라엘
백성의 초대 왕으로 처음으로 기름부음을 받은 사울 왕 때에도 그
러했다. 그래서 다윗 자신이 사울을 주의 기름부음을 받은 이라고
부른 것이다(삼상 24:7). 그러나 참그리스도, 기름부음을 받은 이는
한 분뿐이었고, 왕들은 예언적으로 기름부음을 받음으로써 그를 대
표했다. 기름부음을 받은 이 그리스도를 다윗이나 솔로몬이라고 생
각하는 사람들의 계산으로는 그의 강림이 오랫동안 지연되었지만
하나님의 계획으로서는 그가 장차 그의 때에 강림할 것이 이미 준
비되어 있었다.168)

어거스틴은 하나님의 도성의 현존을 '사랑', '평화', 그리고 '믿음'
의 측면에서 표현하고 있다.

첫째, 어거스틴은 하나님의 도성의 현존을 '사랑'에서 찾고 있다.
어거스틴은 무엇을 사랑할 것인가? 썩어 없어질 세상적인 것들을 사
랑할 것인가? 영원불변한 하나님의 진리를 사랑할 것인가? 사랑의
대상으로 무엇을 선택할 것인가?169) 고민하면서 선택적 사랑의 문제
로 실존적 추함과 비참함보다는 본원적 선함과 아름다움을 전제하면
서 전능하시며 자애로우신 하나님을 사랑하라고 한다.170) 그의 고백
에서 그 이유를 알 수 있다.

---

168) Ibid., 17,10; p.350.
169) St. Augustine, *Commentaries on Psalms,* 90, Ⅰ,8., and Hannah Arendt,
   Love and Saint Augustine(Chicago: University of Chicago Press, 1996),
   pp.9－17.
170) 유지황, p.40.

오, 영원한 진리여, 참스런 사랑이여, 사랑스런 영원이여[171](*O aeterna veritas et vera caritas dt cara aeternitas*), 그대 내 하나님 이시니 그대를 향해 밤낮으로 한숨짓노라. 내 처음 그대를 알았을 제 그대 나를 맞아들여, 내가 볼 것이 무엇인지, 그러나 나는 아직 볼 자격이 없는 것을 보여주었나니……. 아찔하도록 쇠약한 내 안광에 세찬 빛을 쏘아주었기에 난 사랑과 두려움에 떨고 있었노라.[172]

어거스틴은 하나님의 사랑도 그리스도를 통하여 나타내신 바 되셨다고 한다. "자기 아들을 아끼지 아니하시고 우리 모든 사람을 위하여 내어주신" 분은(롬 8:32) 인간을 사랑하는 그 사랑으로 인하여 그 아들을 확실히 죽게 하셨고, 그를 죽은 자 가운데서 일으키심으로써 다시 생명으로 올리셨다.[173]

하나님의 도성은 하나님을 사랑하는 공동체이다. 공동체는 사랑하는 대상에 관한 동의를 통해 연합된 합리적 존재들의 결집이다.[174] 하나님의 도성은 하나님을 사랑하는 시민들의 공동체이다. 이와 같은 사랑으로 인하여 이 공동체는 영생의 평화를 향해 순례의 여정을 행한다.[175]

어거스틴은 하나님의 도성의 현존성에서 순례자적 삶의 필요성을

---

171) St. Augustine, 성 어거스틴의 고백록, "각주", p.228: 여기서 언급된 '영원한 진리', '참스런 사랑', '사랑스런 영원'은 삼위일체가 되신 하나님을 시사하고 있다. '영원한 진리'는 성자를, '참스런 사랑'은 성령님을, '사랑스러운 영원'은 영원한 존재이신 성부를 시사한 것이다.

172) *Conf.*, 7,10; St. Augustine, 명상록, p.40.

173) *DCD*, 17,4; *N. & P. —N. F.*, vol.2, p.341.

174) Ibid., 19,24.

175) 유지황, p.42.

역설한다. 이는 육신과 영혼, 여성과 남성, 그리고 하나님과 인간 사이의 긴장과 분열의 관계들을 해소시킬 수 있는 것이 바로 평화이다. 그런데 이 평화를 추구할 수 있는 전제가 바로 '의로운 사랑'(*just love*) 또는 '의롭게 사랑하는 것'(*loving justly*)이라고 한다.[176]

둘째, 어거스틴은 하나님의 도성의 현존을 '평화'라는 측면에서 찾고 있다. "먼저 사랑이 하나님을 포기하지 않는 한 하나님에 의해서 버려질 수 없는 사랑이 존재하는 영원불변의 장소가 있으니 그곳이 곧 평화의 거처이다"[177]라고 하였다.

어거스틴은 평화는 하나님의 도성의 시민들의 마음속에 가장 소중하게 자리 잡고 있는 지고의 선(*the Supreme Good*)으로 본다. 하나님의 도성이라는 공동체에 속한 시민이 되었다는 것은 기본적으로 스스로 내면적으로나 외부의 타인과의 관계에서 대립의 상태에 머물러 있지 않는 사람임을 뜻한다. 하나님의 도성의 평화는 '질서의 평온함'(*the tranquility of order*) 즉, 완벽하게 평온한 상태의 질서를 의미한다.[178]

---

176) Ibid., p.110.

177) St. Augustine, *The Confessions*, trans. Rex Warner(New York: Penguin Books, 1963), Ⅳ, 11.

178) 유지황, p.215: "육체와 영혼의 평화는 살아 존재하는 피조물의 균형 잡힌 질서의 삶과 건강을 뜻한다. 언젠가 죽을 수밖에 없는 인간과 하나님 사이의 평화는 영원한 법칙과 신앙 안에서 이루어진 순종의 질서이고, 사람과 사람 간의 평화는 정신과 정신 사이의 동의의 질서이다. 한 가정의 평화는 명령을 주고받으며 함께 살아가는 가족들 사이의 동의의 질서이다. 그러나 하늘 도성의 평화(*the peace of the Heavenly City*)는 하나님께서 주시는 모든 것들을 향유하는 완벽한 질서와 조화의 관계 속에서 드러나는 아름다움이다. 그것은 완벽한 질서

지상에 머물고 있는 하나님의 도성은 영원한 하나님의 도성의 평화를 향한 소망을 가지고 있다. 인간이 지상의 도성에서 누릴 수 있는 평화는 불완전한 바빌론의 평화(the imperfect peace of Babylon)일 뿐이다. 완전한 평화는 하나님의 도성의 시민들이 영원한 하나님의 도성을 향한 소망으로 기뻐하는 평화이다. "하늘나라를 향한 소망으로 인해 우리가 행복하기에 우리는 이미 하늘나라의 소망 안에서 구원받았다. 그러므로 우리는 지금 세상의 행복을 기뻐하지 않으며 장차 다가올 하늘나라의 행복을 고대한다."[179] 따라서 어거스틴은 이 도성의 시민은 참된 행복 또는 영원한 삶의 평화(peace in life everlasting)를 향해 매진하는 순례자와 같은 존재라고 하였다.[180]

　　셋째, 하나님의 도성의 현존을 '믿음'의 측면에서 어거스틴은 보고 있다. 하나님의 도성의 시민이 영원한 평화를 향하여 순례자의 길을 걸을 수 있는 조건을 제시하고 있다. "우리는 보는 것이 아니라 믿음을 통해 걸어간다. 순례는 믿음으로 걷는 것이기에 순례자들은 아직 본향에 도달한 것이 아니라 그것을 향한 여정에 있다"고 하였

의 평온함으로서 온 우주 만물의 평화이다." *DCD*, 19,13.

179) 그러나 이것은 아우구스티누스가 하늘나라의 평화와 지상세계에서의 평화를 엄격히 구분했음을 뜻하지 않는다. 그에 의하면, 우리는 이 지상세계의 삶 속에서도 믿음을 통하여 하나님과 함께하는 평화(the peace with God)를 소유할 수 있다. 즉 아우구스티누스는 하늘나라의 평화(the Heavenly peace)가 지상에 있는 하나님의 성전(the temple of God on earth)인 교회 안에서 진정으로 하나님께 참예배를 드리고 미덕을 함양하는 사람들에 의해 특별히 소유될 수 있다 말함으로써 하나님과 함께하는 평화의 일시적 차원(temporal dimension)을 인정했다. See *DCD*, 19,4 and 19,27.

180) 유지황, p.216.

다.[181) 믿음으로 걷는다(*walk by faith*)는 것은 무엇을 뜻하는가? 이 것은 하나님을 사랑하도록 만드는 믿음의 선물을 주시는 하나님을 향한 사랑의 지향성을 의미하는 것이다. 하나님을 사랑함으로써 궁극적 평화의 선인 하나님을 향해 나아간다. 그리고 하나님을 사랑하는 것은 악이 아니라 선을 행하는 것이기에 하나님을 향해 나아가도록 돕는 것은 육신의 발이 아니라 도덕적 인격이다. 그리고 도덕적 인격은 우리가 아는 것이 아니라 우리가 사랑하는 것에 의해 판단된다고 어거스틴은 주장하였다.[182)

어거스틴은 하나님의 도성의 시민의 도덕적 함양은 미덕의 모범이며 은총의 근원이신 그리스도의 도움을 받아 하나님을 사랑함으로써 가능하다고 하였다. 먼저 연약한 시민에게 하나님의 모유(*divine milk*)를 먹여주시고 나아가 하나님의 굳은 음식(*the solid food of God*)을 공급함으로써 결국 걸을 수 있도록 도와주시는 그리스도에 대한 믿음으로 인해 하나님을 사랑하며 하나님을 향해 걸어 나아갈 수 있다.[183)

어거스틴은 하나님의 도성의 시민들이 그리스도의 은총을 힘입고 하나님을 향해 나아갈 수 있는 믿음의 인격을 함양할 수 있는 곳은 바로 교회(*the Church*)라고 주장한다. 교회는 하나님과 함께 거하는 영원한 삶의 평화를 향한 순례자들의 출발점이자 수련장이다. 교회 안에서 순례자들은 지혜의 정신을 밝혀주고 경건의 마음을 강화시켜

---

181) St. Augustine, *Expositions on the Book of Psalms*, trans. A. Cleveland Coxe, Nicene and Post–Nicene Fathers, vol.8. ed. Philip Schaff(Peabody, MA: Hendrickson Publishers, 1994), CXXⅢ, 2.

182) Henry Chadwick, p.52.

183) *Conf.*, 7,18,24; *N. & P. –N. F.*, vol.1, p.112.

주는[184] 예수 그리스도의 은총 아래서 궁극적 선을 향한 순례의 삶을 살아간다. 어거스틴은 하나님의 도성의 시민들이 지상의 도성에서 거하는 순례적 삶의 중심이 하나님을 향한 진실한 예배를 드리고 믿음과 소망과 사랑의 미덕을 함양하고 구현하는 교회라고 하였다. 왜 어거스틴은 하나님의 도성의 시민들에게 믿음의 함양과 구현을 위해 교회가 반드시 필요하다고 주장하는가? 그것은 그에게 교회란 하나님의 백성들이 하나님의 도성을 향해 나아갈 수 있도록 돕는 유일무이한 지상의 그리스도 왕국(the Kingdom of Christ on earth)이기 때문이다. 교회는 지상의 도성의 이질적 문화 속에 위치한 하나의 식민지(a colony on the middle of an alien culture)이며, 하나님의 도성의 시민들은 그 식민지 속에서 미덕 함양의 순례적 삶을 살아가는 나그네 또는 유랑인들과 다를 바 없기 때문이다.[185]

믿음과 소망과 사랑의 미덕은 우리가 이루어낸 성과물이 아니다.

---

184) *DCD*, 19,28; *N. & P. −N. F.*, vol.2, p.420.

185) Stanley Hauerwas and William Willimon, *Resident Aliens*(Nashville: Abingdon Press, 1989), p.12: 이 점에 관련해 니콜라스 월터스토프(*Nicholas Worterstorff*)는 스탠리 하우에르와스(*Stanley Hauerwas*)와는 반대로 "사랑하는 자들아 나그네와 행인 같은 너희를 권하노니 영혼을 거스려 싸우는 육체의 정욕을 제어하라(벧전 2:11)"라는 말씀이 지상세계에 사는 모든 그리스도인들 전체를 가리켜 말하는 것이 아니라 이방의 땅에서 나그네 신세로 살고 있던 유대인들을 구체적으로 지적하는 것이라 주장한다. 따라서 그는 그리스도인들이 지상세계의 정치적 질서에 초연할 것이 아니라 현세의정치적 질서가 부과하는 시민으로서의 권리와 의무를 기꺼이 수용해야 하며, 폴리캅(*Polycarp*)이나 본회퍼(*Bonhoeffer*)가 흘렸던 순례자적 순교의 삶에 대해서도 충실해야 함을 역설하였다.

그것은 하나님께서 예수 그리스도를 통해 우리에게 주신 은사의 선물이다. 그것들은 우리의 인격적 완성을 통해서가 아니라 우리의 삶에 부족한 결여를 고백함으로써 주어진다. 믿음은 우리의 삶이 하나님의 삶 속에서 완전히 드러난다는 깨달음을 주고, 소망은 우리 삶의 지속성과 통일성을 주며, 사랑은 하나님과 이웃과의 우호적 관계를 성립시킨다.186)

3) 하나님의 도성의 종말론적 성격

어거스틴의 종말론적 역사관은 「하나님의 도성」의 마지막 부분에서(제19권 - 제22권)에서 나타난다. 그리고 어거스틴은 지상의 도성과 이 땅에 존재하는 하나님의 도성의 시민들에게 종말에 대하여 다음과 같이 외치고 있다.

······ "과거를 찬미하고 기독교 시대를 비난하는 소리가 오늘 바로 이날까지 계속되고 있다. 보라 로마는 기독교시대에 멸망해가고 있나"고 그들은 말한다. ······ 로마인이 죽지 않은 한 로마는 멸망하지 않는다. 그리고 그들이 신(하나님)을 찬양하는 한 그들은 멸망치 않으리라. ······ 그것은 돌이나 기둥의 문제가 아니며, 강한 성랑(城廊) 속의 높은 건물이 문제가 아니다. 그런 것으로 만들어진 것들은 언젠가는 넘어지리니, 전 세계는 분명히 신에 의해 멸망당하리라. ······ 하늘과 땅은 영원하지 않으리라. 도시가 망한다고 무

---

186) D. Stephen Long, "*Charity and Justice: Christian Economy and the Just Odering of the Commandments,*" Communio Internatinal Catholic Review 25 (Spring 1998), p.17.

엇 때문에 놀랄 것인가? 도시는 성벽으로 세워진 것이 아니라, 시민들로 세워진 것이다.[187]

어거스틴은 이 지상의 도성에서 살아가는 하나님의 도성의 시민은 비록 로마가 무너져 내려도, 지상의 도성 전체가 무너져 내려도, 자연계에 종말이 오더라도 천상의 도성의 평화를 신뢰하는 변함없는 자세를 견지해야 한다고 가르치고 있다. 그러므로 어거스틴은 하나님의 도성의 시민이 이 지상의 도성에서 완전한 평화를 누릴 수 없음을 언급하면서, 지상의 도성에서 누리는 평화는 부족한 것임을 분명히 하고 있음을 다음에서 볼 수 있다.

그러나 우리는 특유한 평화를 지금 믿음으로 하나님과 함께 즐기며, 내세에서는 보면서 그와 함께 즐길 것이다. 지금 이생에서 즐기는 평화는, 모든 사람에게 공통된 것이거나 또는 우리에게 특유한 것이거나 간에 행복을 실지로 즐긴다는 것보다 불행을 위로하는 것에 불과하다. 우리의 의도 진정한 선을 목표로 하는 점에서는 참의라고 하겠지만, 금생에서의 그 실상은 덕행이 완성되었다고 할 것이 아니라 죄가 용서를 받는다는 것이다. …… 따라서 죄와 싸우는 동안은 그의 평화에 결함이 있다. 저항하는 죄악과의 싸움은 승리할 것이 확실하지 않으며, 죄악을 공격하고 승리를 얻은 경우에는 결코 안심할 수 없으며, 불안이 많고 노력을 많이 해야 한다.[188]

---

187) St. Augustine, *Sermons*, 81,9; 이석우, Augustine 사관에 나타난 두 도시 개념의 성격연구, p.107.
188) *DCD*, 19,27; *N. & P. −N. F.*, vol.2, p.419.

그러나 어거스틴은 하나님의 도성의 시민은 이 세상에서 행복을 누린다 하더라고 그 행복이 실재가 아니기에 내세의 영원한 평화에 관한 소망을 가져야 한다는 사실을 인식시켜 주고 있다.

하나님의 도성의 최고선은 완전하고 영원한 평화이며, 죽을 인간들이 나서 얻고 죽어서 잃어버리는 그런 평화가 아니라, 아무 악도 없는 평화, 영생하는 존재들이 영원히 즐기는 평화이므로, 그런 내세가 가장 행복하다는 것을 누가 부정할 수 있는가? 또는 그 내세와 비교할 때에 우리가 지금 살고 있는 생명은 아무리 영육의 모든 축복과 외적인 물자가 가득하더라도 지극히 가련하다는 것을 누가 부정할 수 있는가? 다만 내세를 열렬히 사랑하며 확실히 바라보면서, 그 내세를 위해서 현세를 이용하는 사람은 비록 실제는 아니고 소망으로만 가진 것이지만, 역시 이미 현세에서 행복을 누린다고 할 수 있다. 그러나 설혹 금생의 행복을 실제로 누린다고 하더라도, 만일 저세상에 대한 소망이 없다면 그것은 참으로 거짓된 행복이며 심각한 불행에 불과하다.[189]

하나님의 도성이 다른 도성과의 현존성에서 서로 얽혀졌지만(*inter-mingled*) 나중에는 존재론적으로 분리되는 것을 기록하고 있다.

첫째, 하나님의 도성의 종말론적 성격을 어거스틴은 '회복된 평화'로 규정하고 있다.[190] 먼저 어거스틴은 선의 회복을 말하고 있다. 불완전한 선에서 하나님의 도성의 시민이 완전한 평화를 결코 누릴 수 없다.

---

189) Ibid., 19,20; p.414.
190) Ibid., 19,1; pp.397-399.

영원한 생명이 최고선이요 영원한 사람이 최고 악이며, 전자를 얻고 후자를 피하기 위해서 우리는 바르게 살아야 한다. 또 그래서 "의인은 믿음으로 산다"(합 2:4)고 기록되었다. 우리는 아직 우리의 선을 보지 못하며, 따라서 믿음으로 살아야 하기 때문이다. 우리는 바르게 살 힘도 없고 우리에게 그의 도움을 믿는 믿음을 주신 분이 믿고 기도하는 우리를 도와주셔야만 우리는 바르게 살수 있다. 최고선과 최고 악을 금생에서 얻을 수 있다고 생각한 사람들, 그리고 그것을 영혼이나 신체에, 또는 양쪽에 둔 사람들—더 분명히 말하면, 또는 그 양쪽에 둔 사람들, 또는 평안이나 덕성의 양쪽에 또는 본성의 기본적 요구나 덕성의 양쪽에 둔 사람들—은 모두 놀라울 만큼 천박한 생각으로 행복을 금생에서와 자신들 안에서 찾으려고 했다. 진리 자체이신 분이 예언자를 시켜 이런 생각에 대한 멸시를 쏟으셨다. "주께서 사람의 생각이(사도 바울이 인용한 대로는, "지혜 있는 자들의 생각이") 허무함을 아시느니라"고 하셨다(시 94:113; 고전 3:20).[191]

지상에 머물고 있는 하나님의 도성은 '그리스도의 왕국이요 천국'으로서 지상에서 하나님을 대변하고 있다. 그리고 하나님의 도성의 시민들은 선과 악이 결코 뒤섞이지 않는다는 점과 죄인이 자신의 죄를 버리고 하나님께로 또 사랑에로 돌아오지 않고서는 결코 구원을 얻지 못한다는 점을 분명히 알고 있다.[192] 그러므로 하나님의 도성의 시민은 이러한 법칙을 신뢰함으로써 결코 혼란스러워하지 않는다.

하나님의 도성의 시민들도 지상 순례 중에 실재론적[193]인 죄에 대

---

191) Ibid., 19,4; p.401.
192) Edward R. Hardy, Jr., pp.276-277.
193) W. G. T. Shedd, *Dogmatic Theology*, vol.2(Grand Rapids: Zondervan, n. d.,

한 벌로써 허약해지지만, 하나님의 은혜로 치유된다고 어거스틴은 말하고 있다. 죄를 지어 문제를 일으킨 때에 대하여 사도는 평화가 없이는 아무도 주를 보지 못하리라고 하였다(히 12:14). 평화를 유지하기 위해서 서로 용서하라는 주의 깊은 교훈을 하고 있다. 어거스틴은 "너희가 각각 중심으로 형제를 용서하지 아니하면 내 천부께서도 너희에게 이와 같이 하시리라"(마 18:35)고 하신 말씀을 첨가하고 있다. 이것은 하나님의 도성에 사는 시민들이 하늘나라의 평화를 사모하면서 지상에 머무는 동안에 이런 방법으로 치유받을 수 있다고 강조한 부분이다. 하나님이 자신의 놀라운 수단으로 시민들을 도우시며, 사도가 가르치듯이(롬 6:12-13), 죄에 대한 벌로써 지체 안에 있는 죄가 이 죽을 몸을 지배해서 그 정욕에 복종하게 만들지 않고, 또 지체를 불의의 병기로 제공하지 않게 하면, 그때에 그 마음이 하나님의 지배 아래 있게 됨으로써 죄를 짓는 데 동조하지 않게 된다. 금생에서도 회복되는 과정에서 더 평화롭게 되고, 후에는 완전한 건강과 영생을 회복하여 죄 없는 영원한 평화를 누리게 된다고 하였다.[194]

다음으로, 어거스틴은 하나님의 도성의 시민의 영원한 복음과 몸의 부활로의 회복을 논하고 있다.[195] 어거스틴에 의하면, 진정한 평

1888-1894), pp.181-192: 아담의 죄와 그의 후손들의 죄 사이의 관계, 즉 '실재론'이라 불리는 견해는 결코 새로운 견해가 아니다. 초기 교부 시대의 터툴리안과 아우구스티누스가 이 견해(*DCD*, 13,14.)를 주장했으며 보다 최근에 와서는 쉐드(*William G. T. Shedd*), 그래이다너스(*S. Greijdanus*), 스트롱(*Augustus H. Strong*), 스킬더(*K. Schilder*) 등이 이 견해를 옹호해왔다. cf. Anthony A. Hoekema, *Created in God's Image*(William B. Eerdmans Publishing Company, 1986), p.158.

194) *DCD*, 15,6; *N. & P. -N. F.*, vol.2, pp.287-288.

화는 하나님의 도성에 속한 시민들이 부활에 참여하며, 부활할 때는 전능하신 하나님의 능력으로 온전하게 회복한다.

> 영생을 얻으려고 육신이 부활할 때에 몸은 한창 젊었을 때에 얻은, 또는 얻었을 체구를 가질 것이며, 모든 지체의 균형과 조화에서 오는 아름다움을 지닐 것이다. 또 이 아름다움을 유지하기 위해서, 몸의 재료의 어느 부분을 한 곳에 둘 때에 기형이 생기면, 그것을 몸 전체에 분해해서, 어느 부분이 없어지지도 않고 몸 전체의 균형도 잃어버리지 않게 할 것이며, 한 곳에 두어서 기형이 생길 이 재료를 전신에 배분할 때에 신장이 전반적으로 늘어나리라고 생각하는 것은 불합리하지 않다. 혹은 죽었을 때의 신장으로 부활하리라고 주장하는 사람이 있더라도, 그와 논쟁할 필요가 없다. …… 거기서는 부활의 자녀, 약속의 자녀들은 신체나 연령은 그렇지 않아도 적어도 행복한 점에서는 하나님의 천사들과 동등할 것이다(마 22:30).[196]

하나님의 도성의 시민으로서 여성의 부활에 대하여 어거스틴은 "우리가 다…… 온전한 사람을 이루어 그리스도의 장성한 분량이 충만한 데까지 이르리라"(엡 4:13)는 말씀과 "하나님의 아들의 형상을 본받아"(롬 8:29)라는 말씀을 근거로, 여성은 남성으로 부활할 것이라고 주장하는 이들에 대하여, 남성은 남성으로, 여성은 여성으로 부활로의 회복을 주장하고 있다. 인류의 시초에는 남자가 잠든 사이에 그의 옆구리에서 갈빗대 하나를 취해서 그 것으로 여자를 만들었다

---

195) Ibid., 22,1; pp.479-480.
196) Ibid., 22,20; p.499.

(창 2:21). 이 사건으로 그리스도와 교회의 관계를 예표하는 것이 합당했다고 한다. 남자가 자고 있었다는 것은 그리스도의 죽으심이요, 그가 십자가 상에서 운명하신 후에 그의 옆구리를 창으로 찔러 피와 물이 흘렀으며, 이 피와 물이 교회를 '세우는' 성례들이다. 성경에도 (창 2:22) 여자를 '형성하였다', 또는 '만들었다'는 말을 쓰지 않고, 바로 이 '세운다'는 말을 사용하였다. 그래서 사도는 그리스도의 몸 즉 교회를 '세운다'(엡 4:12)는 말을 한다. 그러므로 여자도 남자와 같이 하나님의 피조물이며, 남자에게서 여자를 창조하심으로써 화합을 권장하신다. 그리고 여자 창조의 방법은 그리스도와 교회를 예표하였다. 남녀양성을 창조하신 분이 남녀양성을 부활시키실 것이라고 어거스틴은 주장한다.[197]

어거스틴은 하나님의 도성의 시민은 부활 후에 신령한 몸으로의 회복을 언급하고 있다. "그러므로 생전이나 사후에 몸에서 떨어져 나간 것은 무덤 속에 남아 있는 것과 함께 몸에 회수되어 부활할 것이며, 이전의 동물체로부터 새로운 신령한 몸으로 변하여 썩지 않고 죽지 않게 될 것이다."[198] 이 신령한 몸이 무엇인지, 그 아름다움은 얼마나 위대하리라는 것을 말하는 것에 대하여 어거스틴은 아직 경험이 없는 일이기에 경솔할 것이라는 두려움을 갖는다고 하면서도 이러한 희망의 기쁨을 언급하여 하나님을 찬양하는 것은 당연하며 시인도 거룩하고 열렬한 사랑으로 "주여 내가 주의 집의 아름다움을 사랑하였나이다"(시 26:8. 70인역)라고 고백했음을 언급한다.[199]

---

197) Ibid., 22,17; pp.495-496.
198) Ibid., 22,21; p.499.
199) Ibid., 22,21; p.499.

또한 어거스틴이 하나님의 도성의 시민이 영원한 영적인 몸을 입고 무엇을 할 것인지에 대하여 「하나님의 도성」 제22권에서 전체 개요를 논하고 있음을 깊이 유의해 볼 필요가 있다.[200]

데일리는 어거스틴이 주장한 하나님의 나라의 최고선과 궁극적인 목적을 한 단어로 표현하자면 바로 하나님이었다고 한다.[201] 이러한 하나님과의 관계가 회복되는 평화에 대하여 어거스틴은 하나님의 도성의 종말론적인 성격을 부여하였던 것이다.

둘째, 어거스틴은 하나님의 도성의 종말론적 성격을 '영원한 평화'로 규정하고 있다. 다음에서 어거스틴은 이 도성의 종말론적인 목표는 영원한 평화라는 사실을 분명히 밝히고 있다. 어거스틴은 하나님의 도성이 영원한 행복을 소유하는데, 여기 영원하다는 뜻은 복음서에 나타나 있는 "그의 나라는 무궁하리라"(눅 1:33)고 한 것을 뜻한다고 하였다. 어거스틴은 사람들이 거룩한 천사들이 잃어버린 때가 없는 그 상태를 얻게 될 것인데, 이는 전능한 창조주께서 실현하실 것이며, 하나님의 도성의 경우에는 모든 시민이 영생할 것이라고 한다. 즉, 영생이라는 선이 주어질 것을 말하고 있는 것이다.[202]

어거스틴은 가장 현명한 창조주시며 만유의 가장 공정한 제정자시며, 최대의 장식으로서 인류를 지상에 두신 하나님은 사람들에게 금생, 즉 현세적 평화에 적합한 것들을 주셨다고 한다. 예컨대, 금생에서 즐길 수 있는 건강과 안전과 인간관계, 그리고 이 평화를 유지하기 위해서 필요한 모든 것, 우리의 외면적 감각과 적합한 빛과 밤과

---

200) Ibid., 22,1; pp.479-480.

201) L. C. Daley, p.394.

202) *DCD*, 22.1; *N. & P. -N. F.*, vol.2, pp.479-480.

공기와 우리에게 적합한 물, 그리고 신체를 유지하고 보호하며 치유하고 미화할 것들을 주셨다. 그리고 이 모든 것을 주실 때의 조건은 가장 공정한 것이었다고 한다. 어거스틴은 이 죽을 인생의 평화에 적합한 모든 이점들을 선용하는 사람들은 모두 더 좋고 더 풍성한 축복인 영생의 평화와 그에 동반하는 영광과 영애, 하나님을 즐기며 하나님 안에서 서로를 즐기기에 합당한 영생을 받을 것이라고 하였다.203)

셋째, 어거스틴은 하나님의 도성의 종말론적 성격을 '행복한 평화'의 측면에서 보고 있다. 영원한 하나님의 도성은 최고선이 이루어지는 세계이다. 하나님의 도성의 최고선은 완전하여 어떠한 악도 존재하지 않는 곳이며, 하나님의 도성의 시민들이 영원히 즐기는 곳이므로 가장 행복하다는 것을 아무도 부정할 수 없다고 하였다.204)

어거스틴이 생각하는 궁극적인 종말은 선택된 하나님의 도성의 시민들과 함께 누릴 영원한 행복 속에서 완전한 하나님의 도성을 건설하는 것이다. 이 하나님의 도성의 목표는 종국에 이루어지는데, 바로 영원한 평화를 누리는 것이다. 그것을 위해 하나님의 섭리의 계획에 따라서 점차적으로 이 도성을 형성하는 데 심원한 역사의 의미가 담겨져 있다. 어거스틴은 하나님의 도성에 속한 시민이 현세에서도 소망으로 행복을 누릴 수 있으며, 내세의 행복은 확실함을 언급하고 있다.205) 키이즈(G. L. Keyes)는 역사는 신의 연극으로서 그의 종말은 전체적으로 3막으로 이루어져 있는데, 그 마지막 막은 행복한 종말이라고 했다.206)

---

203) Ibid., 19,13; p.410.
204) Ibid., 19,20; p.414.
205) Donald X. Burt, p.632.

지금 이생에서 즐기는 평화는 모든 사람에게 공통된 것이거나 또는 특유한 것이거나 행복을 실지로 즐긴다는 것보다 불행을 위로하는 것에 불과하다고 어거스틴은 주장한다. 어거스틴은 죄와 싸우는 동안은 그의 평화에 결함이 있으며, 저항하는 죄악과의 싸움은 승리할 것이 확실하지 않으며, 죄악을 공격하고 승리를 얻은 경우에는 결코 안심할 수 없으며 불안이 많고 노력을 많이 해야 되는 것이라고 말했다.207) 이에 반하여 하나님께서 다스리시는 영원한 평화와 평화로운 행복에 대하여 어거스틴은 다음과 같이 주장하고 있다.

우리의 모든 의가 향하며 유지되는 목표는 최고의 평화이며, 그 평화의 상태에서 우리의 본성은 건전하게 죽지 않음과 썩지 않음을 즐기며 아무 죄악도 없으며, 우리 자신이나 외부로부터 오는 저항을 당하지 않을 것이므로 이미 없어진 죄악을 이성이 다스릴 필요가 없다. 그리고 하나님이 사람을 다스리며 영원히 몸을 다스리며, 그 다스림이 지극히 즐겁고 쉬워서 아무 속박도 받지 않게 된 생명의 행복한 상태에 적합할 것이다. 그리고 이 상태는 영원할 것이며 그 영원성을 우리는 확신하게 될 것이다. 이와 같이 행복한 이 평화와 평화로운 행복이 최고선일 것이다.208)

그리고 하나님의 도성에는 영원한 안식이 있다고 한다. 나는 거룩

---

206) Keyes, G. L. *"Christian Faith and Interpretation of History"*, A Study of St. Augustine's, Philosophy of History(New York: University of Nebraska Press, 1966), p.148.

207) *DCD*, 19,27; *N. & P. −N. F.,* vol.2, pp.419−420.

208) Ibid., 19,27; pp.419−420.

한 노래를 읽거나 들을 때에 생각하게 된다. "주의 집에 거하는 자가 복이 있나이다. 저가 항상 주를 찬송 하리이다."(시 84:4) 썩지 않을 몸의 모든 지체와 기관은 지금은 여러 가지 필요한 기능을 배당받았지만 그때에는 하나님을 찬양하는 데 이바지 할 것이다. 내세에는 결핍이 없고, 있는 것은 확실하고 완전하고 영속하는 행복뿐이겠기 때문이다. 어거스틴은 행복한 평화를 누릴 수 있는 자들의 수의 한정됨을 언급한다. "거기는 자격 있는 자만이 거할 허락을 받을 것이므로 무자격자가 영예를 구하는 예도 없을 것이다. 거기에는 진정한 평화가 있을 것이다. 아무도 자기나 다른 사람이 행동해서 해를 받는 일이 없겠기 때문이다. 덕성의 근원이신 하나님 자신이 덕성에 대한 상이 되실 것이다."[209]

이렇게 하나님의 도성의 시민들에 대한 하나님의 종말론적인 배려는 시민의 선행으로 인한 것이 아니라, 오직 하나님의 주권에 있으며 믿음으로 주어진 것이며, 이것은 하나님의 선물이었음을 어거스틴은 강조하고 있다.[210] 어거스틴은 이 평화의 길을 찾은 것이다. "그때에 우리는 쉬면서 보며, 보면서 사랑하며, 사랑하면서 찬양할 것이다. 끝없는 끝에 있을 일을 보라. 끝없는 나라에 도달하는 것 이외에 무엇이 우리의 끝이며 목표이겠는가?"[211]

---

209) Ibid., 22,30; pp.509-510.

210) David Bentley Taylor, *The Embrace of Truth*, 아우구스티누스의 기본 신앙, 김원주 역(서울: 생명의 말씀사, 1995), pp.80-81.

211) *DCD*, 22,30; *N. & P. -N. F.*, vol.2, p.511.

결 론

1. 어거스틴의 평화

어거스틴은 자신의 삶에서 끊임없이 갈등했던 모습들을 「고백록」(*Confessiones*)에 서술하고 있다. 여기에서 그는 평화를 향한 크게 두 가지의 갈등을 보여주고 있는데, 그것은 인간적인 갈등과 사상적인 갈등이다.

첫째, 어거스틴은 인간적인 갈등을 겪는다. 이러한 인간적 갈등의 모습들은 이성, 친구의 죽음, 유년시절 배나무 아래의 사건 등을 통해 나타났다. 이성으로 인한 갈등에서 우리는 인간의 욕망을 볼 수 있다. 어거스틴이 카르타고에서 수사학 교수로 있을 때 한 이성 친구를 사귀게 되었는데 이 이성과의 만남이 정욕적인 만남이었으며 이로 인하여 심각한 갈등의 삶을 살았다고 고백하고 있다. 이러한 내면적인 갈등이 잠재하고 있기에 결코 행복하지 못한 삶이었으나, 그 가운데서 아들이 태어났다. 그의 이름은 아데오다투스(*Adeodatus*)였다. 어거스틴은 아들을 무척이나 사랑하였지만, 이것이 자신의 갈등을 잠재워주지 못하였다. 그러나 어거스틴은 이러한 정욕적인 욕망의 갈등을 하나님 안에 있는 기쁨으로 다 해소한다.

친구의 죽음으로 인한 갈등은 그 자신이 겪었던 인간의 실존적인 문제와 연관을 맺고 있다. 어거스틴은 이 갈등을 통해 하나님의 높은 차원의 사랑을 깨닫게 됨으로써 갈등을 해소할 수 있게 된다. 친구가 열병으로 세상을 떠나게 되자, 어거스틴은 죽음과 하나님과의 상관관계를 나름대로 설정한다. 그것은 무소부재하신 하나님께서 불행스러운 일에 대하여 무관심으로 일관하시고, 인간의 괴로움에 반응이 없는 불변의 존재로만 계시느냐는 것이다. 결국 친구의 죽음을 통해 어거스틴은 자신의 유약한 실존을 발견하고, 자신의 마음의 평화를 찾기 위해 하나님을 향하여 나아가기를 소망한다. 그리고 자신의 마음을 살피시는 하나님께서 불경스러운 감정들을 다 씻어내어 주시기를 구하고, 이러한 인간의 죽음이라는 실존적 문제에서 자유를 얻기를 구한다.

배나무 아래에서의 갈등은 죄에 대한 심각한 갈등을 드러낸다. 배서리는 아주 작은 일로 한 번쯤 해볼 수 있는 일상적인 것으로 치부할 수 있으며, 오락으로 여길 정도의 수준으로 넘겨버릴 수도 있었다. 그러나 어거스틴은 '각 사람의 행한 대로 보응하시는 하나님'을 의식하게 되면서, 자신의 내면에 깊이 잠들어 있던 과거의 배서리 사건을 죄악의 사건으로 떠올리게 되었다. 그리고 이러한 일을 어거스틴은 타락해가는 자신의 모습으로, 또는 나쁜 짓을 사랑한 자신의 모습으로 이해하기 시작했다. 어거스틴은 진리의 법과 죄의 상관관계에서 심각하게 갈등하였음을 보여주었다. 그리고 이 갈등을 통해서 죄의 동기를 깨닫고자 노력하였나. 여기서 어거스틴은 누구든지 자신의 존재성을 찾지 못한다면 인간으로서 참된 가치도 발견할 수 없을 것이라고 하였다. 가치를 상실한 인간만큼 불행한 존재는 없는 것이다. 인간이 진리의 가치를 발견할 수 있는 것은 오직 하나님을 찾을 때만이 가능하다. 다시 말해서, 인생의 참된 가치이신 하나님을 찾는 것이 곧 새로운 출발이라고 어거스틴은 보고 있다. 그는 죄에 대한 이와 같은 갈등을 하나님의 은총으로 해소한다.

둘째, 어거스틴은 사상적인 갈등을 겪는다. 먼저 「호르텐시우스」(*Hortensius*)를 통하여 그의 갈등이 나타난다. 어거스틴은 쾌락주의와 불행의 원인에 대하여 언급하고 있는 「호르텐시우스」를 통한 키케로의 분석으로 인하여 마음에 갈등하였다. 그것은 육체의 쾌락을 추구하면 고상한 것을 추구할 수 없다는 것과 행복하기를 원하는 사람이 불행하게 된 것은 죄를 구속(救贖)하기 위한 것일 수 있다는 주장때문이었다. 이로 인하여 어거스틴은 인간의 삶의 윤리와 종교에 대한 문제에 대하여 심각한 갈등을 일으키게 되었다. 그러나 「호르텐시우스」를 통하여 어거스틴은 절충적인 사고와 실용주의적인 방법론과 시각을 배우고 그의 신 존재론을 형성하는 데 사고할 수 있는 배경을 쌓게 된다.

마니교에 빠진 어거스틴은 이를 신봉하는 자들의 점성술을 배웠지만, 이에 대한 환멸과 더불어 깊은 갈등을 하게 된다. 마니교는 플라톤주의(Platonism)적 이원론에 따라 물질을 악한 것으로 보았고 나아가 종족 보존을 위한 성적 관계조차 악하게 보았다. 또한 이 세상을 움직이는 원리는 빛과 어두움이라는 두 세력이 있는데, 인간은 이 두 가지 원리들의 동향에 따라 움직인다. 빛은 영적인 것이며 어두움은 물질적인 것으로 일련의 신화적인 사건들을 통하여 이 두 가지가 혼합된다. 현재의 인간 상황과 인간고(人間苦)는 바로 이러한 혼합의 결과이며 이 두 요소를 다시 분리시켜 영혼을 순수한 광명의 영역으로 귀환시키는 것을 구원으로 보고 있었다. 그래서 구원은 인간의 영혼을 물질의 속박에서 벗어나게 하여 본래의 영적인 광명 세계로 복귀시키는 것이라고 주장하였다. 어거스틴이 마니교에 입문한 이유에 대하여 하르낙(Adolf Harnack)은 마니교가 자연종교의 토대 위에서 영적인 유익들인 계시, 구원, 도덕적 덕목과 그리고 선과 악이라는 문제에 대하여 쉽게 이해할 수 있는 해답을 제공하였기 때문이라고 하였다. 그러나 어거스틴은 이 마니교의 점성술로 진리를 설명하려는 것에 대하여 환멸을 느낀다. 그리고 마니교의 이원론으로 갈등하였고, 악의 근원과 존재에 대하여 의문을 가지게 되면서, 마니교의 점성술을 버리게 된다.

어거스틴은 아카데미주의(Academics)자들에게 관심을 가지기 시작한다. 이들은 회의론(Skepticism)자들이었으며 불가지론주의자들이었다. 모든 것은 의심해야 하며, 인간은 진리를 확실히 파악할 수 있는 능력을 가지고 있지 않다고 가르쳤다. 이들을 만난 어거스틴은 그동안 진리라고 생각했던 것들에 대해 의심하기 시작했다. 어거스틴은 지적(知的)으로 이미 플라톤(Platon)철학을 가지고 있었다. 플라톤은 소크라테스의 프리즘에 의하여 분해된 광선들과 같은 철학적 개념들을 더 높고 풍부한 새로운 모습으로 발전시켰다. 그는 현상세계는 생성 소멸하며 변전무상(變轉無常)한 세계이나, 이에 대하여 영원불변한 진리의 세계가 있다고 주장하였다. 그것은 현상계를 넘어선 이데아(Idea)의 세계이며 이상의 세계이다. 이데아는 감각적이며, 경험적인 것의 모범이요, 원형이며, 목적이고, 원인이 되는 것이다. 이와 같이 플라톤은 경험계를 넘어서 진, 선, 미 자체의 이데아가 실재한다고 하였다. 곧 최고의 이데아는 선(善)의 이데아인 신이라고 하였다. 그리고 회의론으로 인한 갈등을 통하여 악은 실체가 아니고 다만 선의 결핍이라는 정의를 내리게 되면서, 어거스틴은 이 철학을 통하여 최고의 선은 하나님이라는 사실을 깨닫게 된다.

어거스틴은 갈등을 벗어나 평화로 나아가는 과정에서 회심을 경험하게 된다. 자신이 회심하기 전에 먼저 다른 회심자들의 고백을 듣게 된다. 회심은 무엇보다도 새로운 방향전환이며 일종의 새로운 출발이다. 회심은 그리스도를 바르게 인식하든 그렇지 못하든 간에 그에게로부터 멀어지는 상황에 머물거나 또는 도망치다가 이제 그리스도에게로 돌아와 복종하며 살고자 하는 전환점과 같은 것이다. 어거스틴은 심적 갈등으로 괴로워하면서 심플리키아누스(Simplicianus) 사제를 찾아간다. 그는 그 사제로부터 신플라톤주의의 철학자였던 빅토리누스(Victorinus)가 어떻게 회심했는가에 관한 이야기를 듣는다. 또한 황제의 수행원이었던 폰티키아누스(Ponticianus)로부터 애굽의 수도사였던 안토니우스(Antonius)가 회심한 것과 폰티키아누스의 두 친구가 회심한 것에 대하여 듣는다. 어거스틴은 깊은 생각에 빠져 자신의 심연을 파헤친다. 지금까지의 모든 갈등의 고통으로 인하여 자신의 마음에 깊은 회한이 홍수를 동반한 폭풍우같이 일어나 실컷 소리라도 내어 울어보려고 정원에 있는 무화과나무 아래를 찾았다. 이 무화과나무 밑에서 흘린 갈등의 눈물은 하나님께 드리는 합당한 제물이었다고 고백한다. 이렇게 심각한 심적 갈등에 사로잡혀 울고 있을 때 어린아이들의 "들고 읽어라"(Tolls, lege)고 하는 노랫소리를 듣고, 자기가 읽고 있던 책을 펴보니 "방탕과 술 취하지 말며, 음란과 호색하지 말며, 쟁투와 시기하지 말고, 오직 주 예수 그리스도로 옷 입고 정욕을 위하여 육신의 일을 도모하지 말라"(롬13:13-14)는 것이었다.

어거스틴은 이러한 갈등의 세월들과 경험들을 통하여 깨닫고 신뢰하게 된 진리들로 인하여 하나님께로 돌이키는 과정에서 평화의 사람이 된다. 세례를 받는다는 사실은 교회의 구성원으로서 높은 도덕적인 의무를 짊어진다는 것을 뜻한다. 그리고 앞으로 어떤 종류의 죄를 범하지 않는다는 서약이다. 어거스틴은 마침내 387년 4월 24일

암브로시우스(*Ambrosius*) 감독에게 세례를 받는다. 세례를 받은 후에 어거스틴은 지상의 도성에서 하나님의 도성(*Civ. D.*)의 평화를 추구하는 방편으로 수도원을 설립하였다. 그리하여 어거스틴은 수사학 교수직을 그만두고, 일생을 독신으로 살면서 수도생활을 하려고 결심하였다. 그는 밀라노 동북쪽 30km 떨어진 카씨키아쿰(*Cassiciacum*) 별장에서 참된 친구들과 함께 수도원을 세웠다. 이것이 어거스틴의 1차 수도원 설립이다. 여기에 은둔하여 명상과 사색의 수도원 생활에 전념하면서, 카씨키아쿰(*Cassiciacum*) 대화록이라는 불리는 책들을 저술하였다.[1] 1년 후 그는 일행과 함께 카르타고를 거쳐 고향 타가스테로 돌아갔다. 그는 부모의 가산을 정리하여 자기 집을 수도원으로 만들었다. 이것이 어거스틴이 세운 두 번째의 수도원 설립이다. 이곳에서 보낸 3년간의 수도 생활을 통하여 자신의 평화사상도 성숙해졌고 많은 저서도 내놓았다. 다음 해인 391년 봄에 어거스틴은 타가스테에 있는 수도원을 히포의 교회 정원으로 옮기도록 허락을 받았다. 여기서 어거스틴은 세 번째의 수도원을 설립한다. 어거스틴은 감독을 도와 사제 일을 보면서 이 수도원에서 명상과 성경 연구와 저술활동을 계속하였다. 그리고 어거스틴이 히포의 감독이 된 후에 이 수도원에서 참된 평화를 실현해 나간다. 수도원의 이상이야말로 세상에 주어진 종말론적 증거이며, 동시에 시간 속에 있는 영원의 작은 집단이며, 이 세상을 불러들이는 소명에 관한 예언이다. 어거스틴은 이 수도원적 삶을 통하여 자신이 겪었던 모든 갈등을 해소하고 하나님의 나라(*Civ. D.*)의 평화를 실현하는 데 최선을 다하였다. 히

---

1) 회의론 반박」(*Contra Academicos*), 「행복한 삶」(*De beata vita*), 「질서론」(*De ordine*), 「독백론」(*Soliloquia*) 등이다.

포의 감독 발레리우스(*Valerius*)는 유명해진 어거스틴을 다른 지역의 감독으로 빼앗길까 봐 395년 자기와 동역감독으로 성별받게 했다. 그가 동역감독으로 성별된 지 얼마 안 되어 발레리우스 감독은 세상을 떠났다. 어거스틴은 발레리우스 감독이 죽자 그의 뒤를 계승하였다. 어거스틴은 사제와 주교로서 기독교회의 많은 회의에 참석하였고, 당시의 기독교회 전통적인 신앙의 입장을 잘 변증하는 저술들을 내놓았다. 특히 플라톤주의로부터 받았던 갈등도 해소되었다. 그리고 어거스틴은 자신이 그 내막을 잘 알고 있는 마니교의 위선과 허구성을 널리 알려서 사람들로 하여금 저들의 미혹에 빠지지 않게 하였으며, 교회의 거룩성과 세례의 문제로 야기된 도나투스주의자들의 배타적 분리주의를 배척하는 일(*Donatist Controversy*)을 하고자 하였다. 그리고 교리사적으로 중요한 의미를 갖는 자유의지와 은총의 문제로 야기된 펠라기우스파와의 논쟁(*Pelagian Controversy*)을 시작하는데, 이는 후대에 교회론과 은총론 및 예정론을 정착시키는 데 큰 공헌을 하였다.

몰락해가는 로마를 바라보면서 한없는 회한의 눈물 속에서 「하나님의 도성」(*DCD*)을 저술한다. 하나님의 도성(*Civ. D.*)과 로마제국이 일치되는 분위기로 상승한 때도 있었지만, 결국은 동일시될 수 없음을 분명하게 강조하는 뜻에서 이 책을 저술해나갔던 것이다. 하나님의 도성을 바라보면서 그 도성의 평화가 이 지상의 도성(Civitas terrena)에 깃들기를 간절히 소망하며 그는 눈을 감는다. 이때가 A.D. 430년이었다.2) 이 평화를 지상의 도성에 전하며 이 평화를 실현하고

---

2) Mary T. Clark RSCJ, *Augustine*(London: Geoffrey Chapman, 1994), p.12.

자 하는 데 최선을 다하였다. 어거스틴은 여기에 그의 후반부의 생애를 다 투신하였다.

하나님을 향하여 그는 감사의 마음을 드리며, 지상의 도성(*Civitas terrena*)의 현존성에 내재하고 있는 악과 전쟁과 평화(지상의 도성적 차원)에서 벗어나 하나님의 도성(*Civ. D.*)으로 나아가는 하나님의 은총에 대하여 다음과 같이 간구하고 있다. "사람이 의롭다는 것은 자신을 하나님에게 순종시키며, 자기의 몸을 영혼에 순종시키며, 자기의 영혼과 그 악한 생각들을 이성에 순종시켜 저항하는 악령을 이성이 이기거나 적어도 대항하게 하며, 자기의 의무를 다할 수 있도록 하나님에게 은혜를 빌며, 죄를 사하여 주시기를 빌며, 하나님에게서 받은 모든 축복을 감사하는 것이다."[3] 그리고 어거스틴은 이것이 최고의 선임을 다음과 같이 주장하고 있다.

> 우리의 모든 의가 향하며 유지되는 목표는 최고의 평화이며, 그 평화 상태에서 우리의 본성은 건전하게 죽지 않음과 썩지 않음을 즐기며 아무 죄악도 없으며, 우리 자신이나 외부로부터 오는 저항을 당하지 않을 것이므로 이미 없어진 죄악을 이성이 따를 필요가 없고, 하나님이 사람을 다스리며 영혼이 몸을 다스리며, 그 다스림이 지극히 즐겁고 쉬워서 아무 속박도 받지 않게 된 생명의 행복한 상태에 적합할 것이다. 그리고 이 상태는 영원할 것이며 그 영원성을 우리는 확신하게 될 것이다. 이와 같이 행복한 이 평화와 평화로운 이 행복이 최고선일 것이다.[4]

---

3) *DCD*, 19,27; *N. & P. −N. F.*, vol.2, p.419.
4) Ibid., 19,27; pp.419−420.

이러한 하나님의 도성의 평화를 위하여 세상과의 평화의 길을 제시한다. 세상과의 평화의 방법으로 하나님의 도성인 교회의 역할을 어거스틴은 강조한다. 교회는 지상의 도성인 세상과 경쟁과 신뢰의 관계를 가진다.

어거스틴은 세상과의 도성과의 평화의 방법으로 첫째, '선'을 강조하고 있다. 어거스틴은 독약은 잘못 쓰면 치명적으로 해롭지만 그 속성대로 쓰면 양약이 된다고 하면서, 선하신 하나님이 만드신 인간의 식물인 음식과 태양의 빛 같은 것도 과도하게 섭취하거나 계절을 잘못 택하면 도리어 몸에 해롭다고 한다. 이와 같이 어거스틴은 하나님의 섭리를 통해서 만들어 놓으신 피조물들을 어리석은 소치로 비난하지 말고, 도리어 혜택을 입을 방법을 신중히 탐구하라고 경고한다. 어거스틴은 하나님에 대하여 이렇게 강조한다. 하나님은 유일하게 순전하시기에 오직 변하지 않는 유일한 선(善)이시다.

둘째, 방법은 '정의'이다. 그는 '정의'를 곧 '의로우신 하나님'과 관련시키고,5) 또한 이 정의를 하나님의 자비로우심에 관련시키면서 주장하고 있다.6) '정의'가 없는 왕국은 강도떼와 다를 바 없다고 어거스틴은 강조하였다. 어거스틴은 이 의로우신 하나님을 알지 못하는 도성은 결코 올바른 정의를 실현할 수 없음을 강조하고 있다. 그러나 어거스틴은 올바른 정의가 실현되지 못하는 도성의 통치라도 그 통치권한은 하나님으로부터 부여된다고 주장한다.

마지막으로, '행복'이다. 어거스틴은 악(惡)에 둘러싸인 인생은 원래 행복하다고 할 수 없다고 주장하면서, 인생이 행복하다고 하던 사

---

5) *Conf.*, 1,4,4; *N. & P. -N. F.*, vol.1, p.46.
6) *DCD*, 1,8; *N. & P. -N. F.*, vol.2, p.5.

람들이 자살할 때에는 불행에 항복한 것이며, 또한 이 악에 정복을 당한 것이라고 「하나님의 도성」에서 강조하고 있다.[7] 어거스틴은 이 행복은 소망의 구원을 이루는 것임을 강조한다. 소망으로 구원을 받은 것같이 소망으로 행복하게 된다. 그리고 현재의 구원을 가진 것이 아니라 미래의 구원을 기다리고 있는 것과 같이 행복에 대해서도 마찬가지라고 어거스틴은 주장한다. 현재 지상의 도성은 여러 가지 악에 둘러싸였기 때문에, 순수한 선을 즐기게 될 때까지 악에 대하여 참고 견뎌야 한다고 강조한다. 그리고 내세에 받을 구원이 궁극적 행복이라고 하였다.[8] 지상의 도성에서 행복한 생활을 누리려면 바르게 살아야 한다고 하면서 어거스틴은 바른 생활은 모든 감정을 바르게 느끼며, 그릇된 생활은 그릇된 모양으로 느낀다고 강조하고 있다. 또한 행복하고 영원한 생명은 바를 뿐 아니라 확고한 사랑과 기쁨을 알 것이지만, 두려움이나 고통은 전혀 없을 것임을 강조하였다. 어거스틴은 지상의 도성의 순례의 길에서 이러한 행복한 생활을 누리고자 한다면 그것은 육을 따르지 않고 영을 따르는 생활을 해야 하며, 사람이 아니라 하나님을 따르는 생활을 해야 함을 주장하였다.[9]

어거스틴은 하나님과의 평화의 길을 첫째, 구원론적 관점에서 논하였다. 그것은 인간의 자유의지와 예정과 은총이다. 먼저 인간의 자유의지에 대하여 논증하기를 악의 기원은 인간의 자유의지에서 발생한다는 것이다. 「자유 의지론」(De libero arbitrio)은 마니교를 반박하기 위해 쓰였다.[10] 어거스틴은 후기 펠라기우스 논쟁에서 의지의 실

---

7) Ibid., 19,4; p.403.
8) Ibid., 19,4; p.403.
9) DCD, 14,9; N. & P. —N. F., vol.2, p.270.

제적인 능력의 유무에 대하여 논증하였지만, 마니교의 운명론에 대항하여 의지에 관한 자유선택의 존재 여부를 묻는 질문에 변증적 입장에서 집필하였다. 이러한 이유로 어거스틴은 여기에서 의지의 실제적인 자유가 존재한다고 가르칠 수밖에 없었던 것이다. 펠라기우스 논쟁이 일어난 직후에 「성찰록」에서 이를 완화시키려는 노력으로 언급하기는 했지만, 「자유 의지론」에서 인간에게는 '자유의지'가 있다고하였다. 인간은 의지를 소유하고 있으며, 인간이 된다는 것은 곧 의지를 가지고 욕구하는 것임을 강하게 주장하였다.[11] 인간에게 이러한 의지가 있다 하더라도 하나님과의 올바른 관계를 통해서만이 진정한 구원을 누릴 수 있는 존재임을 그의 논증을 통해서 알 수 있다. 그리고 어거스틴은 '예정'에 관하여 논하였다. 어거스틴은 예정으로 구원이 완성되는 것을 강조하고 있다.[12] 어거스틴은 예정론이 인간의 죄된 실존적인 상황을 전제하고서야 이해될 수 있는 것이라고 하였다. 즉 예정론은 인류가 원죄로 인하여 파멸할 수밖에 없는 상황에서 하나님은 구원하시기로 한 사람들을 구원하시기로 작정하셨다는 것을 의미하는 것이다. 하나님께서 타락한 인류 중에서 선택한 몇 사람만을 구원한다고 해서 그것이 정의롭지 못한 것은 아니라는 것이다. 또한 어거스틴은 '은총론'을 논함으로써 하나님의 인간에 대한 사랑으로 인한 평화의 길을 제시하였다. 어거스틴은 '은총'에 대하여 논하였는데, 은총은 자유의지보다 선행(善行)한다고 강조하였다. 어

---

10) *Conf.*, 3,7,12; *N. & P.* −*N. F.* vol.1, p.64.

11) R. Meagher, *An Introduction to Augustine*(New York University Press, 1978), p.7.

12) St. Augustine, *De dono perseverantiae*, 35; *N. & P.* −*N. F.*, vol.5, p.539.

거스틴에 있어서 구원의 질서는 신앙이 제일 먼저 오며, 다음에 병든 영혼을 고치는 은총이 오며 다음에 자유의지가, 다음에 율법을 성취하는 바 의(義)에 대한 사랑이 온다. 여기서 은총 이전에 자유의지가 전연 없다는 것이 아니다. 다만, 그리스도인의 자유가 은총에 뒤따른다는 것이다. 하나님의 은총은 인간 의지에 결정적으로 역사하여 불가항력적으로 선에 머물게 한다. 성도들에 대한 하나님의 은총의 역사는 불가항력적(irresistible)이요, 이로 인하여 성도들이 선의 상태에 머물러 있는 지구성(perseverance)도 결정적인 것이다. 만일 성도들의 견인이 저들의 의지에만 의존한다면 사실상 저들의 의지의 연약함으로 인하여 반드시 실패하고 견인에서 떨어질 것이다.

하나님과 평화의 길에서 둘째, 삼위일체론의 관점에서 논하였다. 삼위일체론의 관점에서는 '삼위일체의 유비'와 '삼위일체의 구조'를 다루었다. 이것은 하나님에 대한 바른 인식을 통하여 얻는 평화에 대하여 논증한 것이다. '삼위일체의 유비'에서 어거스틴은 하나님의 형상에서 일종의 특별한 삼위일체를 찾되, 자신의 형상대로 만드신 분의 도움을 구하시 않으면 이 문제를 건전하게 탐구하거나 그분에게서 오는 지혜에 합당한 결과를 얻지 못할 것이라고 하였다. 어거스틴은 삼위일체의 흔적을 인간의 내면적인 부분과 외면적인 부분으로 구분한다. 내면적으로는 인간의 정신을 통해 설명하고, 외면적으로는 감각을 통해 외부 대상에서 정신 속으로 끌어들인 현상을 통해 삼위일체를 설명하고 있다. 즉, 어거스틴은 삼위일체 하나님의 존재를 증명하기 위해 자연에서 삼위일체의 유비를 발견하고, 인간의 외면적인 부분에서 흔적을 발견하며, 인간의 내면적인 부분에서 형상을 발견했다. 자연계에서는 하나 됨과 종류와 질서를, 학문으로서는 물리학, 논리학, 윤리학을, 실천 면에서는 자연, 교리, 실용을 가지고 있다. 인간의 내면적인 부분에서 어거스틴은 인간의 정신(*mens*)과 사랑(*amor*)과 지식(*notitia*)을 통해서 삼위일체의 흔적을 설명하였다. 어거스틴의 '삼위일체의 구조'에서 어거스틴은 삼위일체의 구조에 대한 대전제로 이렇게 말하고 있다. "삼위 하나님은 분리할 수 없으며, 분리되지 않은 채 역사하신다." 어거스틴은 이러한 대전제 아래 성경 전체를 주석했을 때, 성경의 주어로서의 하나님을 삼위일체 자체에 관한 것으로만 하지 않고, 위격의 상호관계에 관해서도 말하고 있다. 즉 성경에서 하나님은 자체에 관한 것만이 아니고, 관계에 대해서도 말하고 있는 것이다. 이것이 성경 해석의 중요한 원칙과 틀이 된다. 삼위일체의 어느 한 위격을 지명할 때에는 다른 위격들도 거기 함께 계신 것으로 해석한다. 삼위일체가 분리할 수 없고 분리되지 않는다는 사실과, 삼위의 위격의 상호관계를 평화의 완전한 원리와 근거로 볼 수 있다고 하였다.

셋째, 하나님과의 평화의 길에서 어거스틴은 하나님과의 궁극적인 평화의 실제에 대하여 논증하였다. 여기에서 그는 '하나님의 도성의 개념'과 '하나님의 도성의 현존'과 '하나님의 도성의 종말론적인 성격'에 대하여 논하였다. '하나님의 도성의 개념'에서, 하나님의 도성의 시민은 하나님께 대한 사랑의 고백을 드리는 사람들이다. 그리고 그는 하나님의 도성이 지상에 거하는 동안에 지성과 이성을 통하여 확신된 성경적인 믿음을 강조한다. 다음으로, 하나님의 도성은 지상에 있는 동안에 순례자로서 지상의 평화를 사용하면서[13) 하늘나라의

---

13) Donald X. Burt, p.630.

평화를 사모하는 공동체임을 강조한다. 그리고 어거스틴은 하나님의 도성에 속한 자는 지상 도성에서의 삶에 질서 있는 조화와 성령의 보증 가운데서 살아가면서 지상의 도성의 법에 복종할 수 있어야 함도 강조하고 있다. 또한 그는 하나님의 도성에 속한 자들이 그리스도에게 소망을 둔 지상적 예루살렘을 통하여 천상적 예루살렘인 하나님의 도성을 바라볼 수 있음을 말하고 있다. 그리고 '하나님의 도성의 현존성'에 대하여 어거스틴은 성경에 나오는 족보에 헌납이라는 이름을 가진 사람이 있다고 하면서, 그리스도를 통하여 헌납된 하나님의 도성의 현존을 사랑, 평화, 그리고 믿음의 측면에서 찾는다. '하나님의 도성의 종말론적인 성격'에 대하여 논하면서, 하나님의 도성의 종말론적 성격을 어거스틴은 '회복된 평화'로 규정하고 있다. 먼저 어거스틴은 선의 회복을 말하고 있다. 불완전한 선에서 하나님의 도성의 시민이 완전한 평화를 결코 누릴 수 없다. 그러나 지상에 머물고 있는 하나님의 도성은 '그리스도의 왕국이요 천국'으로서 지상에서 하나님을 대변하고 있다. 그리고 하나님의 도성의 시민들은 선과 악이 결코 뒤섞이지 않는다는 점과 죄인이 자신의 죄를 버리고 하나님께로 또 사랑으로 돌아오지 않고서는 결코 구원을 얻지 못한다는 점을 분명히 알고 있다. 어거스틴은 하나님의 도성의 종말론적 성격을 '영원한 평화'로 규정하면서 이 도성의 종말론적인 목표 역시 '영원한 평화'라는 사실을 분명히 하고 있다. 어거스틴은 하나님의 도성이 영원한 행복을 소유하는데, 여기 영원하다는 뜻은 복음서에 나타나 있는 "그의 나라는 무궁하리라"(눅 1:33)고 한 것을 뜻한다고 하였다. 어거스틴은 사람들이 거룩한 천사들이 잃어버린 때가 없는 그 상태를 얻게 될 것인데, 이는 전능한 창조주께서 실현하실 것이며, 하나님의 도성의 경우에는 모든 시민이 영생할 것이라고 한다. 어거스틴은 하나님의 도성의 종말론적 성격을 '행복한 평화'의 측면에서 보고 있다. 영원한 하나님의 도성은 최고선이 이루어지는 세계이다. 하나님의 도성의 최고선은 완전하여 어떠한 악도 존재하지 않는 곳이며, 하나님의 도성의 시민들이 영원히 즐기는 곳이므로 가장 행복하다는 것을 아무도 부정할 수 없다고 하였다. 어거스틴이 생각하는 궁극적인 종말은 선택된 하나님의 도성의 시민들과 함께 누릴 영원한 행복 속에서 완전한 하나님의 도성을 건설하는 것이다. 이 하나님의 도성의 목표는 종국에 가서 이루어지는데, 여기에서 영원한 평화를 누리는 것이다. 그것을 위해 하나님의 섭리의 계획에 따라서 점차적으로 이 도성을 형성하는 데 심원한 역사의 의미가 담겨 있다. 어거스틴은 하나님의 도성에 속한 시민이 현세에서도 소망으로 행복을 누릴 수 있으며, 내세의 행복은 확실함을 언급하고 있다.

어거스틴은 다음과 같이 말하고 있다. 하나님의 도성의 시민이 천사들과 성도로 구성된 무리에 참여하여 "하나님이 만유의 주로서 믿음 안에 계시려"(고전 15:28) 하는 이 목표를 상으로 받기를 원하는 경건과 지혜를 가지고 있다고 하였다.

이와 같이 본 논문은 어거스틴이 자신의 생애에서 경험한 인간적인 갈등과 사상적인 갈등을 통해서 세상과의 평화의 길과 하나님과의 평화의 길을 논증하였다.

2. 평화를 정착시키기 위한 제언

본 논문에서는 어거스틴의 인간적 갈등과 사상적 갈등을 통하여 하나님의 도성(*Civ. D.*)의 영원한 평화를 논증하였다. 이 평화를 적용시키기 위하여 세상에서의 평화의 길과 하나님과의 평화의 길을 제시하였다. 이것은 영원한 하나님의 도성의 평화가 세상에 대한 영향력과 의무를 포함하고 있는 것이다.

평화의 길에 대하여 논증한 본 논문을 통하여 하나님의 도성적 평화의 정착을 위한 몇 가지 방안을 제시하면 다음과 같다.

첫째, 개인의 갈등을 해결함으로써 궁극적으로 세계의 갈등을 해결해 나가야 한다. 이것은 인간의 구원론에서 궁극적으로 평화가 이루어질 수 있음을 깨닫고 구원론이 신학의 관점으로 귀착되어야 한다.

둘째, 교회는 평화를 이루는 데 적극적인 역할을 감당해야 한다. 어거스틴의 갈등을 통해 찾아가는 평화의 길에서 교회의 역할이 더욱 분명하게 강조되었기 때문이다.

셋째, 세계의 평화를 위한 교회의 인적·물적 자원의 인프라(*infra-stucture*) 구축을 통하여 네트워크(*network*)화되어야 한다. 개교회주의에서 범교회적 사역을 감당해야 한다.

넷째, 평화의 신학을 정착시켜야 한다. 본 논문은 어거스틴의 갈등의 구조에서 평화의 구조로의 신학을 제시하였다. 「고백록」(*Confessiones*)은 평화를 찾아 항해하는 과정을 보여주고 있으며, 「하나님의 도성」(*DCD*)은 그 평화의 적용과 정착을 위한 구조를 보여주고 있다. 이 평화의 신학은 세상의 모든 종파, 인종, 민족, 국가의 전

영역에서 갈등을 극복할 수 있는 방법과 하나님의 평화를 구현할 수 있는 방법을 제시하고 있기 때문이다.

본 논문으로 인하여 이 평화의 신학이 실현되기를 바라며, 교회와 신학계가 함께 하나님의 도성(*Civ. D.*)적 평화의 큰 걸음을 내디딜 수 있는 계기가 되기를 기원한다.

참고문헌

1. 1차 자료

Augustine. An *Augustine Reader*, ed. J. O. Meara. N. Y: Image Book. 1973.

_____. *Commentaries on Psalms*, and Hannah Arendt. Love and Saint Augustine. Chicago: University of Chicago Press. 1996.

_____. *Confessiones*, Translated by J. G. Pilkington. edited by Philip Schaff. A Select Library of The Christian Church Nicene and Post-nicene Fathers. First series. vol.1. Hendrickson Publishers. 2004; trans. Rex Warner. New York: Penguin Books. 1963.

_____. *Contra Academicos*, Ancient Christiam Writers. 12. ed. J. Qqasten and J. C. Plumpe. Westminster. Md: Newman. 1951; The Works of Saint Augustine: A Translation for the 21st Century. Ⅰ.3. ed. J. E. Rotelle. New York: New City Press. 1990.

_____. *Contra Faustum Manichaeum*, Translated by Richard Stothert. edited by Philip Schaff. A Select Library of The Christian Church Nicene and Post-nicene Fathers. First series. vol.4. Hendrickson

Publishers. 2004.

_____. *De Beata vita,* Patristic Studies. 72. ed. R. J. Deferrari. Washington: Catholic University Press of America. 1944; The Works of Saint Augustine: A Translation for the 21st Century. Ⅰ.3. ed. J. E. Rotelle. New York: New City Press. 1990.

_____. *De bono conjugali,* Translated by edited by Philip Schaff. A Select Library of The Christian Church Nicene and Post－nicene Fathers. First series. vol.2. Hendrickson Publishers. 2004.

_____. *De Civite Dei,* Translated by Marcus Dods. edited by Philip Schaff. A Select Library of The Christian Church Nicene and Post－nicene Fathers. First series. vol.2. Hendrickson Publishers. 2004.

_____. *De Correptione et Gratia,* Reinhold. Seeberg. Text－book of the History of Doctrines. tr. by Charles E. Hay. vol.Ⅰ; Translated by Peter Holmes. edited by Philip Schaff. A Select Library of The Christian Church Nicene and Post－nicene Fathers. First series. vol.5. Hendrickson Publishers. 2004.

_____. *De Doctrina Christiana,* Translated by J. F. Shaw. edited by Philip Schaff. A Select Library of The Christian Church Nicene and Post－nicene Fathers. First series. vol.2. Hendrickson Publishers. 2004.

_____. *De dono perseverantias,* Translated by Peter Holmes. edited by Philip Schaff. A Select Library of The Christian Church Nicene and Post－nicene Fathers. First series. vol.5. Hendrickson Publishers. 2004.

_____. *De gratia Christi et peccato originali,* Translated by Peter Holmes. edited by Philip Schaff. A Select Library of The Christian Church

Nicene and Post-nicene Fathers. First series. vol.5. Hendrickson Publishers. 2004.

_____. *De libero arbitrio,* trans. Anna S. Benjamin and L. H. Hackstaff. On Free Choice of the Will. The library of liberal arts. New York - London. 1964; 자유의지론. 성염 역, 왜관: 분도출판사. 1998.

_____. *De Nuptiis et Concupiscentia,* Translated by B. B. Warfield. edited by Philip Schaff. A Select Library of The Christian Church Nicene and Post-nicene Fathers. First series. vol.5. Hendrickson Publishers. 2004.

_____. *De ordine,* The Works of Saint Augustine: A Translation for the 21st Century. Ⅰ.3. ed. J. E. Rotelle. New York: New City Press. 1990.

_____. *De Praedestinatione Sanctorum,* Translated by Peter Holmes. edited by Philip Schaff. A Select Library of The Christian Church Nicene and Post-nicene Fathers. First series. vol.5. Hendrickson Publishers. 2004.

_____. *De Sancta. virginitate,* Translated by C. L. Cornish. edited by Philip Schaff. A Select Library of The Christian Church Nicene and Post-nicene Fathers. First series. vol.3. Hendrickson Publishers. 2004.

_____. *De Spiritu et Littera,* edited by Philip Schaff. A Select Library of The Christian Church Nicene and Post-nicene Fathers. First series. vol.5. Hendrickson Publishers. 2004; 성령과 문자. 공성철 역, 한들출판사. 2000.

_____. *De Trinitate,* Translated by Arthur W. Haddan. edited by Philip Schaff. A Select Library of The Christian Church Nicene and

Post-nicene Fathers. First series. vol.3. Hendrickson Publishers. 2004.

_____. *De vera religione*, The Works of Saint Augustine: A Translation for the 21st Century. I.8. ed. J. E. Rotelle. New York: New City Press. 1990.

_____. *Earlier Writings*, Selected and translated with introductions by John H. S. Burleigh. The Westminster Press. 1966.

_____. *Enarrationes in Psalmos*, Translated by A. Cleveland Coxe. edited by Philip Schaff. A Select Library of The Christian Church Nicene and Post-nicene Fathers. First series. vol.8. Hendrickson Publishers. 2004. 1994.

_____. *Enchiridion ad Laurenium de fide. spe. charitate*, Handbook on faith. Hope. and Love. trans. J. F. Shaw. Gateway Edition. Chicago: Henry Regnery. 1961; Translated by J. F. Shaw. edited by Philip Schaff. A Select Library of The Christian Church Nicene and Post-nicene Fathers. First series. vol.3. Hendrickson Publishers. 2004.

_____. *Epistulae*, Translated by J. G. Cunningham. edited by Philip Schaff. A Select Library of The Christian Church Nicene and Post-nicene Fathers. First series. vol.1. Hendrickson Publishers. 2004.

_____. *Retractions*, M. Bogan. The Fathers of the Church. vol.60. Washington. D.C: The Catholic University of America Press. 1968; The Library of Christian Classics. vol. VI. Editor by Cyril C. Richardson. Westminster Press. 1953.

_____. *Sermones*, Translated by R. G. MacMullen. edited by Philip Schaff. A Select Library of The Christian Church Nicene and Post-nicene Fathers. First series. vol.6. Hendrickson Publishers. 2004.

_____. *Soliloquia,* Translated by Charles C. Starbuck. edited by Philip Schaff. A Select Library of The Christian Church Nicene and Post-nicene Fathers. First series. vol.7. Hendrickson Publishers. 2004.

_____. *Augustine's Rule,* 아돌라르 줌켈러 해설. 이형우 역, 왜관: 분도출판사. 1997.

_____. 명상록, C. 크레모나 편역, 성염 역, 바로오딸. 1995.

_____. 성 어거스틴의 고백록, 선한용 역, 서울: 대한기독교서회. 2005.

_____. 신국, Hans Urs von Balthasar. 윤성범 역, 서울: 을유문화사. 1969.

_____. 어거스틴의 참회록, 김종웅 역, 고양: 크리스챤 다이제스트. 1999.

_____. 하나님의 도성, 조호연·김종흡 역, 고양: 크리스챤 다이제스트. 2005.

2. 2차 자료

Altner. Berthold. *Patrology,* New York: Herder and Herder. 1958.

_____. *Patrology,* trans. Hilda C. Graef. West Germany: Herder. 1960.

Ambrose. *Enauctis in Psalm,* 45.21; Philip Schaff. A Select Library of The Christian Church Nicene and Post-nicene Fathers. Second series. vol. 10. Hendrickson Publishers. 2004.

Aristoteles. *The Nicomachean Ethics,* H. Rackham tr. Cambridge. Harvard University Press. 1968.

Babcock. W. S. 아우구스티누스의 윤리학, 문시영 역, 서울: 서광사. 1998.

Bainton. R. H. *Christian Attitudes Toward War and Peace*, Nashvill: Abingdon Press. 1960.

Beach. Harlan P. *A History of The Expansion of Christianity*, vol.1. New York: Harper & Row. 1970.

Beasley – Murray. G. R. *Jesus and the Kingdom of God*, Grand Rapids: Wm B. Eerdmans Pub. Co. 1986; 예수와 하나님 나라, 박문제 역, 고양: 크리스챤 다이제스트. 1993.

Berkhof. L. *The History of Christian Doctrine*, 기독교교리사. 김진홍. 김정덕 역, 서울: 세종문화사. 1978.

Bernard of Cluny. *De Contemptu Mundi*, tr. J. M. Neale the source of several hymns. of which the best known is 'Jerusalem the Golden' cf. The Hymnal 1940 Companion. New York. 1949.

Bethune – Baker. J. F. *An Introduction to the Early History of Christian Doctrine*, London: Mathuen Co. Ltd. 1903.

Bonner. Gerald. *St. Augustine of Hippo Life and Controversies*, Philadelphia: The Westminster Press. 1963.

Bogan. M. *The Fathers of the Church*, vol.60. Washington. D.C: The Catholic University of America Press. 1968.

Bourke. Vernon J. *Augustine's Love of Wisdom West Lafayette*, Indianna: Purdue Univ. Press. 1992.

_____. *Augustine's Quest of Wisdom: His Life. Thought and Works*, Albany. N.Y. MagiBooks. 1993; *Augustine's Quest of Wisdom*, Milwaukee: The Bruce Publishing Company. 1945.

Brown. Peter. *Augustine of Hippo: A Biography*, Berkeley. Calif: University of California. Press. 1967. 2000; *Augustine of Hippo*, London:

Faber & Faber Press. 1962.

Buber. Martin. *Kingship of God,* Trans. by Richard Scheimann. New York: Abingdon Press. 1967.

Burton. P. *The Life of St. Augustine,* Dublin: Gill and Son. 1897.

Campenhausen. Hans F. von. *Lateinische Kirchenäter,* 라틴 교부 연구: 동방교부들의 생애와 사상. 김광식 역, 서울: 대한기독교출판사. 1979.

Chadwick. Henry. *Augustinus,* 라틴교부철학의 위대한 사상가 아우구스티누스. 김승철 역, 서울: 시공사. 2001.

Clark Mary T. RSCJ. *Augustine,* London: Geoffrey Chapman. 1994.

Cochrane. C. N. *Christianity and Classical Culture,* London. 1940.

Daley L. C. *The Writings of Saint Augustine: in What Augustine Says,* edited by N. L. Geisler. Grand Rapids: Baker Book House. 1982. 어거스틴 사상. 박일민 역, 서울: 성광문화사. 1994.

Dawson. Christopher H. 역사의 원동력 下, 민석홍. 라종일 공역, 서울: 삼성문화재단. 1974.

Deane. Herbert A. *The Political and Social Ideas of St. Augustine,* New York: Columbia University Press. 1963.

Drobner. Hubertus R. 교부학, 하성수 역, 칠곡: 분도출판사. 2001.

Dudden. F. H. *Life and Time of St. Ambrose,* vol.2. Oxford. 1935.

Dulles. Avery. *Models of the Church,* New York: Doubleday & Company Inc. 1974.

Eusebius. *Demonstratio Evagelica,*

Evans. G. R. *Augustine on Evil,* Cambridge. 1982.

Figgis. John. J. *The Political Aspects of St. Augustine's City of God,* London: Glouchester. Mess: Peter Smith. 1963.

Flasch Kurt. *Augustin Einfuhrung in sein Denken,* Philipp Reclam jun.

GmbH & Co. Stuttgart. 2003.

Geisler. Norman L. *What Augustine Says,* 작품으로 살펴본 어거스틴 사상. 박일민 역, 서울: 성광문화사. 1994.

Gilson. E. *The Christina Philosophy of Saint Augustine,* London: Victor Gollancz. 1961.

Gonzalez. Justo L. *The story of Christianity,* 초대교회사. 서영일 역, 서울: 은성. 1995.

Gregory of Nyssa. *The Life of Moses,* trans. Abraham J. Maltherbe ad Evert Ferguson. The Classics of Westem Spirituality New York: Paulist. 1978.

Griffin. David Ray. *God. Power. and Evil. A Process Theodicy,* The Westminster Press. 1976.

Gunton. Colin E. *The Promise of Trinitarian Theology,* Edinburgh: T.&T. Clark. 1991.

Harbison. E. Harris. *Christianity and History,* New Jersey: Princeton University Press. 1964.

Harnack. Adolf. *Monasticism: Its Ideals and History and the Confessions of St. Augustine,* London: Williams & Norgate. 1913.

Haring. Hermann. *Das Problem des Boesen in der Theologie,* Wissenschaftliche Buchgesellschaft. 1985.

Hauerwas Stanley and Willimon William. *Resident Aliens,* Nashville: Abingdon Press. 1989.

Henry Chadwick. *Augustinus,* 라틴교부 철학의 위대한 사상가 아우구스티누스. 김승철 역, 시공사. 2001.

Hick. John. *Evil and the God of Love,* Harper & Row. 1966.

_____. 새로운 기독교, 김승철 역, 서울: 도서출판 나단. 1991.

Hobbes. Thomas. *Leviathan,* 한승조 역, 서울: 삼성출판사. 1990.

Jaspers. Karl. 어거스틴의 생애와 사상, 김쾌상 역, 서울: 희망사. 1981.

Kirwan. C. *Augustine,* London: Routlidge. 1989.

Ladd. George E. *A Theology of the New Testament,* Wm. B. Eerdmans Pub. Co. 1983. 신약신학. 이창우 역, 서울: 성광문화사. 1983.

Linthicum. Robert C. *City of God. City of Satan,* Grand Rapids: Zondervan Pub. House. 1991. 하나님의 도시 사탄의 도시. 명성훈 역, 서울: 나단출판사. 1993.

Löwith. K. *Meaning in History.* 이석우 역, 서울: 예조각. 1978.

Luther Martin. 루터 저작선, adit. John Dillenberger. 이형기 역, 고양: 크리스챤 다이제스트. 1999.

_____. 루터의 신학, adit. Paul Althaus. 이형기 역, 크리스챤 다이제스트. 2001.

March. J. G. & Simon. H. A.. *Organizations,* N. Y: John Willey and Sons. 1958.

Marshall. R. T. *Studies on the Politikal and Socio Religious Terminology of the De Civitate Dei,* Washington. D. C: Chtholic Univ. of America Press. 1952.

_____. 신국과 교회의 일치론, 이석우 역, 서양 중세 사상사론. 김규영 외 편역, 서울: 한국신학연구소. 1981.

Martindele. C. A. *Sketch of the Life and Character of St. Augustine. in Augustine. Its Age. Life and Thought,* ed. by M. D. Arcy N.Y: World Publishing Co. 1961.

Mathewes. Charles T. *Evil and The Augustinean Tradition,* Gambridge University Press. 2001.

McGrath. A. E. *Christian Theology: An Introduction,* Oxford: Blackwell.

1994.

McClosky. H. J. *God and Evil*, ed. N. Pike. Englewood Cliffs: Prentice Hall. 1964.

Meagher. R. *An Introduction to Augustine*, New York University Press. 1978.

Meer. Frederic van Der. *Augustine the Bishop*, London: Sheed and Ward. 1961.

Merton. Thomas. *The City of God*, trans. by Marcus Dods. Canada: Random House. 1993.

Moyer. E. S. *Great Leaders of The Christian Church*, 인물중심의 교회사. 곽안전 외역, 서울: 대한기독교서회. 1974.

Myers. John L. *The Political Ideas of the Greeks*, N.Y. The Abingdon Press. 1927.

Neve J. L. *History of Christian Doctrine*, A History of Christian Thought. vol. 1. Philadelphia: Muhlenberg Press. 1946. 기독교 교리사. 서남동 역, 서울: 대한기독교서회. 1980.

Neuner. Josef /Roos. Heinrich. *Der Glaue der Kirche in den Urkunden der Lehrverkundigung*, neubearbeitet von Karl Rahner & Karl – Heinz Weger. Verlag Friedrich Pustet. 12 Aufl.. 1986.

Niebuhr Reinhold. *The Nature and Destiny of Man*, vol.1 New York: Charles Scribner's Sons. 1943.

_____. *Faith and History*, 조형균 역, 역사와 신앙 서울: 청구출판사. 1951.

Nietzsche. F. *Die fröhliche Wissenschaft*, Krönerausgabe 74.6. Augl. 1976.

Piper. John. *The Legacy of Sovereign Joy: God's Triumphant Grace in the Lives of Augustine. Luther. and Calvin*, Wheaton: Crossway

Books. 2000.

Portalie. E. *A Guide to the Thought of St. Augustine,* with an introduction by Vernon J. Bourke. translated by Ralph J. Bastian. London: Burns & Oates. 1960.

Pukiser W. T. ed. *Exploring Out Christian Faith,* Kansas: Beacon Hill Press. 1960.

Rist. John M. *Augustine: Ancient thought baptized,* Cambridge: Cambridge University Press. 1994.

Russell. F. H. *The Just War in the Middle Ages,* Cambridge: Cambridge Univ. Press. 1979.

Schaff. P. *History of the Christian Church,* vol.3. New York: Charles Schribner. 1884.

Schaff. Philip. *History of Christian Church,* vol.8. Grand Rapids. Michigan: Wm. B. Eerdmans Publishing Company. 1950.

Schnackenburg. *God's Rule and Kingdom,* 1963.

Scott. T. Kermit. *Augustine: His Thought in Context,* New York: Paulist Press. 1995.

Seeberg. R. *Text Book of the History of Doctrines,* vol.1 Grand Rapids: Baker Book House. 1958.

Shedd. W. G. T.. *Dogmatic Theology,* vol.2Grand Rapids: Zondervan. n. d. 1888－1894.

Smith. Warren T. *Augustine: His life and Thought,* 어거스틴 그의 생애와 사상. 박희석 역, 아가페문화사. 1994.

Smith. William. ed. *Dictionary of the Apostolic Church,* vol.4. New York. AMS Press. 1974.

Stump. E. *Augustine on free will,* edited by Eleonore Stump and Norman

Kretzmann. The Cambridge Companion to Augustine. Cambridge: Cambridge University Press. 2001.

Taylor. David Bentley. *The Embrace of Truth,* 아우구스티누스의 기본신앙. 김원주 역, 서울: 생명의 말씀사. 1995.

_____. *Augustine,* 최치남 역, 생명의 말씀사. 1997.

Testard. Maurice. *Saint Augustine et Ciceron,* vol.2. Paris: Etudes augustiniennes. 1958.

Tillich. P. *A History of Christian Thought,* ed. by Braaten. 그리스도교 사상사. 한국신학연구소. 1983.

_____. *The Eternal New,* New York Charles Scribner's Sons. 1963.

_____. *Shstematische Thelolgie,* II.3. Augl. 1958.

Walker. Williston. *A History of the Christian Church,* New York: Charles Scribener's Sons. 1970.

_____. 세계기독교회사, 강근환 외 3인 공역, 서울: 대한기독교서회. 1975.

_____. 기독교회사, 송인설 역, 고양: 크리스챤 다이제스트. 1993.

Wand. J. W. C. *A History of the Early Church,* 교회사. 이장식 역, 서울: 기독교서회. 1959.

Warfield. Benjamin B. *Studies in Tertullian and Augustine,* vol.4. Baker Books House. 2003.

Warren Thomas Smith. *Augustine: His Life and Thought,* 어거스틴 그의 생애와 사상 박희석 역, 아가페문화사. 1994.

Wiley. H. Orton. *Christian Theology,* vol.2. Kansas: Beacon Hill Press. 1952.

김회창. 어거스틴의 하나님의 도성 분석, 서울: 새순출판사. 1998.

박성수. 역사학개론, 서울: 삼성. 2000.

선한용. 시간과 영원, 서울: 대한기독교서회. 2001.

심광섭. 어거스틴의 삼위일체론. 오늘의 어거스틴: 어거스틴의 사상연구,

서울: 대한기독교서회. 1997.

유정갑. 홉스의 국가론과 평화사상, 철학과 현실사. 2005.

유지황. 어거스틴의 신학사상이해: 사랑과 영혼의 순례, 땅에쓰신글씨. 2005.

이규철. 어둠에서 빛으로, 쿰란출판사. 2001.

이신건. 하나님의 나라와 이데오르기, 서울: 성광문화사. 1990.

이승구. 개혁신학에의 한 탐구, *Studies in Reformed Theology*. 서울: 웨스트민스터출판부. 1995.

이장식. 현대교회학, 서울: 대한기독교서회. 1974.

이형행. 교육학개론, 양서원. 2004.

정하명 외 5인. 세계전쟁사, 서울: 일신. 1979.

한철하. 古代基督敎思想, A Study on Ancient Christianity -From Clement of Rome to Augustine. 서울: 대한기독교서회. 2002.

현대신서편집부. 현대신학자 20인, 서울: 대한기독교서회. 1970.

Baker, E. 사회 이론, 김명혁 역, 서양중세사상사론. 지동식 외 3인 편역, 서울: 한국신학연구소, 1981.

Barrow, R. H. *Introduction to St. Augustine The City of God,* London; Faber and Faber, 1950/1969.

Battenhouse. Roy W. *The life of St. Augustine,* edited. R. W. Battenhouse. A Companion to the Study of St. Augustine. Grand Rapids: Baker Book House, 1979.

Burt, Donald X. *Peace,* Augustine through the Ages, editor, Allan D. Fitzgerald, Grand Rapids: Eerdmans Publishing Co. 1999.

Hardy, Edward R. Jr. *The City of God,* edited. R. W. Battenhouse. A Companion to the Study of St. Augustine. Grand Rapids: Baker Book House, 1979.

Heinze, M., *Emanation,* The Christian Encyclopedia. vol.12, Christian Literatuer Press, 1984.

Hoekema, Anthony A. *Created in God's Image*, Grand Rapids: Eerdmans Publishing Company, 1986.

Horne, C. M. *Sacraments*, The Christian Encyclopedia. vol.8, Christian Literature Press, 1984.

Inge, W. R. *Neo ―Platonism*, The Christian Encyclopedia. vol.10, Christian Literatuer Press, 1984.

Kang, Keun Whan. *A Study of St. Augustine's Theology of History*, 신학과 선교. vol.8, 서울신학대학교. 1983.

Keyes, G. L. *Christian Faith and Interpretation of History*. A Study of St. Augustine's, Philosophy of History. New York. University of Nebraska Press. 1966.

Kim, Young ― Il. *The Implications of two kingdoms of Augustine and luther in christian ethics,* 협성대학교. 협성논총. 10집, 1998.

Knowles, David. *St. Augustine,* 하나님의 도성. 조호연·김종흡 역, 크리스챤 다이제스트. 2005.

Lehmann, Paul. *The Anti ―Pelagian Writings*, edited. R. W. Battenhouse. A Companion to the Study of St. Augustine, Grand Rapids: Baker Book House. 1979.

Long D. Stephen. *Charity and Justice: Christian Economy and the Just Odering of the Commandments,* Communio Internatinal Catholic Review 25, Spring 1998.

Park Yung ― Sil. *St. Augustine and the 'powers that be' in De Civitate Dei.* Trinity Evangelical Divinity School. Ph. D. Dissertation. 2001.

Richardson, Cyril C. *The Enigma of the Trinity*, A Companion to the Study of St. Augustine, edited by Roy W. Battenhouse. Grand

Rapids: Baker Book House, 1979.

Roberts, David E. *The Earliest Writings*, A Companion to the Study of St. Augustine. edited by Roy W. Battenhouse. Grand Rapids: Baker Book House. 1979.

Splett, Jorg. *Idea*, The Christian Encyclopedia. vol.12, Christian Literature Press. 1984.

강근환. 어거스틴의 역사신학에 대한 연구 I, 교수논총. vol.3, 서울신학대학교. 1992.

고광필. 어거스틴의 고백록, 광신논단. vol.8, 광신대학교. 1997.

_____. 어거스틴의 은혜의 개념, 광신논단. vol.10, 대한예수교장로회 광주개 혁신학연구원. 2001.

공성철. 어거스틴의 은총론과 예정론 관계연구, 조직신학논총. 3, 한국조직신학회. 1998.

김경희. 아우구스티누스의 언어-기호 이론 연구, 박사논문. 서울대학교 대학원. 2002.

김기달. 제5세기 교부 어거스틴의 은총론과 21세기 한국 개신교회 신학의 방 향모색, 신학과 목회. 10, 영남신학대학교. 1996.

김동구. Augustine의 교사에 관한 철학, 청주사대 학생생활연구소. 1987.

김명혁. 신국론의 두도성 이해, 성 어거스틴 신국론요약 신앙핸드북. 세계기독교고전 vol.10, 심이석 역, 고양: 크리스챤 다이제스트. 1994.

김상태. St. Augustine의 歷史理論과 倫理觀小考: 그의 主著 神國論을 中心으로, 숭의여자전문학교. 1978.

김수학. Augustine의 사상의 고찰, 대구대학교. 연구논문. 1987.

김승철. 악 이해의 두 가지 전통 오늘의 어거스틴, 양명수 외 10인 편. 서울: 대한기독교서회. 1997.

김종두. 고대 철학자들과 St. Augustine이 Milton의 시간개념에 끼친 영향, 한국밀턴학회. 1995.

김진경. 헤로도토스에 있어서의 역사의 원인, 서양사론. 16, 1975.

박건택. 기독교 공동체의 교회사적 고찰, 신학지남. 신학지남사. 1992 여름.

박종대. 평화를 찾아서 삶의 의미를 찾아서, 강성위박사회갑기념논문집. 이문출판사. 1994.

방성규. 초기 수도원 영성에 있어서의 덕목의 삶, 신학사상 vol.111, 한국신학연구소, 2000 겨울.

선한용. 플라톤주의와 어거스틴, 신학과 세계. vol.26, 감리교신학대학교. 1993.

윤병운. 아우구스티누스에 있어서 도덕적 의지와 평화, 중앙대학교대학원. 박사논문. 1997.

이석우. Augustine과 戰爭論, 서울: 신학지남사. 1979.

_____. Augustine 史觀에 나타난 두都市 槪念의 性格 硏究, 박사논문. 경희대학교대학원. 1980.

_____. Augustine의 歷史認識 小考, 총신대학. 1982.

이양호. 아우구스티누스의 교회론: 도나투스파와의 논쟁을 중심으로, 현대와 신학. 12. 연세대학교 연합신학대학원. 1989.

_____. 아우구스티누스의 삼위일체론, 현대와 신학. 제13집, 연세대 연합신학 대학원. 1990.

이장식. 어거스틴의 교회학, 신학연구. 23, 한신대학교. 1981.

이후정. 어거스틴의 신비주의, 신학과 세계. 33, 감리교신학대학교. 1996 가을.

정의변. Aurelius Augustinus의 神國論 硏究: 歷史哲學的 見地에서, 가톨릭대학신학부 논문편집위원회. 1976.

정의채. Aurelius Augustinus의 신국론 연구─역사 철학적 견지에서, 카톨릭대학 논문집 2, 서울: 카톨릭대학신학부논문편집위원회. 1976.

주승민. 어거스틴의 사상이 현대에 미친 영향, 신학과 문화. 평택대학교 신학연구원, 1996.

주재용. 어거스틴의 사상 형성 배경과 하나님 나라, 신학연구. 31, 한신 대학교. 1990.

최낙헌. 어거스틴의 윤리학 연구, A Study on Ethics of Augustine, 박사 논문. Sanfrancisco Christian University & Seminary. 2002.

최덕성. 어거스틴의 회심, 개혁신학과 교회. 2, 고려신학대학원. 1992.

· 저자 ·

•약 력•
영남신학대학교
모스크바국립서비스대학교
장로회신학대학교 신대원
장로회신학대학교 대학원 신학석사(Th. M.: 역사신학 전공)
평택대학교 신학전문대학원 신학박사(Ph. D.: 역사신학 전공)
김병태   현재 물천교회 담임목사
현재 영남장로회신학교 조교수
현재 평택대학교 강사

평화의 신학자

성 어거스틴

· 초판 인쇄	2008년 6월 30일
· 초판 발행	2008년 6월 30일
· 지 은 이	김병태
· 펴 낸 이	채종준
· 펴 낸 곳	한국학술정보㈜
	경기도 파주시 교하읍 문발리 513-5
	파주출판문화정보산업단지
	전화 031) 908-3181(대표) · 팩스 031) 908-3189
	홈페이지 http://www.kstudy.com
	e-mail(출판사업부) publish@kstudy.com
· 등 록	
· 가 격	32,000원

ISBN   978-89-534-9635-4 93230 (Paper Book)
        978-89-534-9636-1 98230 (e-Book)